T0110041

Printed in the United States
By Bookmasters

الإتصال التربـوي

الأستاذ الدكتور

حارث عبـود

أستاذ تكنولوجيا التعليم

جامعـــة بغـــداد و جامعة عمان العربية للدراسات العليا

تقديم

أ. د. نرجس حمدي

أستاذ تكنولوجيا التعليــم

الجامعة الأردنية

دار وائل للنشر

الطبعة الأولى

٢٠٠٩

رقم الايداع لدى دائرة المكتبة الوطنية : (٢٠٠٨/٧/٢٥٠٧)
عبود ، حارث
الاتصال التربوي / حارث محمود عبود .
- عمان ، دار وائل ٢٠٠٨
(٢٩٢) ص
ر.إ. : (٢٠٠٨/٧/٢٥٠٧)
الواصفات: الاتصال / وسائل التدريس / التربية / طرق التعلم
* تم إعداد بيانات الفهرسة والتصنيف الأولية من قبل دائرة المكتبة الوطنية

****

رقم التصنيف العشري / ديوي : ٣٧٢.٥
(ردمك) ISBN ٩٧٨-٩٩٥٧-١١-٧٦٩-٦

* الاتصال التربوي
* الأستاذ الدكتور حارث عبود
* الطبعة الأولى ٢٠٠٩
* جميع الحقوق محفوظة للناشر

دار وائل للنشر والتوزيع
* الأردن - عمان - شارع الجمعية العلمية الملكية - مبنى الجامعة الاردنية الاستثماري رقم (٢) الطابق الثاني
هاتف : ٠٠٩٦٢-٦-٥٣٣٨٤١٠ - فاكس : ٠٠٩٦٢-٦-٥٣٣١٦٦١ - ص. ب (١٦١٥ - الجبيهة)
* الأردن - عمان - وسط البلد - مجمع الفحيص التجاري- هاتف: ٠٠٩٦٢-٦-٤٦٢٧٦٢٧
www.darwael.com
E-Mail: Wael@Darwael.Com

بسم الله الرحمن الرحيم

﴿ سبحانك لا علم لنا إلا ما علمتنا إنك أنت العليم الحكيم ﴾

صدق الله العظيم

إهــــداء

هواية الغزاة في كل حروب التاريخ

أن يحرقوا الإنسان والزرع والضرع ....

إلا من غزوا بغداد

فهم عبر التاريخ

يحرقون الكتاب !

هل لي ، يا بغداد

أيتها الأسيرة الجليلة ...

أن أستودع بين يديك الجريحتين

كتابا ؟

شـــكر وتقـــدير

الحمد لله أولا و آخرا ، والشكر له جلت قدرته ، على عظيم نعمه، وجليل كرمه، وعلى ما وهبنا إياه سبحانه من الصبر، ومن القوة، بما يكفي لأن ننجز هذا المؤلف المتواضع. والدعاء لله جل في علاه ، أن يكون فيما اجتهدنا بعض من العلم الذي ينتفع به .

والشكر موصول بعد ذلك لمن سبقنا من الباحثين في الكتابة في هذا الموضوع الحيوي ، الذين وضعوا الأساس لما خضنا فيه واجتهدنا. فلهم فضل على كل ما كتبنا لا يغفل ولا ينسى. ولمن أغنانا بفكرة أو رأي أو مشورة. جزاهم الله عنا كل خير.

والشكر والعرفان والامتنان لزوجتي وأولادي وأحفادي ، الذين اقتطعوا من حقوقهم ليمنحوني فرصة التفرغ للبحث والتقصي ، على حساب ما ينبغي بذله من أجل إسعادهم .

وأخيرا ، فالشكر مقدم لكل من ينبهنا لما ألم بهذا المؤلف من هنات ، و ما اكتنف اجتهادنا من ثغرات . و " رحم الله امرءا أهداني عيوبي " .

المحتويات

الفصل السادس

تقـــديم

قديما قيل " المدرس الناجح ، موصل ناجح". مقولة كهذه تربط ربطا واعيا بين التدريس والاتصال الناجحين ، وتحمل المدرس مسؤولية كبيرة تحثه على التبصر في طريق الاتصال والتواصل الفعال .

إن الفهم الواعي المتعمق للاتصال التربوي من شأنه أن يسهم إسهاما عظيما في تطوير العملية التربوية بمختلف جوانبها ، وتسهيل عملية التواصل بين مختلف أطرافها، ويؤدي إلى تحقيق الأهداف المرجوة . ولأن نسبة كبيرة من مشكلات عدم التوافق والانسجام سببها الإخفاق في مد جسور التواصل بين الإفراد والمجموعات والشعوب ، فان للكتابة عن موضوع الاتصال عامة ، والاتصال التربوي خاصة ، أهمية كبيرة في عالم اليوم .

يتميز كتاب "الاتصال التربوي" بجملة من السمات ، تجعل منه سفرا لازما، ومرجعا أساسيا للمتخصص في تكنولوجيا التعليم والاتصال التربوي . ولعل أهم هذه السمات ما يأتي :

- قسم المؤلف حقول الاتصال التربوي إلى خمسة حقول وهي : الاعلام والتعليم والمعلومات والاتصالات الإدارية والعلاقات العامة . وهو تقسيم لم تتعرض له المراجع التي كتبت في هذا الميدان .
- أجرى المؤلف مقاربات عديدة بين الاتصال ونظرياته ونماذجه ، والتعليم ونظرياته ونماذجه التصميمية ، ونظر إلى التصميم التعليمي من وجهة نظر اتصالية ، وهو ما يكمل ما ورد في الأدبيات التربوية التي نظرت إلى التصميم التعليمي من زاوية تعليمية بحتة .
- قدم عرضا لواقع التشكيلات الإدارية التي تقوم بوظائف الاتصال التربوي في المؤسسات التربوية ، سواء على صعيد المهام الاعلامية أو التعليمية أو المعلوماتية

أو الإدارية أو العلاقات العامة ، ووضع ملاحظاته النقدية عليها ، وعرض جملة من المقترحات لمعالجتها . وهو ما ندر تناوله والجمع بينه في الأدب التربوي .

○ تناول المؤلف جملة من وسائل الاتصال التقليدية والالكترونية والتفاعلية ، مبينا خصائصها الاتصالية وتطبيقاتها في حقل التربية . في حين أن الكتب ذات الصلة تناولت هذه الوسائل أو بعضها من وجهة نظر تعليمية فقط دون الخوض في الخصائص الاتصالية التي تجعلها مفيدة في الحقل التربوي .

○ الشائع في الأدبيات التي تناولت موضوع الاتصال التربوي أنها قصرت مفهومه على ما يتصل بالتعليم والموقف التعليمي . أما هذا الكتاب فقد عالج هذا المفهوم داخل إطار المؤسسة التربوية وخارجها أيضا ، على اعتبار أن الاتصال التربوي ميدان واسع يتجاوز حدود التعليم إلى كل ما يدخل في النشاط التربوي في الحياة العامة .

ولأن تميز الكتاب من تميز صاحبه ، فقد عرفت الأستاذ الدكتور حارث عبود زميلا عزيزا ، غزير العلم ، عميق الفكر ، ماهرا في الاتصال ، متسع الرؤى ، يغوص في أعماق الظاهرة التربوية فيبدع في تحليلها ... وقد انعكس ذلك كله على كتابه ، فجعل منه كتابا شاملا متميزا ، من شأنه أن يسد ثغرة في المكتبة العربية ، ويثري جانبا مهما من جوانب العلم والمعرفة ، ويسهم في وضع لبنة داعمة في صرح المؤلفات التربوية .

ولا يسعني في هذا المقام إلا أن أتقدم للزميل العزيز بالشكر الجزيل لعطائه المتميز في رفد مسيرة العلم ، وإثراء تخصص تكنولوجيا التعليم والاتصال التربوي ، بالعميق الرصين من المؤلفات العربية النادرة . وكلي أمل أن يكون هذا الكتاب فاتحة خير وعطاء لأعمال أخرى في المستقبل .

أ. د. نرجس حمدي
أستاذ تكنولوجيا التعليم
الجامعة الأردنية

تمهيد

يكتنف مفهوم الاتصال التربوي قدر كبير من التأويل والتفسير ، بسبب تنوع حقوله في التطبيق ، قدر تنوع حقول التربية والتعليم . فهو لم يزل ميدانا طريا بين أيدي الباحثين ، وهو منطقة مشتركة بين علمين واسعين متشعبين ، هما الاتصال والتربية ، وما كتب فيه حتى اليوم أقل بكثير مما كتب في هذين الميدانين . لقد اجتهد باحثون كثيرون في توضيح مقاصد مفهوم الاتصال التربوي ، وبذلوا جهودا طيبة في تقصي بعض تطبيقاته وهي جهود ننظر إليها بكثير من الاحترام والتقدير.

بيد أن الأمر لم يزل بحاجة إلى الكثير مما ينبغي أن يبحث ويقال ، لإثراء المكتبة العربية و تعميق الوعي بهذا الحقل الحيوي من حقول حياتنا المعاصرة ، وبما ينبه المهتمين به إلى ضرورة استثمار طاقاته إلى حدها الأقصى .

لقد نظر جل من كتب عن الاتصال التربوي إلى هذا الميدان بحدود تطبيقاته التعليمية . وانشغلوا كثيرا بالاتصال الذي يزيد المواقف التعليمية فاعلية ، ويجعلها أقدر على تحقيق المخرجات التعليمية المطلوبة . ونظروا إلى الاتصال من زاوية تيسير التعلم حسب، دون الالتفات إلى تطبيقاته الأخرى . واهتم آخرون بتطبيقات المفهوم الاعلامية ووسائلها ، وكيف يعمل الاعلام داخل المنظومة التربوية الرسمية .

والحق أنه لا أحد ينكر على الباحثين اقتصارهم على هذين التطبيقين الاتصاليين ، إذ إن كلا من الأمرين أساسي في بنية الاتصال التربوي وآلية اشتغاله . غير أننا حاولنا في هذا المؤلف تطبيق النظرية الاتصالية بمختلف حقولها ، في ميدان التربية والتعليم ، مجتهدين أن حدود الاتصال التربوي أكثر اتساعا وشمولا . كما حاولنا النظر إلى الاتصال التربوي وتطبيقاته داخل المؤسسة التربوية وخارجها ، منطلقين من أن التربية والتعليم نشاط ينهض به المجتمع كله ، وليس المؤسسة التربوية لوحدها ، وأن الاتصال التربوي هو قلب هذا النشاط النابض داخل المؤسسة التربوية ، وخارجها أيضا .

ولكي يكون هذا التوجه ممكن التحقيق ، فقد ارتأينا أن نقدم لمفهوم الاتصال التربوي وعلاقته بحقول التربية والتعليم في إطاريهما العام والمؤسسي ، في الفصول الثلاثة الأولى من الكتاب ، وأن نتبع ذلك بأربعة فصول أخرى ، يختص كل منها بأحد تطبيقات هذا المفهوم في الميدان التربوي ، وهي الاعلام ، والمعلومات ، والتعليم ، والاتصالات الإدارية والعلاقات العامة .

وقد حاولنا أن يكون هذا المؤلف من جهة ، مزيجا مما أنتجته جهود الباحثين الذين سبقونا ، وما تجمع لدينا من ملاحظات ميدانية في حقول الاتصال والتربية والتعليم عبر معايشة للعمل في هذه الحقول امتدت ما يقرب من أربعين عاما . وأن يكون من جهة ثانية ذا فائدة للباحثين والقراء بصورة عامة ممن يعنيهم موضوعه ، وطلبة الدراسات العليا والأولية في الجامعات العربية في تخصصي التربية والاتصال بصورة خاصة .

ويأتي هذا الكتاب مكملا للكتاب السابق " الحاسوب في التعليم " ٢٠٠٧ الذي ركز جهده في حقل متخصص من حقول الاتصال التربوي التعليمية . وندعو الله سبحانه أن يحقق هذا الكتاب ما حققه الكتاب الذي سبقه ، من ردود فعل طيبة في أوساط القراء بصورة عامة ، والأوساط العلمية الجامعية بصورة خاصة .

وأخيرا فما قدمناه في هذا الكتاب ، وما اجتهدنا فيه ، إنما هو جهد مجتهد سعى لأن يصيب فيما اجتهد . وللقارئ الكريم بعد هذا وذاك ، أن يقرر ما إذا كان هذا الاجتهاد قد أصاب !

ومن الله التوفيق

أ . د . حـــارث عبـــود

عمان

١

الفصل الأول
الاتصـال والتربيـة

مقدمة

خلفية تاريخية

معنى الاتصال

تعريف الاتصال

عناصر عملية الاتصال

- المرسل
- الرسالة
- الوسيلة
- المرسل إليه
- بيئة الاتصال
- التغذية الراجعة

أنماط الاتصال

١. التصنيف بحسب طبيعة الاتصال

- اتصال مباشر
- اتصال غير مباشر
- اتصال وسطي أو مزدوج

٢. التصنيف بحسب الجمهور

- اتصال فردي
- اتصال جماعي
- اتصال جماهيري

٣. التصنيف بحسب اتجاه الاتصال

- اتصال باتجاه واحد
- اتصال باتجاهين
- اتصال متعدد الاتجاهات
- اتصال بخطوتين
- اتصال من شخص لشخص

نماذج الاتصال

- نموذج هارولد لازويل
- نموذج جورج جرينز
- نموذج شانون و ويفر
- نموذج ديفد بارلو
- نموذج روس
- نموذج ولبر شرام
- نموذج الانتقال

معنى التربية وتعريفها

معنى التعليم وميدانه

الاعلام والتعليم

التربية الاعلامية

الفصل الأول

الاتصــال والتربيـــة

مقدمة :

إذا كان نزوع الإنسان نحو تطوير الحياة على امتداد التاريخ الإنساني قد اتخذ مظاهر لا تحصى ، فإن ما أنجزه على صعيد الاتصال وتبـادل الأفكار والخبرات والمعارف والمشاعر، قد شكل سمة بارزة لهذا التطور، ميزت بني البشر عن غيرهم من المخلوقات . أما التربيـة فقـد كانت عـلى مـر التاريخ أحـد أهـم أهداف الاتصال ومفرداته ، ذلك أن التربية هي الأخرى نزوع إنساني نحو التطور والارتقاء بالحياة ، لا يمكن له أن يتم بدون الاتصال .

من هنا نشأت العلاقة الجدلية الحية بين الاتصال والتربية ، ونمـى ذلك التفاعـل الخـلاق بـين هـذين الحقلين . ورغم أن دراسة الترابط الوثيق بين الاتصال والتربية تبدو حديثة نسبيا، إلا أن ذلك لا يلغـي قـدم الصلة بينهما . وقد أكد ذلك ما خرجت به النظريات الحديثة ، وبصورة خاصة مـا أسـفرت عنه نتائـج البحوث العلمية بعد الحرب العالمية الثانية ، في ميدان التربية وعلم النـفس وعلـم الاجتمـاع ، عـلاوة عـلى علم الاتصال نفسه ، ومـا يتعلق بـاعتماد العلمـين عـلى محاكـاة عمليـات الإدراك ، والعنايـة بالدوافـع ، والاهتمام بتأمين الحاجات النفسية والعقلية والمهارية التـي يتطلبها التواصل مـع متغيرات الحيـاة ومـع الآخرين .

لقد بات من المهم بمكان أن تتواصل البحوث والدراسات في تتبع الآثار المتبادلة بين التربية والاتصال ، بعد أن بدأت نتائج التفجر المطرد في حجم السكان والمعارف والتكنولوجيا تظهر في صيغة تحديات جديـة متعاظمة تواجه المجتمع الإنساني ، سواء في حقل التعليم والتعلم بصفة خاصة ، أو في ميدان التربية بصفـة عامة . يضاف إلى ذلك ما تفرضه الحياة المعاصرة مـن تسابـق في مضمار التقـدم الاقتصـادي والاجتماعـي والعلمي وغيرها من الميادين . وهو تسابق صرنا نشهد ما يعنيه من تحولات دراماتيكية في حياة

المجتمعات ، وبخاصة النامية منها ، والتي لا تستطيع في غالب الأحيان مواجهتها كما تتمنى.

هذا الفصل من الكتاب محاولة لتلمس بعض جوانب هذا الموضوع الحيوي ، بما يعزز الجهود الحثيثة التي نشهدها منذ سنوات لتوظيف الاتصال في خدمة التربية والتعليم ، وتفعيل دوره فيه ، من خلال تطوير الوعي الاتصالي و مهارات الاتصال لدى العاملين في المؤسسات التربوية .

خلفية تاريخية :

لقد وجد الاتصال بين البشر منذ أن خلق الله سبحانه أبوينا آدم وحواء . وحتى هذه الساعة ، لا يمكن لأحد أن يتصور حياة اجتماعية بدون اتصال . بل إن الأدلة على وجود نشاط اتصالي بين الكائنات الحية على اختلاف أنواعها أصبحت متواترة ومؤكدة . ومن الباحثين من عد مناجاة الخالق جلت قدرته نوعا من الاتصال ، وكذا حوار الفرد مع ذاته . وما تركه لنا الإنسان القديم على ضفاف دجلة والفرات ، وبعدها في أماكن أخرى من العالم، من علامات ورسوم وكتابات مسمارية ، سجلت ما كان يجول في خاطر ذلك الإنسان في حقب موغلة في القدم ، من فرح وحزن وخوف وصراع مع الطبيعة وظواهرها .

وحيثما وجدت التجمعات الإنسانية البدائية ، ابتدع الإنسان وسائله في نقل أفكاره ومشاعره وتطلعاته ، عبر الصراخ والهمهمات والهمس والإشارات والحركات وحفر الرموز والرسوم على جدران الكهوف وجذوع الشجر. وعن طريق وسائله الاتصالية البدائية هذه ، كان يحذر من الإخطار المحدقة به ، أو يروي أحداثا مر بها ، أو خواطر جالت في مخيلته. وبواسطتها كان يفصح عن قوته في مواجهة الأعداء والحيوانات الشرسة ، ويعبر عن رضاه أو غضبه أو تطلعاته ، ويطور قدراته على التفاهم والتفاعل مع من كان يحيط به من بني الإنسان ، أو يتقاسم معه بيئته من أنهار و بحار و نجوم و حيوانات و شجر ، أو يعلم بها أبناءه مهارات الصيد والتنقل وطرائق القتال والعيش والبناء .

حتى إذا تشكلت المجتمعات البشرية البدائية المصغرة قبل حوالي ٤٠ ألف سنة ، تطورت مهارات الإنسان القديم في الزراعة وصنع أدوات الصيد وتربية الحيوان . وأصبحت الحاجة اكبر للتفاهم عبر وسائل أكثر تعقيدا نسبيا ، وأكثر دقة . فكانت بدايات ظهور اللغة المنطوقة . ثم ظهرت الكتابة في عهد السومريين قبل أكثر من ٣٥٠٠ سنة ق.م ، لتبدأ مرحلة جديدة من قدرة البشر على التفاهم عبر الكتابة ، التي عبرت عن أصوات محددة كان يستخدمها ، بوصفها الأداة الاتصالية المتاحة للتفاهم . وما لبثت هذه الكتابة أن استقرت في الألف الأول قبل الميلاد ، على شكل حروف تعبر عن أصوات متعارف عليها ، ويسهل تداولها والتفاهم بها ، مما وسع من القدرة على تداول الأفكار المجردة والمشاعر ، ونقلها عبر التدوين ، بالصورة التي توسع رقعة التفاعل الاجتماعي بين الأفراد والجماعات في المواقف المختلفة .

لقد مهد التدوين الطريق إلى الكتابة المنسوخة باليد على الرق وأوراق الأشجار في مجتمعات عديدة متباعدة في العالم ، لتبقى سمة الاتصال على هذه الحال قرونا قبل اختراع الورق والوسائل الطباعية التي مكنت من إنتاج الكتب والصحف ، لينفتح المجال رحبا بعد ذلك للتفكير ، والتعبير عن دواخل النفس البشرية ، وتفاعل المجتمعات الانسانية بما يطور الحياة وصيغها ، وينوع في إشكال الاتصال عبر مسافات بعيدة ، ويؤمن إمكانية توثيق المعارف والتجارب الانسانية ، ويسهم في نقل الخبرات على أوسع نطاق . هكذا ، وشيئا فشيئا ، صارت البيئة الاتصالية أكثر شمولا وتنوعا وعمقا وتأثيرا .

ومع ظهور الثورة الصناعية ، وتطور النشاط الإنساني وتعدد أغراضه ، وتنوع ادوار الأفراد في بناء التجربة الانسانية ومواجهة مشكلات الحياة المتعاظمة جراء التحولات الكبيرة في أعداد السكان وحجم المعلومات والخبرات المتداولة ، وبعد التطور الكبير في ميدان التكنولوجيا ، وتشعب المصالح الاقتصادية واتساعها ، واحتدام التنافس إلى حد الصراع على كسب الأسواق الخارجية ، وتطور التعاملات التجارية وتداخلها بصورة غير مسبوقة ، أضحى الاتصال عصب الحياة الجديدة ، والرافد الأساس في تمكين المجتمعات الأوربية التي ظهرت فيها الثورة الصناعية ، من التقدم السريع في مختلف الصعد ، وتطوير

مجالات البحث العلمي وتنويعها ، والإفادة من تجارب المجتمعات الأخرى على مستوى العالم ، أكثر بكثير مما كان يمكن تحقيقه في البيئات الاتصالية السابقة .

وإذ تظهر وسائل اتصال أكثر حداثة ، وأقدر على توصيل رسائلها عبر الحدود الإقليمية للبلدان والقارات ، كالمورس والإبراق والهاتف في حوالي القرن التاسع عشر، ثم الإذاعة والتلفزيون في القرن العشرين ، صار الاتصال أكثر سرعة ، واقل جهدا وكلفة ، واقرب إلى حركة الأحداث بواقعيتها الحقيقية ، بسبب ما اتصفت به هذه الوسائل من إمكانية التخاطب الآني ، ونقل الأفكار والمواقف والخبرات ، أسرع من أي وقت مضى عبر التاريخ الإنساني . ولكن حتى ذلك الوقت ، كان حجم التفاعل ونوعه وعمقه ، عبر استخدام وسائل الاتصال الالكترونية هذه ، ما يزال في بداية طريق معقدة وطويلة ، للتمهيد لمرحلة اتصالية جديدة ذات خصائص مختلفة ، هي مرحلة التخاطب التفاعلي عن بعد .

في مرحلة التخاطب التفاعلي عن بعد ، يرتقي التفاعل بين أطراف العملية الاتصالية عبر الحاسوب والانترنت إلى مستويات مدهشة ، تضعك مع الطرف الآخر، أو الأطراف الأخرى ، في موقف كبير الشبه بجلسة حوار حميمة ، يجري التواصل فيها بالصوت والصورة الآنية الحية ، على الرغم من أن ما يفصل بينكما آلاف الكيلومترات . كما تضع بين يديك ، متى شئت وكيفما شئت ، تراث العالم وتجاربه الفكرية أفقيا عبر الجغرافية و عموديا عبر التاريخ . بل إن ما ظهر من خصائص هذه المرحلة حتى الآن ، يؤكد أن إمكانات الاتصال آخذة بالنمو السريع والمطرد ، بشكل لا يمكن التكهن بمدياته في المستقبل .

إن من يتابع تطور النشاط الاتصالي وتطور بيئته ووسائله وأدواته ، وما تبع ذلك من تطور في أنماط الحياة وصيغها ، من الصيد إلى الزراعة ، ومنها إلى الصناعة ، ثم إلى عصر المعلومات والتكنولوجيا المتفاعلة ، يوقن أنه لولا الاتصال لما استطاعت البشرية أن تصل إلى ما وصلت إليه من تقدم في الفكر، وتنوع في التجارب الانسانية ، وتطور في العلوم والتكنولوجيا ، وتحسن في أساليب العيش ، وارتقاء في القدرة على مواجهة تحديات الحياة الاقتصادية والتعليمية والصحية والاجتماعية وغيرها . في المقابل ، فان التقدم الحاصل في

هذه الميادين كان يؤتي ثماره هو الآخر، ليسهم في تطوير أنماط الاتصال ووسائله وكيفياته وتقنياته.

إن الجدل القائم بين عناصر الحياة المختلفة ، والتفاعل الذي يمكن رصده بين النشاط الاتصالي والأنشطة الأخرى عبر التاريخ ، يؤكدان مدى الأهمية التي يتمتع بها النشاط الاتصالي الذي تحول إلى علم قائم بذاته ، له خصائصه وسياقاته البحثية . علم يؤثر في العلوم الأخرى وتطبيقاتها ، وبخاصة العلوم التربوية ، كما يتأثر بها . وفي الوقت ذاته تتولد عنه علوم فرعية تمس حياة الناس بكل تفاصيلها .

معنى الاتصال :

ربما تكون مشكلة المصطلح Terminology بشكل عام ، من أهم المشكلات التي برزت في ميدان التداول المعرفي للمفردات المستحدثة في العلوم وميادين الثقافة المختلفة ، في القرن العشرين . وما تزال هذه المشكلة تشكل ظاهرة لها امتداداتها في فقه اللغات المختلفة ، وفي ترجمة النصوص من لغة إلى أخرى ، ذلك أن المصطلح يمكن أن تقصد به معاني متعددة، بحسب الزاوية التي ينظر إليه منها ، والجذر اللغوي الذي يؤخذ منه ، وبحسب طبيعة الأهداف التي يسعى إليها كل باحث من الباحثين وميدان تخصصه .

إن ذلك الأمر لا يقتصر على مفهوم مصطلح " الاتصال " وما يقصد به ، بل إنه يشمل مئات أو آلاف المصطلحات التي تتراكم في الأدبيات العلمية والثقافية ، مع التقدم الذي تحرزه البشرية كل يوم في ميادين التكنولوجيا ، ومع تطور العلوم المضطرد ، وضرورات استجابة اللغة , أية لغة ، لمتطلبات هذا التطور السريع في مختلف الميادين . غير أن مصطلح الاتصال بوصفه مصطلحا حديثا ، يعد من أكثر المصطلحات جدلية ، بحكم شمولية هذا المصطلح ، وحداثته ، وتعدد زوايا النظر إليه ، ومستويات فهمه .

فعلماء السياسة يجدون في الاتصال عملية لتكوين الرأي العام ، يمكن بواسطتها تشكيل القناعات بالأفكار والنظريات والأحداث السياسية وتغيراتها ، وكذلك في فهم العلاقات

القائمة بين الدول ، وفي تمهيد مسرح الأحداث في أية بقعة من العالم ، لإجراء التغيرات المطلوبة طبقا لما يراه السياسيون .

أما علماء الإعلام ، فهم يعولون على عملية مد جسور التفاهم بين أبناء البشر، متجاوزين في ذلك حدود الزمان والمكان ، لتحقيق أغراض تبادل الخبرة والمعارف ونشر الأخبار والإمتاع وغيرها . بل إنهم يرون أن تشكل المجتمعات كان نتيجة التواصل بين الأفراد وتبادل الأفكار والخبرات فيما بينهم . ولولا ذلك لما أنتجت المجتمعات القديمة حضارات عبرت إلينا الأزمان ، لتدهشنا بما ابتكرت من فكر وثقافة وعلوم وآداب وفنون ، وأن كل ذلك كان من نتائج الاتصال بصورة أو بأخرى . وعلى ذلك فان الاتصال من وجهة نظر علماء الإعلام ، هو العملية أو النشاط الذي ينتج عنه الإعلام والإشهار والتعريف بالأخبار والأحداث والأفكار والمشاعر ، إلى جانب ما يحققه من أغراض أخرى كالتعليم والترفيه والتفاهم الاجتماعي وتطوير لغة الحوار وآلياته .

أما علماء الاجتماع فإنهم يعدون العلاقات القائمة بين الأفراد والجماعات شكلا من أشكال الاتصال ، يهدف إلى بناء العلاقات الإنسانية والتفاهم بين المجتمعات ، في مواجهة المشكلات المشتركة والبحث عن حلول لها . ومن جانب آخر ، ينظر علماء النفس إلى النشاط الاتصالي ، بقدر تعلق الأمر بعمليات التفكير والتذكر والإدراك وتغير المواقف ، نتيجة التفاهم الذي يحققه النشاط الاتصالي من الزاوية النفسية والسلوكية .

وإذا ما نظرنا إلى الاتصال من زاوية الباحثين في ميدان الاقتصاد ، فإننا نجد أنهم يحددون معناه من خلال منظار المنفعة التي يسهم في تحقيقها ، والقدرة على التطوير الاقتصادي والعائدات المالية لمؤسساتهم ، وتسهيل التبادلات المالية والمصرفية ، ومرونة انتقال الأموال والقوى العاملة بين ميادين الحياة المختلفة ، والمساعدة في حل مشكلة سوء توزيع الثروات ، والبحث عن حلول ناجعة لمشكلة الفقر ، التي رافقت حياة البشر أو جزء منهم على امتداد التاريخ ، بل تسببت ، وما تزال ، في حروب دمرت كثيرا مما بنوه وأنتجوه.

أما علماء التربية فإنهم يهتمون بتطبيقات الاتصال في ميدان إدارة المؤسسات التعليمية على وجه أفضل ، وتشكيل المواقف التعليمية التعلمية في بيئة تفاعلية تستطيع تحقيق أفضل المخرجات التي تسعى إليها المناهج الدراسية ، بما يحقق بناء الإنسان من النواحي النفسية والعقلية والبدنية . بل إنهم يعدون انتقال الخبرات عبر الأجيال المتعاقبة وتراكمها ، وتداول القيم والاتجاهات والمعارف عبر الزمان والمكان ، باتجاه الارتقاء بالتربية ونواتجها ، إنما هي ثمرة التشابك في النظرية والتطبيق بين علوم الاتصال وعلوم التربية.

نخلص من كل ذلك إلى أن مفهوم الاتصال يمكن النظر إليه من زوايا سياسية وإعلامية واقتصادية وتربوية ونفسية واجتماعية لا حصر لها . ولعل من الأفضل هنا أن نستذكر جملة من التعاريف التي فسرت معنى " الاتصال " تمهيدا لبيان زوايا النظر التي حكمت صياغة هذه التعاريف ، وصولا إلى تحديد ما يقصد بمصطلح "الاتصال" في الأدبيات المختلفة . فمفهوم الاتصال كما ذكرنا ، من أكثر المفاهيم التي شغلت المهتمين جدلا، وما يزال الجدل حوله قائما من الناحيتين اللغوية والاصطلاحية :

تعريف الاتصال :

ينظر **تشارلز كولي** إلى معنى الاتصال من خلال طبيعة عملية الاتصال بوصفه نشاطا إنسانيا على أنه **" الآلية التي توجد فيها العلاقات الإنسانية وتنمو ، عن طريق استعمال الرموز و وسائل نقلها وحفظها "**.

ويركز **ريتشاردز** من جانبه على كيفية حدوث النشاط الاتصالي بوصفه نشاطا عقليا، إذ يقول : **"يحدث الاتصال حين يؤثر عقل في عقل أخر , الأمر الذي يؤدي إلى حدوث خبرة مشابهة في عقل المتلقي لتلك التي حدثت في عقل المرسل , ونتجت عنها بشكل جزئي "**.

أما **كارل هوفلاند** فيرى إن عملية الاتصال هي استخدام منبهات تؤثر في سلوك المتلقين ، فيعرف الاتصال على انه **"عملية يقدم خلالها القائم بالاتصال منبهات تعدل سلوك الأفراد الآخرين "**.

ويتوسع تشارلز موريس في تعريف الاتصال ليعني به البيئة الاتصالية الإنسانية ، فيقول واصفا إياه بأنه "ظرف تتوافر فيه مشاركة عدد من الأفراد في أمر معين " .

ويهتم جورج لندبرغ بالتفاعل الذي يحدثه الاتصال و الوسط الناقل له بقوله أنه "التفاعل بواسطة الرموز والإشارات التي تعمل كمنبه يؤدي إلى إثارة سلوك معين عند المتلقي " .

أما فلوريد بروكز فإنه يحدد هدف الاتصال بأنه "عملية نقل فكرة أو مهارة أو حكمة من شخص لآخر".

بينما ذهب بعض الباحثين مثل مارتن أندرسون إلى تحديد عملية الاتصال في حدود انتقال المعرفة بغرض تحقيق الفهم إذ يعرف الاتصال بأنه "العملية التي من خلالها نفهم الآخرين ويفهموننا...وهو الطريق التي يتم بواسطتها انتقال المعرفة من طرف لآخر حتى تصبح مشاعا وتؤدي إلى التفاهم بينهما".

ويقترب ستيوارت من ذلك التعريف الذي يحدد معنى الاتصال بتوضيح المعنى وتحقيق الفهم حين يصف الاتصال بأنه " عملية ذهنية فيزيائية وظيفتها توضيح المعنى المقصود "

وفي نفس السياق ، يعرف فرانك دانس الاتصال بأنه "العملية التي يتفاعل عن طريقها المرسل والمستقبل في إطار وضع اجتماعي معين . وفي هذا التفاعل يتم نقل أفكار ومعلومات بين الأفراد عن موضوع معين أو قضية معينة أو معنى مجرد " .

ويلاحظ أن التعريفين الأخيرين يقصران مفهوم الاتصال على نقل المعارف فقط ، بينما يتوسع أمبري و أدلت و أجي في معنى الاتصال بالقول بأنه "فن نقل المعلومات والأفكار والمواقف عن طريق استعمال مجموعه من الرموز المحملة بالمعلومات".

وفي هذا السياق يقول الباحثون في حقل الاتصال ، ومنهم فيرنج " لا يمكن أن نبسط عملية الاتصال إلى درجة عدها مجرد نقل للمعلومات والأفكار من المرسل إلى طرف آخر" ،

فالمتلقي مفسر للرسائل التي يتلقاها ، وهو يقوم بتفسير هذه الرسائل بناء على فهمه لما استقبله منها ، واعتمادا على ما يمتلكه من مرجعيات في هذا الإطار .

يلاحظ أن التعاريف المشار إليها تؤكد على الطبيعة الإنسانية والاجتماعية لعملية الاتصال ، بوصفها تجري بين طرفين او أكثر ، سواء بنقل الأفكار أو الاتجاهات أو المواقف أو الأحاسيس أو المعارف او المهارات ، من المرسل إلى المتلقي و بالعكس .

وهنا لابد من الإشارة إلى أن جميع هذه التعاريف مشتقة من ميدان الاتصال الإنساني ، الذي يهتم بتبادل الخبرات الإنسانية بين طرفين عاقلين أو أكثر، وهو ما نحن بصدده في هذا الكتاب . بمعنى آخر فان النشاط الاتصالي الذي يحدث بين طرف عاقل وآخر غير عاقل ، كتعلم الإنسان من الظواهر الطبيعية مثلا ، لا يدخل ضمن تعريف الاتصال الذي اعتمدناه لأغراض هذا الكتاب ، وكذلك النشاط الاتصالي الذي يحدث بين المرء وذاته ، أو بين طرفين غير عاقلين ، كما يحصل مثلا في تخاطب الكائنات الحية من غير البشر .

وعلى ذلك فان التعريف الذي يمكن اشتقاقه من التعاريف أعلاه لمفهوم الاتصال ، والذي اعتمدناه في هذا الكتاب ، هو ذلك النشاط الإنساني الذي ينتج عنه تبادل الأفكار والأحاسيس والخبرات والاتجاهات والمعلومات والمهارات بين طرفين أو أكثر ، بقصد تحقيق التفاهم والتفاعل بين أطراف العملية الاتصالية ، وصولا إلى تحقيق ما رسم لهذا النشاط من أهداف . وهو نشاط تستخدم فيه منظومة مشتركة من الرموز والإشارات والأصوات والصور والمعاني ، متعارف عليها بين أطراف العملية الاتصالية .

عناصر عملية الاتصال :

تجمع مراجع الأدب النظري في ميدان علوم الاتصال على تحديد ستة عناصر تشترك في تشكيل العملية الاتصالية أو الموقف الاتصالي ، وهي :

- **المرسل** ، أو القائم بالاتصال ، ويسمى أيضا مصدر الاتصال .

- **الرسالة** ، أو محتوى الخطاب المرسل إلى المتلقي .

- **الوسيلة** ، أو الوسيط أو الأداة التي تستخدم لإيصال الرسالة إلى المرسل إليه .

- **المرسل إليه** ، أو المتلقي الذي تستهدفه عملية الاتصال .

- **بيئة الاتصال** ، أو الموقف الاتصالي الذي تجري فيه عملية الاتصال .

- **التغذية الراجعة** ، أو رجع الصدى الذي ينشأ من عملية الاتصال .

هذه العناصر الستة تتفاعل فيما بينها على نحو بالغ التعقيد والعمق والتشعب ، بحيث تصعب الإحاطة بكيفيات هذا التفاعل وآلياته ومستوياته بصورة كاملة ودقيقة . وهو ما يفسر ـ غزارة الدراسات التي تناولت هذا الموضوع على مدى العقود المنصرمة من القرن الماضي على وجه الخصوص . وتتلخص عملية الاتصال بصورتها الأولية البسيطة بقيام المرسل بتوجيه رسالة إلى المرسل إليه ، مستخدما وسيلة مناسبة لذلك ، في ظل ظرف محدد المواصفات ، وتلقي ما يصدر بعد ذلك من رد فعل من المرسل إليه نتيجة تعرضه للرسالة المذكورة .

ولتوضيح هذه الآلية ، سنحاول أن نلم بدور كل من العناصر الستة في العملية الاتصالية ، ومدى ارتباط كل عنصر من هذه العناصر بالعناصر الأخرى لهذه العملية ، وتفاعله معها ، ذلك أن فهم آليات هذا التفاعل يساعدنا كثيرا في استخدامها بشكل مؤثر :

المرسل :

هو المحرك الأساس لعملية الاتصال ، فهو الذي يحدد أهداف الاتصال في الحالات التي يكون فيها الاتصال مقصودا ، وهو الذي يحدد طبيعة الرسالة ومحتواها ، ويختار وسائله لإيصالها . كما إنه يختار لغة الخطاب الذي يوجهه للمتلقي أو لجمهور المتلقين . والمرسل بهذا المعنى حجر الزاوية في العملية الاتصالية ، لذلك تطلق عليه تسمية " مصدر

الاتصال " أو " القائم بالاتصال " . وحيث انه كذلك ، فهو معني بدراسة بيئة الاتصال مـن حيث الزمان والمكان ، والمؤثرات الخارجية التي تؤثر في آلية إيصال محتوى الرسالة إلى المتلقي ، وطبيعة الوسيلة التي يستخدمها في ذلك وخصائصها وإمكاناتها .

والمرسل بشكل عام قد لا يكون فردا ، بل قد يكون مجموعة من الأفراد اتفقت على تأمين الاتصال بقصد تحقيق أهداف محددة . وقد يكون المرسل حلقة في سلسلة من المرسلين ، يتسلم كل مـنهم مهمته ممن سبقه لإيصالها إلى الآخرين . ومثال ذلك أن مدير المدرسة الذي يجتمع بهيئة المدرسين معه لإيصال توجيهات المؤسسة التعليمية التي يتبع لها ، إنما يقوم بتحقيق أهداف الاتصال ، كما وضعت من قبل تلك المؤسسة . وهو هنا يقوم بنقل ما تريد المؤسسة التعليمية وإدارتها العليا ثم الوسطى إيصاله إلى الهيئة التدريسية . فمدير المدرسة في مثل هذه الحالة هو آخر حلقة في سلسلة من القائمين بالاتصال ، وصولا إلى الجمهور المستهدف المتمثل بالمعلمين والطلبة .

ولابد من الإشارة هنا إلى أن ما نتلقاه عبر الانترنت أو الكتاب المدرسي ، أو ما نطلع عليه ونتفاعل معه في برمجية تعليمية مثلا ، إنما يقف خلفه مرسل أو مرسلون سـبق لهـم أن وضعوا أهـداف مـا نطلـع عليه ، وصاغوا الرسالة بالشكل الذي وجدوه مناسبا ،على اعتبار أن الرسالة التعليمية ، أو مجموعة الرسائل ، وضعت لمقاصد وأغراض محددة .

وحيث أن عناصر عملية الاتصال تتفاعل مع بعضها البعض ، فان المرسل لابد له أن يخضع لتأثيرات العناصر الأخرى ويـؤثر فيهـا كـذلك . فهو يبني خطابه إلى المتلقين بموجب اشتراطات الوسيلة التي يستخدمها ، والتي تتناسب مع طبيعة الجمهور الذي يستهدفه ، مستخدما الرموز والإشـارات والأصوات والصور والمفردات والمعاني التي تسهل وصول الرسالة ، وتستحث في المتلقين الرغبـة في فهمها والتفاعل معها .

كل ذلك يجري تحت مظلة البيئة الاتصالية التي سبق للمرسل ، أي القائم بالاتصال ، أن درسـها ، ووقف على ما تتيحه من فرص لوصول الرسالة بيسر و وضوح ، ودون عوائق تمنعها من ذلك . كـما ينبغـي له أن يوفر الفرص الكافية لتلقي ردود الفعل على رسالته أو

رسائله ، ليتمكن من تعديلها طبقا لاحتياجات الجمهور وتأثيرات الرسالة فيه ، واستجابة لظروف التلقي عند الجمهور .

الرسالة :

يقصد بالرسالة فحوى الخطاب الذي يرغب المرسل إيصاله إلى المتلقين عن طريق وسيلة مختارة في وقت محدد وظرف محدد . ويشمل هذا المحتوى حقائق وأفكارا ومشاعر ومواقف ومهارات صاغها المرسل بطريقة ما وتسلسل ما لتحقيق هدف محدد . وعلى هذا الأساس فان الرسالة ليست محتوى مجردا ، بل هي محتوى مصاغ بلغة يفهمها المتلقي . بمعنى أن جملة الرموز اللفظية والصورية والحركات والإشارات والتراكيب التي يستخدمها المرسل ، ينبغي أن تكون مفهومة على نحو عال من الدقة من جانب المتلقي . إذ لا يعقل مثلا أن نخاطب المتلقي باللغة الانكليزية وهو لا يفهمها ، أو أن نستخدم مجموعة من الرموز أو المفردات أو الإيماءات التي لا يدرك المتلقي معانيها .

وابرز مثال على ذلك أن سائق السيارة في الطريق العام يتعرض لرسائل إرشادية كثيرة ، وضعت على جانبي الطريق من قبل إدارة السير(القائم بالاتصال) في هيئة أشكال ورموز متعارف عليها . ودون أن يستطيع السائق إدراك معاني هذه الإرشادات ، فإنه لا جدوى من وضعها أصلا .

وهنا لابد من التنويه إلى أن **لغة الخطاب** ، ومجموعة الرموز الصوتية والصورية وما إليها ، لابد أن يحددها المرسل مسبقا طبقا لاشتراطات الوسيلة ، وطبيعة الجمهور . فالخطاب الموجه عن طريق الإذاعة مثلا ، هو خطاب سمعي بحت ، يخاطب أذن المتلقي دون حواسه الأخرى . أما التلفزيون فيخاطب حاستي السمع والبصر معا . وهو ما يضطر المرسل إلى تكييف خطابه بما ينسجم مع الوسيلة الناقلة للرسالة ، بغية إحداث التأثير المقصود . ويذهب عالم الاتصال المعروف ماكلوهان في ذلك إلى القول " " The medium is the message أي أن الوسيلة هي الرسالة ، للدلالة على أهمية تأثير خصائص الوسيلة ، في صياغة الخطاب الذي يرسل عن طريقها .

من جانب آخر ، فإن ثقافة المتلقين ومستوى وعيهم ، يوجب على المرسل اختيار مستوى الخطاب على نحو مدروس ، من حيث اللغة المستخدمة فيه ، ومدى تعقيد التراكيب التي يستخدمها ، ومقدار التجريد الذي يطبعها ، أو الرمزية التي تحيط بها ، أو الدلالة التي يرمي إليها .

أما **مضمون الرسالة** التي نتحدث عنها ، فهو الآخر يتأثر بطبيعة المتلقي وثقافته و وعيه . وعلى ذلك يمكن أن نخاطب فئة الأطفال مثلا متحدثين عن معنى الوطن ، بمفردات ومحتوى مختلف عن حديثنا في الموضوع نفسه لفئة الكبار . بمعنى آخر ، فان المرسل لا يمتلك الحرية المطلقة في اختيار محتويات المضمون والحقائق والأفكار التي يتضمنها ، بل هو ملزم بمراعاة قدرة المتلقي على فهمها والتعامل معها .

ويبقى بعد ذلك البعد المهم الثالث الذي ينبغي توفره في الرسالة ،وهو الذي يتمثل **بطريقة عرض الرسالة** من حيث تسلسلها و إيقاعها ، ومن حيث الوسائل المستخدمة في عرضها ، بما يحقق هدف الرسالة . فمخاطبة جمهور من الأطفال باستخدام قصة مشوقة تعتمد الصور والمؤثرات الصوتية ، تختلف عن توجيه خطاب عالي التجريد ، لنخبة متخصصة من الجمهور في حقل النقد الأدبي . كما إن إلقاء خطبة في احتفال ديني مدرسي، يختلف في لغته وأدواته وطريقة عرضه ،عن تقديم درس عملي في المختبر في مادة الفيزياء .

ومرة أخرى نقول إن على المرسل أن يحسن اختيار طريقة العرض بما يحقق التأثير المطلوب في المتلقي . إذ لا يستجيب جميع المتلقين لطريقة عرض واحدة ، و لا تناسب طريقة عرض واحدة جميع وسائل الاتصال المراد استخدامها . وهو ما يتطلب من المرسل أخذه بنظر الاعتبار .

الوسيلة :

منذ أن خلق الإنسان وهو لا يفتأ يستخدم كل الوسائل المتاحة له ، للتعبير عن ما يجول في خاطره من مشاعر ، ويدور في عقله من أفكار . فقد استخدم الإنسان القديم آلاف الوسائل الاتصالية ، بغية التعبير عن دواخله وتحقيق التفاهم مع الآخرين . فمن الرموز الصوتية و الصورية والإيماءات والرسوم ، مرورا بابتكار اللغة المنطوقة والحروف المكتوبة ، وصولا إلى آخر ابتكارات العصرــ ، المتمثل بالحاسوب وشبكة الانترنت . و على الرغم من مرور قرون عديدة على ظهور بعض هذه الوسائل ، إلا أنها ما تزال تؤدي الأغراض التي استخدمت من أجلها كناقل للأفكار والمشاعر والخبرات الإنسانية والمهارات المختلفة . ذلك أن لكل وسيلة خصائص وقدرات ، ويمكنها أن تؤدي دورها الاتصالي بكفاءة ، إذا ما استخدمت في الظرف المناسب للجمهور المناسب .

وهنا نذكر بمقولة ماكلوهان التي سبقت الإشارة إليها ، من أن " الوسيلة هي الرسالة" دلالة على أهمية تأثير الوسيلة على الرسالة نفسها ، وضرورة اختيار الوسيلة بما يتناسب مع الرسالة ، ضمانا لأداء دورها المطلوب بفاعلية .

وعلى هذا الأساس ، فمهمة المرسل هنا تكمن في حسن اختيار الوسيلة التي تحمل من الخصائص ما يعينه على إيصال رسائله . ولا يشترط بالضرورة حداثة الوسيلة ، إنما الشرط الأساس هو قدرتها على تحقيق المهمة المنوطة بها . ومرة أخرى لابد من التأكيد على أن يكون اختيار الوسيلة مما يتلاءم مع قدرة الجمهور على استخدامها ، و بما يحقق أفضل نمط من التلقي لدى الجمهور .

المرسل إليه :

يعد المرسل إليه ، أو المتلقي ، هدف عملية الاتصال . ويعنى الباحثون كثيرا بدراسة سلوك المرسل إليه لمعرفة كيفية صياغة عملية الاتصال ، وتحديد دور كل من عناصر هذه العملية . كما إن فحص سلوك المرسل إليه بعد عملية الاتصال هو الذي يحدد مدى نجاح

المرسل في انجاز مهمته ، ومدى تحقق الأهداف التي صممت من اجلها الرسالة . ومن خلال هذا الفحص يمكن تشخيص مواطن الضعف والخلل التي أصابت عملية الاتصال تمهيدا لمعالجتها ، سواء أكان ذلك على مستوى تحديد مدى نجاح المرسل ، أم مستوى كفاءة الوسيلة أم مدى صلاحية الرسالة .

وتجدر الإشارة هنا إلى أن عمليات الاتصال التي تتصف بالقدرة على التأثير في المتلقي وإشراكه بشكل تفاعلي معها ، هي تلك العمليات التي صممت لتتيح لهذا المتلقي الفرص الكافية للتعبير عن ردود أفعاله تجاه ما يتلقاه من رسائل . وهو ما يعرف بممارسة " حق الاتصال " أو " ديمقراطية الاتصال " والتي لا غنى عنها عند تقويم العمليات الاتصالية . وقد اهتمت الأبحاث بشكل مميز خلال العقود الأخيرة بعنصر المتلقي وعملية التلقي . واجتهد الباحثون كثيرا في ماهية التلقي وكيفية تشكله والعوامل المؤثرة فيه . ولم تقتصر هذه الجهود على المهتمين بميدان الاتصال ، إنما شملت كذلك الباحثين التربويين وعلماء النفس ونقاد الأدب والمهتمين به كذلك . وفي هذا حديث يطول ، لا مجال للخوض فيه في هذا المقام .

بيئة الاتصال :

ويقصد بها جميع مفردات البيئة الخارجية التي تؤثر في عمل المرسل ، وطبيعة التلقي، واشتغال الوسيلة ، وصياغة الرسالة . إذ إن هذه المفردات يمكن أن توظف لتحقيق الأهداف الموضوعة لعملية الاتصال . بالمقابل فان بعض مفردات البيئة الاتصالية يمكن أن تعرقل وصول الرسائل على نحو واضح إلى المتلقي . وهو ما يسميه علماء الاتصال " عناصر التشويش "، التي تسهم في تشويه الرسالة أو التشويش عليها وحرفها عن هدفها ، في مرحلة ما من مراحل صياغتها أو انتقالها إلى المتلقي ، مما يتسبب في نتائج سلبية كثيرة.

وتشمل مفردات بيئة الاتصال جملة من ظروف لا حصر لها ، طبيعية و فيزيائية و نفسية وغير ذلك . ويتحتم على القائم بالاتصال أن يدرس ما يحيط بالموقف الاتصالي الذي

يخطط له من جميع جوانبه ، إذا ما أراد ضمان نجاح عملية الاتصال . وقد دلت التجارب الميدانية على أن عملية الاتصال يمكن أن تعاني من فشل ذريع بسبب إغفال هذا العنصر المهم من عناصر العملية الاتصالية . إن ما يستهدفه القائم بالاتصال من دراسة البيئة الاتصالية هو تحييد التأثيرات التي يمكن أن تحدثها عناصر التشويش ، كالأصوات والطقس والإضاءة والإشارات , والصور المصاحبة والظروف النفسية والفيزيائية التي ترافق عملية التلقي ، أو تسبقها أو تعقبها ، وذلك لضمان وصول رسالته بالدقة والوضوح المطلوبين ، وفي الوقت المناسب ، بما يضمن تحقيق الأهداف الموضوعة ابتداء من عملية الاتصال .

التغذية الراجعة :

يقصد بالتغذية الراجعة ما ينتج عن عملية الاتصال من ردود أفعال وظواهر يمكن قياسها ، لمعرفة مدى ما حققه النشاط الاتصالي وما اخفق في تحقيقه ، وما هو مطلوب لتطوير عملية الاتصال في مختلف مراحلها . وهو ميدان اهتمام الباحثين المتخصصين في قياس نواتج العمل الاتصالي .

ويمكن أن تكون التغذية الراجعة فورية كما هو الحال في المواقف الاتصالية المباشرة ، كما يحدث مثلا عندما يلقي متحدث بخطاب إلى جمهوره في قاعة مغلقة ، فهو يستطيع من خلال قراءة ملامح وجوه الجمهور ، أو تصرفاتهم أثناء إلقاء الخطاب ، إدراك مدى الاهتمام الذي يحظى به خطابه في ساعة إلقاء الخطاب . كما يمكن أن تكون التغذية الراجعة متأخرة كما هو الحال في ما يظهر من ردود أفعال لاحقة ، في صيغة رسائل مكتوبة إلى المرسل ، أو تعقيبات تنشر في الصحافة تعليقا على توجيهات ما ، سبق أن أصدرتها إحدى المؤسسات التعليمية على سبيل المثال .

إن موضوع تحديد التغذية الراجعة واتجاهاتها وطبيعتها ، بحاجة إلى دراسة كيفية إجراء بحوث الاتصال ، التي يمكن أن تقف بقدر عال من الدقة على مدى ما تحقق في

العملية الاتصالية المعنية . وهي بحوث تستخدم أدوات بحثية عديدة كتحليل مضمون الرسائل أو الرسائل المقابلة ، وقياس الأثر الناتج عن التعرض للرسائل التي وجهها المرسل، وإجراء الاستبيانات والمقابلات والملاحظة . وفي الميدان التعليمي يستعين الباحثون إلى جانب هذه الأدوات بدراسة مستويات التحصيل وتحليلها بصورة إحصائية . ونشير هنا إلى أننا سنتناول ذلك بشيء من التفصيل في فصل لاحق .

أنماط الاتصال :

جرى تصنيف أنماط الاتصال في أشكال عدة تبعا للغرض من وضع كل من هذه التصانيف . وقد أصبح بعض هذه التصانيف قديما بحكم التقدم التكنولوجي الذي ألغى الحدود والفواصل بين نمط وآخر كما سنرى . بينما يجتهد الباحثون في استحداث تصانيف أكثر ملاءمة لتطورات العصر، وما ألقاه هذا التطور من ظلال على طبيعة الاتصال ومفاهيمه السائدة ، وأغراضه ووسائله .

لقد صنف بعض الباحثين أنماط الاتصال بحسب طبيعة الوسيلة المستخدمة ، فقيل "اتصال الكتروني " و " اتصال هاتفي " و " اتصال رقمي ". وصنفها آخرون بحسب الحاسة التي يستهدفها الاتصال ، فقيل " اتصال بصري " و " اتصال سمعي " و آخر "سمعبصري" وهكذا . كما صنفت على أساس اتجاه الاتصال فقيل " اتصال عمودي " و"اتصال أفقي " أو " اتصال من أعلى إلى أدنى " أو " من أدنى إلى أعلى".

كما ظهرت تعبيرات عديدة لأنماط عديدة من الاتصال بقصد تمييزها عن غيرها ، مثل " الاتصال عن بعد " للإشارة إلى الاتصال الذي يستهدف متلقين لا يضمهم مكان واحد مع المرسل ، أو " اتصال ذاتي " للإشارة إلى أن الفرد يمكن أن يتصل بذاته ، ويقيم مع نفسه حوارا يخرج في نهايته بقناعات أو توجهات جديدة ، وغير هذا وذاك من التعابير والمصطلحات التي اقتضتها طبيعة الأهداف التي يستهدفها الباحثون .

على أن أكثر التصانيف شيوعا حتى اليوم هي التصانيف الثلاثة التي قسمت أنماط الاتصال بحسب طبيعة الاتصال نفسه ، وحجم الجمهور المستهدف ، واتجاهات الاتصال . وسنحاول هنا توضيح هذه التصانيف ، وبيان كيف أن التكنولوجيا الحديثة قد أثرت ، من خلال تطورها المتواصل ، على طبيعة التقسيم في التصانيف المذكورة ، وقللت من حدة الفروق بينها ، والتي كانت لوقت طويل أكثر وضوحا من اليوم .

١) التصنيف بحسب طبيعة الاتصال :

- اتصال مباشر Direct Communication :

وهو الذي يجري بين المرسل والمرسل إليه وجها لوجه ، بحيث يستطيع كل من الطرفين التواصل الحي مع الآخر ، وإدراك انطباع الطرف المقابل عنه ، ومدى ما تحقق من الرسائل المتبادلة بينهما . وهنا تكون التغذية الراجعة فورية ، ويستطيع مصدر الاتصال والمتلقي أن يعدلا في خطابهما ، طبقا لما يصل كلا منهما من ردود أفعال الطرف الآخر ، أي من خلال التغذية الراجعة المتبادلة .

- اتصال غير مباشر Indirect Communication :

وهو الذي يجري فيه الاتصال دون أن يكون طرفا عملية الاتصال في مكان واحد . وهنا يصعب الحصول على تغذية راجعة لكل من الطرفين ، كما تصعب الإفادة من التغذية الراجعة لتعديل الرسالة أولا بأول بناء على ذلك.

- اتصال وسطي أو مزدوج Direct - Indirect Communication :

وهو اتصال بين طرفين يجري بشكل غير مباشر، لكن كلا منهما يستطيع ملاحظة ردود فعل الآخر آنيا ، كما يحصل في الاتصال الهاتفي أو عبر غرف الحوار التفاعلية مثلا ، بالصوت والصورة عبر الانترنت .

يلاحظ أن النمط الأخير من الأنماط الثلاثة قد ظهر في تصنيف الباحثين حديثا ، استجابة للتطور التكنولوجي الذي دمج بين النمطين الأولين المباشر وغير المباشر ، إذ لم يعد البعد الجغرافي ذا أثر كبير في الحصول على التغذية الراجعة من قبل أي من طرفي الاتصال ، كما كان الأمر من قبل ، بل هما يستطيعان ذلك آنيا ، على الرغم من بعد المسافة بينهما .

٢)   التصنيف بحسب الجمهور :

● اتصال فردي Individual Communication :

وهو الذي يستهدف فردا واحدا ، كما يحدث في الخطاب الموجه لمدير الدائرة ، أو للطالب في موقف التدريس الخصوصي مثلا .

● اتصال جماعي Group Communication :

وهو الاتصال الذي يستهدف مجموعة من المتلقين ، كما يجري عند إدارة مدير المدرسة لاجتماع مجلس المدرسين ، أو عند إلقاء محاضرة على مجموعة محددة من الطلاب.

● اتصال جماهيري Mass Communication :

وهو اتصال يكون فيه المتلقون جمهورا كبيرا يصعب تحديد مواصفاته بدقة ، سواء أكان ذلك من حيث الزمان أو المكان أو الخصائص العامة . وهو في غالب الأمر جمهور غير متجانس . وهذا ما نراه في التجمعات الجماهيرية في الملاعب الرياضية ، أو عند بث برامج إذاعية أو تلفزيونية إلى جمهور واسع وغير محدد ، أو عند إلقاء محاضرة على الانترنت لجمهور واسع عبر العالم .

وهنا أيضا نلاحظ أن طبيعة التطور الذي فرضته التكنولوجيا ، قد دمج بين ما هو فردي وما هو جماعي أو جماهيري . إذ إن قدرة المتلقي على تلقي رسائل المرسل عبر الانترنت ، على جهاز حاسوبه الشخصي ، لا يختلف عن التلقي الفردي . في حين أن هناك

كثيرين غيره ممن يتعرضون للرسائل نفسها ، من المصدر نفسه و في الوقت نفسه ، أو في أوقات أخرى حسب اختيارهم . كما إن البرمجية التعليمية التي يضعها المعلم على موقع ما على الإنترنت ينطبق عليها نفس الحكم ، فهي رسالة موجهة إلى فرد والى مجموعة أفراد في الوقت نفسه .

على أننا نجد في الأدب النظري المتعلق بالتصنيفين سابقي الذكر دمجا لهما ، بمعنى النظر إلى الاتصال من زاوية طبيعة النشاط الاتصالي والجمهور المخاطب في الوقت ذاته، بحيث يمكن تصنيف النشاط الاتصالي على هذا الأساس على النحو الآتي :

الجمهور / الاتصال	اتصال فردي	اتصال جماعي	اتصال جماهيري
اتصال مباشر	الحوار الشخصي بين اثنين	مخاطبة مجموعة حاضرة في صف دراسي	مخاطبة جمهور في ملعب كبير بشكل مباشر
اتصال مزدوج	الهاتف	حوار مع جمهور محدد عن طريق بث تلفزيوني حي	التعليم باستخدام الحاسوب مع فرصة للتفاعل عبر الانترنت
اتصال غير مباشر	الرسائل المكتوبة / البريد الإلكتروني	مخاطبة مجموعة محددة عن بعد كما في الدوائر التلفزيونية المغلقة	مخاطبة جمهور واسع عن بعد عن طريق التلفزيون

أنماط اتصال

٣) التصنيف بحسب اتجاه الاتصال :

- اتصال باتجاه واحد One-Way Communication :

وهو اتصال تدل تسميته على انه يتجه من المرسل إلى المتلقي ، دون أن يعطى المتلقي فرصة للتعبير ، آنيا في الأقل ، عن ردود أفعاله تجاه ما يتعرض له من رسائل . وهو نمط اتصالي يتهم بضعف فاعليته في غالب الأحيان . فهو يستخدم عادة في الخطاب الموجه إلى جمهور كبير، لا تتاح له فرصة المشاركة في مناقشة ما هو مطروح من أفكار أو حقائق أو اتجاهات . ورغم أن هذا النمط يمكن استخدامه في مواقف عديدة ، سواء في الحياة العامة أو في ميدان التربية والتعليم ، غير أن استخدامه غير محبذ في المواقف التعليمية التعلمية ، لما لمشاركة الطالب وتفاعله مع المعلم من ضرورة تؤكدها جميع نظريات التعليم والتعلم .

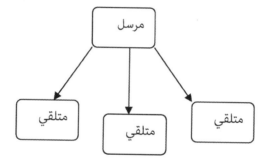

اتصال باتجاه واحد One-Way Communication

● اتصال باتجاهين Two-Way Communication :

وهنا يكون انتقال الرسائل من المرسل إلى المتلقي وبالعكس ، بحيث يمكن لكل من طرفي العملية الاتصالية الإحاطة بما يفكر به الآخر ويشعر به . وقد لا يكون هذا التفاعل بين الطرفين آنيا . بل قد يكون هناك مدى زمني بين الإرسال والتلقي من كلا الطرفين . لكن ذلك لا يقلل من أهمية الاتصال التفاعلي الذي يتسم به هذا النمط من أنماط الاتصال . ويطبق هذا النمط في حالات كثيرة في الحياة العامة كما في الميدان التربوي ، كالاجتماعات والندوات وورش العمل والدروس التي تستخدم فيها طريقة الحوار مثلا ، أو الحوارات التي تجري عن بعد بين المعلم وطلبته .

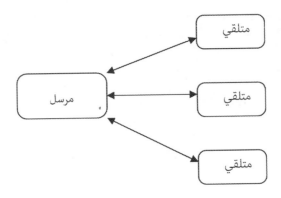

اتصال باتجاهين Two-Way Communication

● اتصال متعدد الاتجاهات Multi Dimensional Communication :

تتعدد اتجاهات الرسائل في هذا النمط الاتصالي وتتشابك المقاصد وتتداخل المصادر . كما يحصل مثلا في الحفلات والمهرجانات الطلابية ، بحيث يتعرض المشاركون إلى آلاف الرسائل من مصادر متعددة قد لا يسودها الانتظام . وربما يكون بعضها غير مكتمل بحكم طبيعة الموقف الذي يتم فيه تبادل الرسائل . غير أن الموقف الاتصالي تنتج عنه في النهاية انطباعات ومواقف متباينة لدى الأفراد المشاركين ، متلقين ومرسلين ، يصعب فرز مصادرها وكيفية تشكلها .

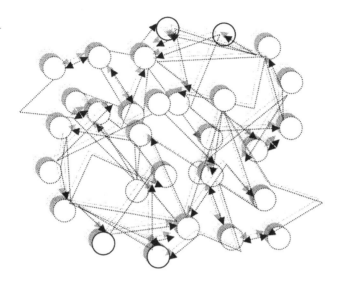

اتصال متعدد الاتجاهات Multi Dimensional Communication

● اتصال بخطوتين Two-Step Communication :

وهو إرسال يجري من مرسل إلى متلق كما في النمط الأحادي الاتجاه ، وهو الخطوة الأولى ، يعقبه قيام المتلقي بإيصال الرسالة التي تلقاها إلى متلق آخر ، وهو الخطوة الثانية . وهنا يمكن تصور ما قد يطرأ على أصل الرسالة من تغيير أو إضافة أو اختصار أو غير ذلك ، عندما تصل إلى المتلقي الثاني . على أن لهذا النمط من الاتصال تطبيقات عدة . وفي التعليم يمكن أن يستخدم لتحقيق ما يعرف لدى التربويين بانتقال أثر التعلم . وتستخدم المدرسة هذا النمط في إيصال الأفكار والمواقف والممارسات الايجابية عن طريق طلبتها إلى محيط المدرسة ، كجزء من مهمتها في التغيير الثقافي للمجتمع .

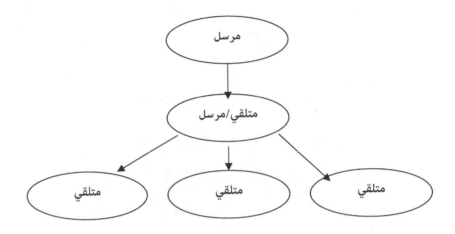

اتصال بخطوتين Two-Step Communication

•

وهو اتصال قاعدي ، بمعنى أنه يجري عادة بين أفراد قاعدة المتلقين بعد تعرضهم بصورة مشتركة إلى رسائل من مصدر اتصال واحد . وكثيرا ما نستخدم هذا النوع من الاتصال في التعلم التعاوني أو باستخدام طريقة المجموعات ، وحل المشكلات المشترك بين الطلبة ، بحيث يزودون بقاعدة معلومات مشتركة ، وتترك لهم حرية التعامل معها عن طريق التشارك في عملية اتصال تفاعلية ، توصلهم إلى الأهداف التي سبق لنا أن حددناها ، لحل مشكلة ما مثلا أو التوصل إلى إنضاج فكرة ما .

اتصال من شخص لشخصMan-to-Man Communication

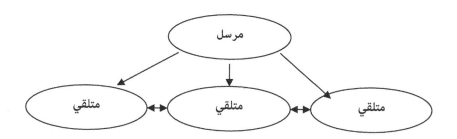

ويلاحظ بعد الانتهاء من دراسة التصنيف الأخير أن جميع هـذه الأنماط لها اسـتخداماتها التـي تستند إلى خصائص كل منها ، سواء أكان ذلك في التطبيقـات اليوميـة في الحيـاة العامـة أم عـلى مسـتوى النشاط التربوي بمختلف تفاصيله داخل المدرسة وخارجها . وسيجد القارئ الكريم في فصل لاحق بعـض الجوانب التطبيقية لهذه الأنماط بشكل أكثر تفصيلا .

نماذج الاتصال :

ربما كان أول من تحدث عن مفهوم النموذج الاتصالي بصيغته الأولية هو أرسطو ، الـذي أشـار إلى أن الاتصال يعتمد وجود ثلاثة عناصر هي الخطيب (المرسل) والخطبة (الرسالة) والمستمع (المرسل إليـه) ، منطلقا من أن الوسيلة الأساسية للاتصال في ذلك الوقت كانت الخطابة . وربما كان ذلك هو الفهـم السـائد لطبيعة التعامل بين الخطيب

والجمهور، قبل أن يعرف مفهوم الاتصال بمعناه ومدلولاته المعاصرة ، ولذلك جاء وصف أرسطو لهذه العملية دون الإشارة إلى العناصر الأخرى التي اشرنا إليها سابقا ، وهـي الوسيلة والبيئة الاتصالية والتغذية الراجعة ، التي عنيت بها النماذج الحديثة .

وكما يركز التربويون المهتمون بتصميم التدريس اليوم على ضرورة دراسة عناصر عملية التعليم والتعلم عبر مراحلها الثلاث ، المدخلات والعمليات والمخرجات ، وفهم آلية اشتغال هذه المنظومة المعقدة التركيب ، وطبيعة التفاعلات التي تحكمها ، بغية وضع النماذج المناسبة للتخطيط لعملية التدريس ، والحصول على أفضل النتائج والمخرجات التعليمية ، نقول : كما يركز التربويون على ذلك فان علماء الاتصال أيضا استخلصوا ، من خلال تحليلهم للنشاط الاتصالي في المواقف المختلفة ، نماذج سمي معظمها بأسمائهم . وهي نماذج لا تنطوي على تباين في وجهات النظر حسب ، بل على نمو في إدراك طبيعة عملية الاتصال بصورة أكثر عمقا وتفصيلا ، استنادا إلى ما كشفته الأبحاث والتجارب في هذا الميدان الذي لم يزل حتى اليوم موضع جدل محتدم .

سنمر في الصفحات التالية بصورة سريعة ، على بعض هذه النماذج التي وضعها العلماء المحدثون ، بغية الاقتراب أكثر من ماهية العملية الاتصالية وتداخلاتها ، ففهم هذه النماذج يساعدنا كثيرا في إتقان مهارات تطبيقها في الواقع العملي التربوي :

نموذج هارولد لازويل :

يعتمد هذا النموذج على أربعة من عناصر الاتصال التي سبقت لنا الإشارة إليها ، وهي المرسل أو القائم بالاتصال ، وفحوى الرسالة ، والواسطة المستخدمة في إيصالها ، والجمهور المستهدف ، علاوة على الغرض من الاتصال . ويضع لازويل ذلك في صيغة أسئلة متسلسلة (من يقول ؟ ماذا يقول ؟ وبأية وسيلة يوصل قوله ؟ ولمن يقول ؟ وبأي قصد ؟) معتبرا أن الإجابة عن هذه الأسئلة مجتمعة تشكل عملية الاتصال .

نموذج جورج جرينز :

يتوسع هذا النموذج في تفسير العملية الاتصالية لـدى جرينـز الـذي يحـددها في عشـر مفـردات (شخص ، يدرك حدثا ، ويستجيب ، في موقف ما ، عبر وسائل ، ليصنع مواد مناسبة ، بشكل ما ، وسياق ما ، ينقل محتوى ، له نتائج) . وواضح أن الشخص المقصود هنا هو المرسل ، الذي يتفاعل مع الواقع ، فينقلـه إلى الآخرين بقصد التأثير فيهم . وان النموذج المطروح أكثر اهتماما ببيئة الحدث المنقول إلى الآخرين مـع تركيز على كيفية صياغة الرسالة .

نموذج شانون و ويفر :

هذا النموذج يقدم العملية الاتصالية بصورة أكثر مهنية من مجرد الوصف الذي تناوله النموذجان السابقان ، إذ إنه يرى أنها على النحو الآتي : (مصدر معلومات ، ينقل رسالة ، عبر جهاز إرسـال ، يحمـل إشارات ، يحدث تشويش ، جهاز يقلص الإشارات ، تحقيق الهدف المقصود) . وفي هذا النموذج تأكيد علـى اللغة المشتركة (الإشارات) التي ينبغي اختيارها بموجب معرفة خصائص طرفي الاتصال بمـا يضـمن التفاهم بينهما . كما يشير إلى دور البيئة الاتصالية في إيصال أو تعويق إيصال الرسالة .

نموذج ديفيد بارلو :

يتضمن هذا النموذج العناصر الأساسية الأربعة المعروفة لعملية الاتصال ، وهي (مصـدر الرسـالة ، والرسالة ، والوسيلة ، والمتلقي) ، مع التأكيد على وجود عنصرين آخـرين هـما (المرمّـز Encoder) الـذي يصنع الرموز الناقلة للرسالة ، كالتلفزيون الذي ينتج الأصوات والصور في الاتصال السمعي المرئي ، أو الآلـة الكاتبة ، كما هي الحال عند الاتصال المطبوع ... وهكذا . أما الثاني فهو (جهاز فك الشفرة Decoder) لدى المستقبل ،

والذي يقوم بفك شفرات ورموز الرسالة ، مثل الأذن أو العين أو كلاهما ، حسب طبيعة لغة الرسالة المرسلة ورموزها .

ويلاحظ أن النماذج الأربعة السالفة الذكر هي نماذج ذات خط أحادي الاتجاه ، يأخذ بنظر الاعتبار المرسل بوصفه العنصر الأساس في العملية الاتصالية ، بمعنى أن تدفق المعلومات والخبرات يتجه باتجاه واحد من المرسل إلى المتلقي . وهو ما يسميه المهتمون بعلم الاتصال " النسغ النازل " ، دون الإشارة إلى التغذية الراجعة ، ودور المتلقي في العملية الاتصالية ، بوصفه طرفها الآخر ، المستهدف أصلا من النشاط الاتصالي ، وهو ما سبق لنا التحدث عنه .

إن الواقع العملي في هذا الميدان يشير إلى أن ما يرجوه المرسل من عملية الاتصال ، وما يخطط لتحقيقه من أثر على المتلقي ، قد لا يتحقق في كثير من الأحيان . ولذلك قيل أنه ليس كل ما يقال يسمع ، وليس كل ما يسمع يفهم ، وليس كل ما يفهم يعمل بموجبه . بمعنى آخر ، فان عملية الاتصال ستكون ناقصة إن لم تتوخ الحصول على ردود أفعال المتلقين والتفاعل معهم ، لمعرفة أي خلل يحدث في العملية الاتصالية ، بغية معالجته والارتقاء بمستوى التفاهم بين طرفي العملية الاتصالية .

على هذا الأساس ظهرت هناك نماذج اهتمت بنمط آخر من الاتصال ، قوامه التفاعل بين المرسل والمستقبل ، في ظل ظرف ديناميكي يصعب تحديد بداياته أو نهاياته . ومن معنى التفاعل وأهميته في الاتصال اكتسبت هذه النماذج تسميتها " النماذج التفاعلية " أو " النماذج ثنائية الاتجاه " ، وهي نماذج تنسجم مع النظريات الحديثة ، وبخاصة في ميدان التعليم والتعلم ، و تؤكد على دور طرفي عملية الاتصال في إنجاح هذه العملية ، وأهم هذه النماذج :

نموذج روس :

يضم هذا النموذج الاتصالي التفاعلي ، فضلا عن العناصر الأربعة الرئيسة المعروفة، وهي المرسل والرسالة والوسيلة والمتلقي ، عنصري رجع الصدى ، أو التغذية الراجعة ، والسياق . وهو ما لم تؤكد عليه النماذج الأحادية الاتجاه التي سبق لنا الحديث عنها .

نموذج ولبر شرام :

يؤكد ولبر شرام في نموذجه على أمور عدة ، فهو يهتم بالإطار الدلالي الذي يشترك فيه المرسل والمتلقي . ويقصد به مجموعة الرموز والإشارات والمعاني والمرجعيات المشتركة بينها ، والتي تشكل الأرضية المشتركة بين المرسل والمتلقي لتحقيق التفاهم بينهما . وعليه فإن على المرسل أن يحسن اختيار رموزه وإشاراته ، ويتقن استخدامها ، على النحو الذي يسهل على المتلقي التقاط الرسائل التي تحملها ، بقدر عال من الدقة والوضوح . وعلى المتلقي أيضا أن يكون متمكنا من مهارات التلقي باستخدام الرموز والإشارات والمعاني نفسها ، بحيث يسهل عليه التفاعل مع الرسائل والرد عليها ، بالدقة والوضوح المتوقعين من المرسل .

الأمر الآخر الذي اهتم به نموذج ولبر شرام ، هو كيفية معالجة التشويش باستخدام عناصر التشويق المناسبة وتنويعها ، ورفع دافعية التلقي ، بغية مواصلة الاهتمام بالرسائل التي يوجهها إليه المرسل . كما يؤكد على استخدام التكرار في عرض الرسائل بطرائق متنوعة ، بما يسهم في زيادة فرص الفهم لدى المتلقي ، والتقليل من اثر عوامل التشويش على فرص إيصال الرسالة ، ومستوى التفاعل الحاصل بين الطرفين .

بناء على ما تقدم يمكننا إذن التمييز بقدر معقول من الوضوح ، بين اتجاهات كل من مجموعتي النماذج الاتصالية ، مجموعة النماذج الاتصالية أحادية الاتجاه ، ومجموعة النماذج الاتصالية التفاعلية ذات الاتجاهين . ولاستكمال صورة النماذج الاتصالية لدى

القارئ الكريم ، لا بد من الإشارة في هذا السياق إلى نموذج آخر يعنى بالمواقف الاتصالية التي يصعب فيها تحديد غائية الاتصال :

نموذج الانتقال :

وهو اتصال لا يجري بين طرفين معلومين أحدهما متلق خطط للاتصال بقصد التأثير في طرف آخر مقصود ، وآخر مستهدف يمثل هدف الاتصال ، وهو المتلقي نفسه ، كما رأينا في نماذج الاتصال التي أشرنا إليها . بل هو موقف متعدد الأطراف ، مركب البنية ، يختلط فيه المرسلون بالمتلقين في مزيج اتصالي متعدد الجوانب والتأثيرات . لذلك فهو يسمى الاتصال متعدد الاتجاهات أو نموذج الانتقال . وهو نموذج يحكمه غالبا العقل الجمعي . ومن أمثلته المهرجانات المدرسية والتجمعات الحاشدة أو الصاخبة ، التي يخرج منها الجميع بانطباعات وأفكار ومواقف وأحاسيس ، وربما مهارات ، بعضها لم يكن مقصودا أصلا ، بعد أن يكون فيها الجميع قد تعرض إلى رسائل غزيرة ، بعضها مكتمل ، وبعضها ناقص ، وآخر واضح أو مقطوع أو مشوش .

إن دراسة ما تقدم من نماذج اتصالية ، يؤكد ما سبقت لنا الإشارة إليه ، من أنه لا يوجد نموذج من هذه النماذج أصلح أو أدق من النماذج الأخرى . إنما الأمر متعلق بطريقة النظر إلى العملية الاتصالية من زاوية كل نموذج منها ، والظرف الذي يتم فيه النشاط الاتصالي ، والهدف أو الأهداف التي يسعى إلى تحقيقها . وتبقى في النهاية إشارة لابد من التأكيد عليها هنا ، وهي أن الاتصال يعكس تفاعل جملة من النظم ، تشتغل وفق نسق تفاعلي متحرك ومتطور ، وتنطبق عليه سياقات اشتغال المنحى النظمي من الناحيتين النظرية والتطبيقية . لذلك فان أي تخطيط للعمل الاتصالي على مستوى المؤسسة التعليمية أو المؤسسات الأخرى المساندة لها ، لابد أن يستند إلى دراسة المدخلات والعمليات والمخرجات ، طبقا لمنهج التفكير النظمي .

إن العمل الاتصالي الذي يذهب بعيدا عـن السياقات العلمية ، والـذي كثيرا مـا نصطدم بـه في مؤسساتنا التربوية ، لا يعكس عمق المـنهج العلمي الـذي تستند إليه هـذه المؤسسـات في ممارساتها الاتصالية . ذلك أنه يقتصر على أنشطة محدودة ذات طبيعة دعائية أو إخبارية بحته ، هدفها في الغالب توضيح مواقف المسؤولين عن إدارة المؤسسة التربوية ، وعرض انجازاتهم ، ودعم ما يتخذونه من إجراءات . وهو ما سنعرض له في فصل آخر من فصول هذا الكتاب .

معنى التربية وتعريفها

كما تحدثنا سابقا في هذه الفصل عن مشكلة المصطلح ، عندما تناولنا مفهوم الاتصال ، فان مفهوم التربية هو الآخر يبدو واضحا للوهلة الأولى . غير أن من الصعب بمكان الإحاطة بمـا قيل فيه حتى الآن . ومن الواضح أن هذا المصطلح سيبقى منفتحا على الكثير مما سيقال مستقبلا .

إن ارتباط علم التربية بالعلوم الإنسانية عموما ، واتساع مدلول مفردة التربية في المعاجم اللغوية ، سواء في اللغة العربية أو في اللغات الأخرى ، وغياب المنهجية المشتركة في تحديد معنـى المفهوم ، والتنـوع في مرجعيات من تناوله من المهتمين ، علاوة على بـروز التحديات الفكريـة الجديدة كالعولمة ، وظهـور مفاهيم جديدة كالاقتصاد المعرفي ، فضلا عن القفزات الكبيرة في نمو السكان والتكنولوجيا ، كلها أسباب أدت إلى تعدد زوايا النظر إلى مفهوم التربية وتعريفها . وبالتالي فهو مصطلح يختلف بحسب الفلسفة التي تحكم تفكير المهتمين به ومواقفهم تجاه الحياة بعامـة ، وطبيعـة التطـور في حياة الإنسان بخاصة ، وآليات انتقال الخبرات الإنسانية بين بني البشر وعبر الأجيال . لذلك فقد تناوله الفلاسفة والباحثون ورجال السياسة وعلماء الاجتماع والتربية من زوايا مختلفة ، وفي ظروف متباينة، ولأهداف عديدة . وهو عند البعض مفهوم مرتبط من حيث الطبيعة والشمول بمفاهيم أخرى عديدة ، كالوعي ، و الاتصال ، والثقافة ، والحضارة ، والتمدن ، والتعليم ، وغيرها . على أن مفهوم التربية عند الجميع يتصل ، مـن حيث المعنى الاصطلاحي ، بالإنسان حصرا دون

غيره من المخلوقات ، وأنه يتضمن معنى نقل المعارف والخبرات والمواقف والاتجاهـات والمهـارات من طرف إلى طرف آخر وتطويرها ، والتشارك في هذا النشاط بقدر أو بآخر .

ولدى النظر في ما قاله المفكرون والفلاسفة والباحثون العرب والأجانب في موضوع التربية وميـدان عملها وخصائصها ، نجد :

أن بوذا يربط بين التربية والزهد بشهوات الإنسان .

وأن **كونفوشيوس** يؤكد على أنها الدور الذي تقوم به الأسرة في تنشئة أبنائها ، مـن خـلال الـدعوة إلى زرع القيم الخلقية في سلوكهم ، وبناء القدوة الحسنة ، ونشر الأخلاق بين الناس . ويقول " **إن الطبيعة هي ما منحتنا إياه الآلهة . والسير طبقا لما تقتضيه شروط الطبيعة ، هو السير في طريق الواجب . و إن إدارة ذلك وتنظيمه ، هو القصد من التربية والتعليم** "

وأن **أفلاطون** يؤكد على دور التربية في بناء الفرد و المجتمع ويوصي بالاهتمام بالمعلم في أخذ دوره في القيام بهذه المهمة ، ويحدد معناها بالقول " **التربية هـي أن تضفي عـلى الجسـم والنفس كل جـمال وكمال ممكنين لهما** ".

أما الإمام أبو حامد الغزالي فيقول في معرض المقارنـة بـين مهنـة التعليم وغيرهـا مـن المهن " **إن صناعة التعليم هي أشرف الصناعات التي يستطيع الإنسـان أن يحترفها ، وأن أهـم أغـراض التربية هـي الفضيلة والتقرب إلى الله** "

ويذهب جان جاك روسو إلى أن التربية مفهوم يتعلق بالأطفال . فهو يرى أن واجب التربيـة هـو " **أن تعمل على تهيئة الفرص الإنسانية كي ينمو الطفل على طبيعته ، انطلاقا من ميوله واهتماماته** " . وهو ما يتفق معه فيه عالم التربية **بستالوتزي** الذي يقصر هو الآخر معنى التربية عـلى مرحلة الطفولـة . فهو يرى أن التربية تعني " **تنمية كل قوى الطفل تنمية كاملة متلائمة** " . وفي ذلك يقول فروبل " **إن التربية عملية تتفتح بها قابليات التعليم الكامنة ، كما تتفتح النباتات والأزهار . بمعنى أن الطفل هو مجموعـة من القابليات ، وأن وظيفة التربية أن تعمل من أجل تفتح هذه القابليات ونموها** " .

أما جون ديوي فانه يعطي مفهوما أوسع للتربية مما تناوله الآخرون بقوله " **إن التربية تعني مجموعة العمليات التي يستطيع بها المجتمع ، أو زمرة اجتماعية كبرت أو صغرت ، أن تنقل سلطانها أو أهدافها المكتسبة ، بغية تأمين وجودها الخاص ونموها المستمر . إن التربية هي الحياة** "

ويؤكد **بيكون** ما ورد في مأثورات العلماء العرب في الحقل التربوي ، كابن **سينا وابن خلدون وابن الجوزي** ، من توصيات بشأن التربية ، وضرورة اهتمام الدولة بها ، وكيفية رعاية الأبناء وتنشئتهم داخل الأسرة وفي المؤسسات التعليمية ، بما يحقق صلاح المجتمع ، والتركيز على تربية الطفل وضرورة الاهتمام به ، بوصفه اللبنة الأولى في بناء مجتمع يتصف بالفضيلة والخلق الحسن .

وعلى الرغم من **أن أرسطو** يقرر في وقت مبكر من تاريخ الأدب التربوي ، أن تعريف التربية مهمة أصعب بكثير مما نتصور، غير أنه يضع تعريفا لها من خلال مهمتها بقوله : " إن **الغرض من التربية هو إعداد العقل لكسب العلم ، كما تعد الأرض للبذار** " . وهو هنا يقصر مفهوم التربية على الإنسان دون غيره من المخلوقات . وفي ذلك يقول **كانت** الفيلسوف المعروف " **إن ما يميز الإنسان عن الحيوان ، هو أن الإنسان لا يستطيع أن يصبح إنسانا إلا بالتربية** " .

إن لفظ " التربية " بمعناه المتعارف عليه في العصر الحديث ، لم يكن متداولا في الأدبيات القديمة . ذلك أن التأدب والتأديب والتهذب والتهذيب والتعلم والتعليم والنصح والإرشاد وغيرها من المفردات ، هي التي كانت تطغى على كتابات المربين والمهتمين بميدانها، لتعني التخلق بالأخلاق الحسنة ، وتعليم الأبناء القيم الأخلاقية والتزام الفضيلة ، وحثهم على التعلم واكتساب المعرفة والمهارات المهنية . واتسع ذلك ليشمل القيم والمثل والثقافة والتحضر وما إليها مما يتصل بالتكيف للحياة وتكييفها ، بحسب متطلبات الإنسان ونزوعه الدائم للتغيير .

ومهما يكن من أمر الاختلاف في وجهات نظر العلماء في ماهية التربية وحدود نشاطها وطبيعته ، ومهما يكن كذلك من أمر المفردات اللغوية التي استخدمت قديما وحديثا بما يعني ما تعنيه مفردة التربية ، ويعبر عن محتواها وميدان عملها ، فان التربية مهمة علمية وأخلاقية وفكرية واجتماعية تضطلع بها الأسرة والمجتمع ، وتتضافر في أدائها جهود مؤسسات وهيئات عديدة ، رسمية وغير رسمية ، تشمل البيت والمدرسة والمسجد وأجهزة الإعلام والمقهى والنادي الرياضي والاجتماعي ، وغيرها من مصادر المعرفة والخبرة والتطوير الثقافي والحضاري .

إن التربية وسيلة المجتمع الإنساني للتطوير والارتقاء في شتى ميادين الحياة ، مع الحفاظ على التراث الإنساني المتراكم من خبرات وقيم وعادات وتقاليد وأنماط عيش وعلوم ومواقف ومهارات ، ونقلها من جيل لآخر، ومن مجتمع لآخر. وهي وسيلته أيضا في الدفاع عن ذاته و قيمه ومعتقداته ، وتعميق الوعي بها ، وفهمها على الوجه الصحيح . وهي وسيلته كذلك في معالجة المشكلات التي تعترض المجتمع الإنساني ، والناجمة عن التحولات الكبيرة التي يشهدها على صعيد نمو السكان والمعارف والتكنولوجيا ، وما نتج عنها من تضارب في المصالح ، وتقاطع في الإرادات ، علاوة على الصراع التقليدي الذي يخوضه الإنسان عبر العصور مع المرض والفقر والجهل والتخلف .

والتربية عملية شمولية لا تستهدف تلبية جانب واحد من حاجات الفرد أو المجتمع ، إنما تهدف إلى تنمية الفرد والأسرة والمجتمع تنمية تكاملية شاملة ومتوازنة ، وتضع حاجات الإنسان البدنية والعقلية والنفسية والاجتماعية بوصفها كلا غير مجزأ ، لا يتقدم جزء منه على الآخر من حيث الأهمية أو التفضيل

والتربية نشاط إنساني ايجابي الاتجاه ، يسعى إلى تعزيز قيم الخير والفضيلة ، ويحقق صالح الإنسان وصلاحه ، والى ما يحقق للإنسان ذاته ، ويحافظ به على حقه في العيش بأمان وسلام ، وحقه في التعلم والعمل ، والقيام بدوره الايجابي في بناء الحياة ، وتحقيق السعادة التي ينشدها بحرية لا تتقاطع مع حريات الآخرين .

والتربية عملية مستمرة لا تتوقف عند حدود معلومة ، ولا تقتصر على فئة عمرية أو اجتماعية دون أخرى ، ولا ظرف دون آخر ، ولا زمن دون آخر . بل هي دائمة ديمومة الحياة ، ومتطورة بتطورها .

والتربية عملية متدرجة تستند إلى نتائج البحث العلمي وتطبيقاته في ميادين الحياة وحقولها المختلفة ، وتنهل من واقع المجتمع وقيمه الأخلاقية والجمالية ، وتنفتح على واقع المجتمعات الأخرى المتطلعة للخير، بما يبني جسور التعاون وأواصر التفاهم معها ، ويحل مشكلاتها المشتركة ، بالصورة التي تحقق مصالح وآمال الجميع ، بعيدا عن الصراعات والتناحر .

وأخيرا ، فان التربية طبقا لهذا المنظور الواسع ، تتجاوز حدود التعليم والتعلم بالمعنى المدرسي المتداول الذي يعتقد به البعض. إنها مفهوم يتصل بشكل وثيق بثقافة المجتمع وقيمه وشخصيته ومقدار تحضره ، ونزوعه نحو التقدم وتحقيق الذات. ذلك أن التربية أداة المجتمع في بناء حياة أفضل ، ووسيلته الأساسية في تحقيق آماله وبناء مستقبله .

إن التربية بهذا المعنى ، إنما تلتقي بما يسعى إليه النشاط الإنساني في ميدان الاتصال أيضا . ذلك أن كلا الميدانين ، الاتصال والتربية ، إنما يسعيان إلى تحقيق ذات الأهداف ، وكل منهما يكمل الآخر . غير أن لكل من الميدانين منهجه ، وقوانينه ، وتقنياته ، وآليات اشتغاله . كما إن لكل منهما متطلباته من حيث طبيعة الكادر الذي يعمل فيه ، وطبيعة المهارات والخبرات والمعارف والاتجاهات التي ينبغي توفرها لدى العاملين فيه .

معنى التعليم وميدانه :

إذا كانت التربية طبقا لما حدده معظم العلماء الذين أشرنا إليهم تختص بمعنى شمولي ، يتصل بمشاركة جميع الأطراف في تطوير حياة الأفراد والمجتمعات طبقا لفلسفة كل مجتمع وبيئته ، وعلى امتداد حقب تاريخية طويلة ، فان مفهوم التعليم الذي اعتمدناه لأغراض هذا الكتاب ، إنما يختص بتلك الأهداف المقصودة التي تسعى المؤسسة التعليمية

إلى تحقيقها في كل مرحلة من مراحل الدراسة ، ولكل فئة من الدارسين ، وصولا إلى تحقيق الأهداف التربوية البعيدة ، وذلك في زمن محدد ، وباتباع آليات مرسومة سلفا ، ومن خلال مؤسسات ذات كيان ، وشخصية معنوية واضحة ومحددة .

والتعليم بهذا المعنى هو مهمة ذات أطار معلوم يقوم بها المعلم ، ومن يسنده في مهمة تحقيق ألأهداف التعليمية ، طبقا لآليات واستراتيجيات مختارة ، وبمشاركة فاعلة من الدارسين . وما ينتج عن هذه العملية هو ما نسميه التعلم . ولا تطلق مفردة التعليم على النشاط المحصور داخل المؤسسة التعليمية ، مدرسة كانت أو جامعة أو ما شابههما ، بل يمتد ليشمل النشاط التعليمي خارجها كذلك . وأمثلته اليوم عديدة ومتنوعة ، وتشمل أنواعا من التعلم الفردي والذاتي ، عبر الانترنت ووسائل الاتصال الأخرى .

الإعلام والتعليم :

تتضمن مفردة " الإعلام " في اللغة العديد من المعاني ، كإذاعة الخبر أو إفشائه، وإخبار الآخرين عما يجري من وقائع ، واطلاعهم على ما يتصل بها من معلومات . أي أنه يتضمن معاني الإشهار، والنشر ، وإشاعة المعرفة بالأفكار والمهارات والمواقف ، والإحساس بالوقائع والأشياء . وهي جميعا تعني إيصال معرفة ما أو معلومة ما إلى طرف آخر أو أكثر، بقصد تعريفه بها . فنقول أعلمت فلانا أن أخاه قد عاد من السفر، أي أخبرته بمقدمه . ومثل ذلك ينطبق على تبادل الأفكار والأحاسيس وانتقال المهارات .

وعلى ذلك فان الإعلام يمثل جزءا محددا من وظائف الاتصال والنشاط الاتصالي ، الذي يتسع ليضم كل ما ينشأ عن العملية الاتصالية من مخرجات تتعلق بالحياة الثقافية والاجتماعية والمعرفية وغيرها . والواقع أن كثيرا من الباحثين يستخدم مفردتي " الاتصال " و" الإعلام " بوصفهما مفردتين مترادفتين تحملان معنى واحدا . وهو ما نجد فيه قدرا من الخلط بين المفهومين .

وفيما يتعلق بصلة الإعلام بالتعليم ، فان بعض علماء الإعلام يرون أن التعليم هو جزء من نواتج العملية الإعلامية . ويقسم البعض منهم وظائف الإعلام إلى ثلاث : الإخبار أو الإشهار ، والتعليم ، والترفيه . بينما يتوسع البعض الآخر في مهام الإعلام ليضيف إليها وظائف أخرى كتحقيق الذات ، وتطوير العلاقات الاجتماعية ، والترويج للأفكار ، والتعبئة ، وغيرها من الوظائف .

بالمقابل ، فان التعليم هو الآخر ينطوي على أهداف إعلامية . فإيصال المعلومات وإبلاغها إلى الدارسين ، يدخل ضمن مهام التعليم كما يدخل ضمن مهام الإعلام . ويشكل نقل المعرفة والثقافة ، طبقا لهذا التصور، مهمة مشتركة للإعلام والتعليم معا . بمعنى أن الإعلام ، طبقا لهذه النظرة ، يعد جزءا من أهداف التعليم وأهدافه . وعليه يمكن للمرء أن يتساءل :

إذا كانت الصلة بين الإعلام والتعليم بهذا المستوى من التداخل والتشابك ، فهل يمكن رسم حدود تقريبية بين الميدانين توضح الفرق بينهما ؟

للإجابة عن هذا السؤال يمكن أن نذكر الملاحظات الآتية :

- إن جمهور الميدان التعليمي جمهور متجانس نسبيا إلى حد كبير. لذلك يمكن تحديد خصائص مشتركة عديدة لأفراد الصف الواحد ، أو المرحلة الدراسية الواحدة ، أو حتى المدرسة الواحدة . فهم معرفون و موصوفون بصورة أكثر وضوحا ودقة من جمهور الإعلام . أما جمهور الإذاعة أو التلفزيون مثلا ، فهم غير معرفين على وجه الدقة ، ويصعب في غالب الأحيان تحديد مواصفاتهم وحصر المشترك بينهم ، فيما عدا الاهتمام بالموضوع الذي يتابعونه عبر الوسيلة الاتصالية المستخدمة .

- إن الجمهور الذي تتوجه إليه عملية التعليم هو جمهور مقيد بمكان وزمان محددين ، مع بعض الاستثناءات المتعلقة بالتعلم الذاتي والتعلم عن بعد . كما انه مقيد بتعليمات وآليات خاصة تحددها المؤسسة التعليمية . ومن لا يخضع لهذه القيود ، فانه لا يكون مشمولا بالخدمة التعليمية المقصودة . أما جمهور وسائل الإعلام فهو جمهور لا تحده

هذه القيود ، وليس ملزما بتطبيقها أو الالتزام بها ، وله خيارات مفتوحة لا ترتب عليه في النهاية أية مسؤولية أو حرمان من الإفادة من الخدمة الإعلامية المقدمة .

- إن جمهور الدارسين محاسبون على ما يتعلمونه من جراء عملية التعلم ، ويخضعون لعملية تقويم دقيقة ، لمعرفة ما تم اكتسابه خلال العملية التعلمية من معارف وأفكار ومهارات ومواقف واتجاهات . أما جمهور الوسيلة الإعلامية فليس مطالبا بأي من ذلك . ومن هنا فانه يتعامل مع الوسيلة الإعلامية بحدود أوسع بكثير من تلك التي يرسمها له الموقف التعليمي .

- إن الصلة بين المعلم والمتعلم صلة مباشرة في كثير من الأحيان ، وبخاصة إن كانت داخل غرفة الصف . أما خارج الصف فان الصلة بينهما تتسم بالتفاهم والتعارف المسبق ، والتحاور المباشر عبر الانترنت أو غيره من الوسائل ، بغية إتمام عملية التعلم ، والتأكد من تحقق الأهداف التعليمية الموضوعة سلفا . أما صلة جمهور الوسيلة الإعلامية بمصدر الاتصال ، فهي في الغالب صلة غير مباشرة . ولا يعني مصدر الاتصال كثيرا بردود أفعال المتلقين آنيا ، إلا في أحيان نادرة ، كما يجري في الحالات التي يكون فيها المرسل موجودا مع جمهوره ، أو متصلا بهم عبر الهاتف مثلا ، كما يحدث في البرامج الحوارية مع الجمهور التلفزيوني . وفي هذه الحالة أيضا نجد جمهورا واسعا من المتابعين غير المشاركين في الحوار ، يهتمون بما يجري في البرنامج ، دون أن تكون لهم صلة مباشرة مع مقدمه أو المشاركين في إنتاجه .

- إن التعليم يسعى إلى إحداث تغيير ثابت نسبيا في سلوك المتعلم ، عبر تزويده بجملة من المعارف والخبرات والمهارات ، والى تغيير الاتجاهات لديه ، من خلال البناء على ما تراكم منها سابقا لدى المتعلم ، والعمل على استبقاء كل ذلك في ذاكرته طويلة المدى ، والتأثير العميق في بناء شخصيته وتغيير ملامح سلوكه النهائي ، طبقا لما يكتسبه من تعلم . بينما يسعى الإعلام إلى إحداث تغيير مؤقت في السلوك ، في غالب الأحيان ، من خلال تزويد الذاكرة قصيرة المدى بما يقتضي من المعارف والاتجاهات لإحداث ذلك التغيير الذي يتسم غالبا بالآنية وليس الديمومة .

على أن من الصعوبة بمكان رسم حدود قاطعة بين حدود كل من الإعلام والتعليم ، لأسباب تتعلق بتداخل هذه الحدود في أحيان وحالات عدة . كما إن مصادر الاختلاف في التسميات وتحديد المقصود بمعانيها لا يغير من الأمر شيئا، طالما عرفنا ما يقصده كل باحث أو كاتب من معان عند استخدام أي من تلك المفردات . ذلك أن مشكلة المصطلح ، كما سبقت الإشارة إليه ، مشكلة معاصرة باتت تشكل ظاهرة واسعة مع تطور العلوم والمعارف الإنسانية ، وتعدد مصادر الصياغات اللغوية وترجمتها . وبقدر تعلق الأمر بهذا المؤلف ، فقد أوضحنا في هذا الفصل ما نقصده باستخدام مفردات " الاتصال " و" التربية " و" التعليم " و" الإعلام " ، بحسب ما اجتهدنا فيه ، منعا لما يمكن أن ينشأ من التباس في الفهم أو التطبيق ، مؤكدين أن القارئ الكريم يمكن أن يجد ما يخالف التحديد الذي ذكرناه لمعاني تلك المفردات في مصادر أخرى .

التربية الإعلامية :

ربما يكون من المفيد هنا أن نعرج على مفهوم **التربية الإعلامية** الـذي تداولته في العقود الأخيرة أوساط إعلامية وتربوية عديدة ، بالارتباط مع مشروع اهتمت به منظمة الأمم المتحدة للتربية والثقافة والعلوم (يونسكو UNESCO) . فقد اتسع الشعور بأن أجهـزة الإعلام ، بحكم ما تسعى إليه مـن إثارة وترويج ، ونشر ما لا يتناسب مع الجمهور الذي تصل إليه عبر قارات العالم ، وما يفضي إليه ذلك من تدفق للأفكار والقيم وأساليب العيش، تكون مصباته في النهاية في المجتمعات النامية ، إنما تتجه إلى أهداف تتقاطع في كثير من الأحيان مع ما تريده التربية في هذه البلـدان مـن أهداف في بناء الإنسـان ، وتطـوير قدراته ومواقفه وتوجهاته ، طبقا لفلسفتها وتوجهاتها ومقومات هويتها . بل إن البعض ذهب إلى اعتبـار أن أجهزة الإعلام ، بما تسعى إليه من أهداف اقتصادية ، إنما تدمر ما تسعى إليه التربية ، حتى في داخـل تلك المجتمعات المصدرة للمواد والمنتجات الإعلامية . ذلك أن السعي إلى تحقيـق عائـدات ربحيـة ، قـد طغى في كثير من الأحيان على الأهداف الأخرى ، وأصبح

كثير من وسائل الإعلام ومؤسساته ، يخضع بشكل مؤثر لرغبات وتوجهات الشركات الإعلانية والجهات الممولة لهذه الوسائل والمؤسسات .

وتأسيسا على ذلك ، فقد ظهرت الدعوة إلى إقامة حواجز رقابية تمنع هذا التدفق ، وتحول دون اختراق البنية الثقافية والمنظومة القيمية لمجتمعات هذه الدول . وحيث إن ذلك لم يعد ممكنا مع التقدم التقني ، وانتشار صحون القنوات التلفزيونية باستخدام الأقمار الاصطناعية ، والتي امتلأت بها أسطح المنازل والعمارات السكنية ، وبعد أن تعطل إلى حد كبير دور الرقيب ، أو ما يدعى بحارس البوابة ، فقد برز مفهوم التربية الإعلامية الذي يتضمن ضرورة الفهم الصحيح لمهمة وسائل الإعلام ، وضرورة امتلاك القدرة على انتقاء المنتجات والمواد الإعلامية ، والمشاركة الفاعلة في التأثير في تلك المنتجات ، بما يجعل العمل الإعلامي متمما للعمل التربوي ومعززا له ، وليس العكس . وهو ما استدعى بعض البلدان إلى وضع تصورات وبرامج تدريبية خاصة أو متضمنة داخل المناهج الدراسية ، لتطوير قدرات الأطفال والشباب على التعامل مع أجهزة الإعلام ، وتنمية مهاراتهم وحسهم النقدي ، بغية تمكينهم من الاختيار الصحيح لما يناسبهم من مواد وبرامج إعلامية .

إن التطورات السريعة في بنية الاتصال والإعلام ، التي أعقبت اختراع الحاسوب والانترنت ، قد عززت الحاجة إلى التربية الإعلامية ، والى العمل الجاد على تزويد أبنائنا بما يقتضي- من وعي ومهارات واتجاهات ايجابية ، بغية التعامل مع وسائل الاتصال ومصادره بثقة واقتدار، بما يمكنهم من توظيف النشاط الاتصالي في بناء ذواتهم ، و بما يعزز قدراتهم على الإفادة منها باستمرار، لا بما يهدم بناءهم الروحي والمعرفي والقيمي .

٢

الفصل الثاني
الإتصـال التربـوي

مفهوم الاتصال التربوي

تعريف الاتصال التربوي

أنماط الاتصال التربوي

- الاتصال الإداري

- الاتصال المعلوماتي

- الاتصال الإعلامي

- الاتصال التعليمي

- العلاقات العامة

الاتصال التربوي وتكنولوجيا التعليم

الاتصال التربوي وتصميم التدريس

- تحديد المعرفة المد خلية ومواصفات الطالب

- تحديد الأهداف التعليمية

- تحليل المحتوى التعليمي وتنظيمه

- تحديد الإستراتيجية التعليمية

- تحديد الوسائل التعليمية

- تشخيص متغيرات البيئة التعليمية

- التقويم

كفايات الاتصال التربوي

- كفايات المرسل

- كفايات المتلقي

- كفاءة الوسيلة

دور المؤسسة التربوية في تفعيل الاتصال التربوي

الفصل الثاني

الإتصــــــال التربـــــوي

مفهوم الاتصال التربوي :

يعد الاتصال التربوي ميدانا حديثا نسبيا ، إذ لم نجد لهذا التعبير الاصطلاحي أية إشارة بالمعنى المتداول حاليا لغاية العقد الثامن من القرن الماضي، حين بدأت الأدبيات التربوية تتحدث عن "الاتصال في الميدان التعليمي والتربوي" وعن "الإعلام والتوثيق التربوي" و"تكنولوجيا الاتصال التعليمي" ، وبدأ اهتمام الباحثين به على نحو واسع، وبخاصة منهم الباحثين في ميدان التربية وعلم النفس وعلم الاجتماع وعلم الجمال والاتصال والفنون . ذلك أن الاتصال التربوي يجمع في إطاره بين جوانب عدة من هذه الميادين .

وإذا كانت سمة العلوم الحديثة أنها تؤكد على ضرورة التخصص داخل فروعها وعناوينها الثانوية ، والتركيز على الشعيرات الدقيقة والبحث المتعمق داخل كل علم منها ، فإنها في المقابل تتداخل على نحو كبير، وتشكل فيما بينها مناطق اهتمام مشترك ، لا يستطيع معها الباحثون دراسة ظواهرها ، إلا بالإحاطة الواسعة بامتدادات هذه العلوم ونظرياتها وتطبيقاتها الميدانية بوصفها بنى مجاورة . ويعد الاتصال التربوي مثالا بارزا على هذا النوع من الميادين العلمية الحديثة ، التي تؤلف بين اهتمامات عدة ، لعلوم عدة .

وربما يكون هذا هو السبب في أن تعبير "الاتصال التربوي" ما يزال يعاني من الضبابية ، وعدم وضوح المرجعية ، حتى داخل الأوساط العلمية التربوية والإعلامية التي تمثل الساحة الأساسية للنشاط الاتصالي التربوي . وهو في ذلك شأنه شأن مصطلحات تربوية عديدة يكثر فيها الاجتهاد والتفسير ، مثل تكنولوجيا التعليم ، والوسائط المتعددة ، والاستراتيجيات ، والطرائق ، والأساليب ، والأنماط التعليمية . فهناك من يحصر معنى

الاتصال التربوي في حدود النشاط الإعلامي الذي يختص بالوسط التعليمي أو المؤسسة التعليمية .
وهناك من يطلق حدود المفهوم ليتسع لكل نشاط اتصالي من شأنه دعم النشاط التربوي أينما كان ، سواء
أكان ذلك داخل المؤسسة التعليمية أم خارجها ، وهو الاتجاه الحديث الذي يتبناه هذا الكتاب أيضا .

ومما زاد الأمر تعقيدا ، ما فرضته منجزات التكنولوجيا الحديثة وتطبيقاتها في حقل السينما
والمسرح المدرسي والتلفزيون والحاسوب ، من إعادة تشكيل لمفاهيم كثيرة اعتدنا عليها ، حتى أصبح لزاما
علينا إعادة النظر في هذه المفاهيم ، طبقا لما ظهر على سطح الواقع من حقائق . وهكذا لم نعد اليوم
قادرين على أن نحدد عائدية نتاج تربوي ما في مجال التقنيات التربوية إلى مرجعياته التربوية حسب ،
ذلك أنه يصعب نزع تأثيرات الحقول المعرفية والتطبيقية الأخرى عنه .

ولو أردنا أن نسوق مثالا على ذلك للتوضيح ، لأخذنا أي فلم سينمائي تعليمي ، أو برنامج تلفزيوني
تربوي ، أو برمجية تعليمية ، وحللنا أهدافها وتصميمها ومحتواها وطرائقها والوسائل المستخدمة فيها ،
فسنجد أنه لا يمكن لأي منها أن ينتج على مستوى مقبول من النجاح ، إلا بالاستناد إلى طيف واسع
ومتنوع من النظريات والقواعد في ميادين التربية والاتصال والاجتماع وعلم النفس ، وخبرات عديدة في
علم الجمال وميدان الفنون وغيرها .

إن وضع الأهداف أو اختيار الاستراتيجيات مثلا ، بحاجة إلى أسس تربوية ونفسية يستند إليها . كما
إن اختيار الصور والأصوات يتطلب معرفة في ميدان الفنون السمعية والبصرية وقواعد التصوير والإضاءة .
أما اختيار عناصر التشويق و وسائله فيتطلب إحاطة بنماذج الاتصال التفاعلية ، وفهما لكيفية إثارة
المتلقي ، والمحافظة على انتباهه ، وإدامة اهتمامه . وهو بدوره يستدعي معرفة بعمليات التفكير ومنطق
الإدراك....وهكذا نجد أن العمل المنتج متعدد الجذور ، وينهل من ميادين معرفية وجمالية و مهارية
مختلفة .

تعريف الاتصال التربوي :

استنادا إلى ما تقدم ، فان تعريف الاتصال التربوي الذي اعتمدناه لأغراض هذا الكتاب ، هو اشتقاق مما أشرنا إليه من تعريفات للاتصال في ميدان التربية والتعليم بمختلف تفاصيله ومستوياته . وعليه فان الاتصال التربوي بهذا المعنى هو نشاط مقصود ، وليس اعتباطيا ، تحدد معالمه المؤسسة التربوية ، والمؤسسات المساندة لها ، و العاملون في إطارها من معلمين أو إداريين أو باحثين أو أولياء أمور أو غيرهم ، و التي تشترك معها في الأهداف التربوية . كما تحدد آلياته ومحتواه و أهدافه وبيئته ، طبقا لمنهج تشاركي تفاعلي ، يعتمد نتائج البحث العلمي في ميادين علوم الاتصال والتربية و الاجتماع بصورة خاصة ، والتطورات الحاصلة في الميادين الأخرى المجاورة بشكل عام ، مع مراعاة خصوصيات الزمان والمكان وظروف البيئة التي يجري فيها هذا النشاط .

وبهذا المعنى ، فان الاتصال التربوي يمتد مفهومه باتجاهات متعددة ومتنوعة ، ليشمل نشاط قطاعات واسعة من مؤسسات الدولة والمجتمع ، والتي تتصل بصورة أو بأخرى بالبناء التربوي للإنسان ، والرغبة في تطوير قدراته العقلية والوجدانية والمهارية . وهي كل القطاعات المهتمة بالتربية ، سواء في ميدان المعلومات أو الإعلام أو التعليم أو الإدارة أو العلاقات العامة .

أنماط الاتصال التربوي :

تتنوع أنماط الاتصال التربوي بحسب طبيعة تطبيق كل نمط منها وأهدافه ، والوسائل التي يستخدمها هذا النمط داخل حدود المؤسسة التربوية وخارجها. وسنجتهد هنا في تقسيمها إلى خمسة أنماط لأغراض التحليل ، مؤكدين على أنها تتداخل أو تشترك عند التطبيق في حلقات عديدة ، حتى ليصعب على المراقب غير المتخصص التمييز بينها في كثير من الأحيان :

- الاتصال الإعلامي
- الاتصال المعلوماتي
- الاتصال التعليمي
- الاتصال الإداري
- العلاقات العامة

أما **الاتصال الإعلامي** التربوي ، فهو يتعلق بالنشر وإقامة المؤتمرات وورش العمل والاحتفالات ، وإدامة الصلة بالقاعدة الواسعة من المستفيدين من النشاطات التربوية ، وإقامة المتاحف التربوية والمعارض والرحلات التعليمية ، والإعلان ، وإنتاج البرامج الإذاعية والتلفزيونية والأفلام السينمائية وغيرها .

وأما **الاتصال المعلوماتي** ، فيضم الأنشطة المتنوعة التي يحفل بها ميدان جمع المعلومات التربوية وخزنها ومعالجتها واسترجاعها وتداولها ، وكذلك لأغراض التوثيق، وتنفيذ البحوث ، والتواصل بين مراكز المعلومات التربوية على المستويات الوطنية والإقليمية والدولية .

وبخصوص **الاتصال التعليمي** الذي يتضمن المحور الأهم في محاور الاتصال التربوي ، وهو المتعلق بالعملية التعليمية التعلمية ، فانه يختص بتفعيل النشاط الاتصالي لغرض انجاز موقف تعليمي تعلمي ، يتسم بقدر عال من التفاعل بين الطالب ومعلمه أو بين الطالب وزملائه ، لتحقيق أهداف التعلم حصرا . ويعنى هذا النوع من الاتصال بما يتعلق بصياغة المواقف التعليمية ، وإجراء الاختبارات ، واختيار أو تصميم وتشغيل منظومات الوسائل التعليمية المتاحة ، وتنظيم البرامج التدريبية المختلفة ، وإثراء المناهج الدراسية بالإفادة مما تتيحه قنوات الاتصال التربوي ، وبخاصة عبر الانترنت ، من نماذج ونظم تعليمية واستراتيجيات حديثة ، بما يحقق الاتصال التفاعلي والتعلم الفعال ، الذي يعد الطريق الصحيح نحو اكتساب مهارات التفكير الابتكاري بوصفه مفتاح التعليم المستقبلي، ويحقق في نتائجه النهائية أهداف التربية بصورة عامة .

أما **الاتصال الإداري** في الميدان التربوي فهو ما يتصل بتفعيل دور الإدارة ، وتوثيق صلاتها الإدارية الداخلية ، وتحقيق قدر عال من التفاهم والتفاعل بين العاملين في المؤسسة التربوية ، وبين المستويات الأعلى والأدنى في السلم الإداري ، بما يضمن وحدة التصور ، وسرعة الانجاز ، والعمل وفق منهج الفريق الواحد ، ويحقق قدرة أعلى في إدارة المؤسسة التربوية وتفعيل دورها في قيادة فعالياتها .

وأخيرا فان الاتصال التربوي في ميدان **العلاقات العامة** يتصل بضمان تفاهم أفضل بين المؤسسة التربوية وجمهورها من الآباء والباحثين والمؤسسات المساندة وغيرهم ، بما يسهل تطبيق إجراءاتها ، ويحشد جهد الجمهور إلى جانبها ، ويمهد الأرضية الملائمة لبناء اتجاهات ايجابية تدعم توجهاتها ، كما يجري مثلا عند شن حملات محو الأمية ، أو الشروع بمشروعات تربوية جديدة تتطلب دعم المجتمعات المحلية ، وما إلى ذلك .

سنخوض في تفاصيل هذه الأنماط الخمسة في الفصول الأخيرة من الكتاب ، والمتعلقة بتطبيقات الاتصال التربوي .

الاتصال التربوي وتكنولوجيا التعليم :

إن العلاقة بين الاتصال التربوي وتكنولوجيا التعليم وثيقة وعميقة ومتشعبة ، ذلك أن الاتصال يدخل في صميم منظومة التكنولوجيا التعليمية وتفاصيلها ، وآلية اشتغالها . وهو في الوقت نفسه يستفيد من تلك الآلية ومفرداتها ووسائلها ، في انجاز مهمته الاتصالية ، تحقيقا لأهداف التربية والتعليم . لننظر أولا في الأدبيات النظرية بحثا عن تحديد معنى تكنولوجيا التعليم :

- أوردت لجنة تكنولوجيا التعليم في الولايات المتحدة الأمريكية عام ١٩٧٠ تعريفين لتكنولوجيا التعليم . التعريف الأول يشمل "الوسائط التي تولدت عن ثورة الاتصالات ، والتي يمكن استخدامها في الأغراض التعليمية جنبا إلى جنب مع المدرس والكتاب المدرسي والسبورة " . أما التعريف الثاني فلا يتقيد بأية وسائل أو

معدات ، بل يذهب بمعنى تكنولوجيا التعليم بعيدا ليشمل " تلك الوسائل النظامية لتصميم عملية التعلم والتدريس بأسرها وتنفيذها وتقويمها " والتي توضع في ضوء أهداف محددة ، على أساس أبحاث التعلم والاتصال ، وتستخدم مزيجا من الموارد البشرية وغير البشرية ، للتوصل إلى تعليم أكثر فاعلية .

- وأشارت لجنة التعاريف والمصطلحات في جمعية الاتصالات والتكنولوجيا التعليمية الأمريكية إلى " أن أسلوب تكنولوجيا التعليم اتجه نحو مد نطاق الموارد المستخدمة في التعلم ، وزيادة الاهتمام بالمتعلم الفرد وباحتياجاته الفردية ، وبإتباع أسلوب نظامي يحث على تطوير موارد التعلم " . وهي ترى أن كلمة " تكنولوجيا " تشمل عدة عناصر هي : الإنسان ، و الآلات و التجهيزات المختلفة ، والأفكار والآراء ، وأساليب العمل ، وطرق الإدارة لتحليل المشاكل التي تتصل بجميع جوانب النشاط الإنساني ، وابتكار الحلول لهذه المشاكل وتنفيذها وتقويمها .

- أما التكنولوجيون التربويون العرب فقد اعتمدوا تعريف لجنة تكنولوجيا التعليم الأمريكية نفسه عام ١٩٧٩ ، وهو أن تكنولوجيا التعليم " طريقة منهجية أو نظامية لتصميم العملية التعليمية التعلمية بكاملها وتنفيذها وتقويمها ، استنادا إلى أهداف محددة ، والى نتائج الأبحاث في التعليم والتعلم والتواصل ، مع استخدام جميع المصادر البشرية وغير البشرية ، من اجل إكساب التربية مزيدا من الفعالية .

- وترى **سيلز وريتشي** أن علم تكنولوجيا التعليم هو " علم نظري تطبيقي يهتم بمصادر التعلم وعملياته وتطويرها وتوظيفها وإدارتها وتقويمها ".

- ويرى **عبد الحليم فتح الباب** في تكنولوجيا التعليم العلم الذي يدرس العلاقة بين الإنسان ومصادر التعلم من حيث إنتاجها أو استخدامها أو إتاحتها ، لتحقيق أهداف محددة في إطار من الفلسفة التربوية ونظريات التعلم .

- ويصف **جيرولد كمب** تكنولوجيا التعليم بأنها عملية التخطيط في إطار مفهوم النظم، التي تستخدم طرقا وأساليب عملية لدراسة المشكلات والحاجات التعليمية وإيجاد الحلول المناسبة لها ، وتقويم ما تتوصل إليه من نتائج وحلول .

- ويعتبر **وتسش** أن تكنولوجيا التعليم هي محصلة التفاعل بين الإنسان والآلة ، إذ إنها طريقة نظامية لتصميم عملية التعليم وتقويمها .

- ويقول **روبرت جانيه** إنها تطوير مجموعة من الأساليب المنظمة مصحوبة بمعارف علمية ، بغية تصميم وتقويم وإدارة مدرسة كنظام تعليمي .

وعلى الرغم من تعدد تعريفات تكنولوجيا التعليم ، إلا أنها في النهاية تنضوي تحت ثلاثة معان أساسية :

المعنى الأول : يتعلق بالآلات والأدوات ولواحقها (Hardware & Software) التي تستخدم في الموقف التعليمي التعلمي ، بوصفها وسائل تعليمية تسهل على المعلم مهمته في التعليم ، وتيسر للطالب مهمة التعلم والاحتفاظ بما يتعلمه في الذاكرة طويلة المدى . لذلك فان معنى تكنولوجيا التعليم هنا مقتصر على دراسة خصائص هذه الآلات والوسائل ، وكيفية اختيارها أو إنتاجها ، ثم دمجها في الموقف التعليمي التعلمي ، لتحقيق الأهداف التي تستخدم من اجلها هذه الآلات والوسائل ، ومن ثم دراسة مدى الفائدة المتحققة من استخدام هذه الوسائل في الموقف التعليمي تمهيدا لتطويرها . وهذا التعريف غلب على الأدبيات التي شكلت المرحلة الأولى من تطور تكنولوجيا التعليم . وعلى ذلك يتحدد المشتغلون في هذا الميدان بالعاملين في أقسام الوسائل التعليمية من نماذج وخرائط ومعينات ، وما يتصل بورش الإنتاج الإذاعي والتلفزيوني والمهتمين بدراسة هذا النشاط من النواحي النظرية والفنية والتطبيقية .

أما **الثاني** : فيتعلق بآليات التعليم والتعلم ، والترابط التفاعلي بين مراحل العملية التعليمية التعلمية . وهذه المراحل هي التخطيط والتنفيذ والتقويم والتطوير. بمعنى آخر فهو يهتم بهندسة عملية التعليم والتعلم كاملة ، وضمان دقة وفاعلية الصلات المتبادلة بين مراحل

العملية التعليمية التعلمية . وبذلك يمتد معنى تكنولوجيا التعليم طبقا لهذا الفهم من مجرد الآلات والوسائل ، ليشمل عموم الموقف التعليمي ، واشتغال آلياته الداخلية والخارجية . ومن هنا فان تصميم التدريس يعد مولودا من رحم تكنولوجيا التعليم ، بوصفه معنيا بالتخطيط للموقف التعليمي . ذلك أن العلاقة بين تكنولوجيا التعليم وتصميم التدريس هي علاقة الكل بالجزء .

وأما **الثالث** : فهو معني بالتعلم الذاتي وآليات التعلم بدون معلم ، وكيفية تفعيل قدرات ومهارات المتعلم في هذا النوع من التعليم ، بما يرتقي بمخرجات التعلم ، على اعتبار أن العصر يتجه نحو مزيد من الاتساع والنمو في هذا الميدان التعليمي مستقبلا ، والذي يؤكد على حل المشكلات والتفكير الإبداعي والناقد وما وراء المعرفة ، وتوسيع دور الطالب في إدارة الموقف التعلمي ذاتيا .

إن مراجعة متأنية للتعاريف والتفسيرات الحديثة التي وضعت لمعنى وميدان تخصص تكنولوجيا التعليم ، تبين بوضوح مدى عمق العلاقة بين الاتصال التربوي وتكنولوجيا التعليم ، ومدى تشابه آلية الاشتغال في الميدان . فتكنولوجيا التعليم تؤكد على وجود تفاعل بين الإنسان والآلات ، من خلال أفكار وأساليب مدارة بطريقة ما ، لحل مشكلات تعليمية ، تحقق أهدافا تربوية أو تعليمية محددة .

وعند تطبيق ذلك على الاتصال التربوي في حقله التعليمي ، نجد أن الإنسان هو (المرسل ، المعلم) الذي يقوم بنقل أفكار محددة (رسالة) عن طريق آلات ووسائط محددة (وسائل) لتحقيق أهداف تربوية محددة (لدى المتلقي) . كما نجد أن كلا الميدانين يستندان إلى علوم متجاورة في إقرار آلية اشتغالهما في جميع مراحلها . أما الفرق بينهما فيكمن في أرجحية الأهداف في كل من الميدانين ، فميدان التربية والتعليم يسعى إلى تحقيق أهداف تربوية و تعليمية ، وميدان الاتصال التربوي يسعى إلى تحقيق الفهم المشترك والتواصل التفاعلي ، لتحقيق تلك الأهداف التربوية والتعليمية ، أي أن كليهما يصب في هدف واحد .

الاتصال التربوي وتصميم التدريس :

يعد تصميم التدريس من العلوم المعاصرة التي ظهرت في الربع الأخير من القرن الماضي بوصفه جزءا من علم تكنولوجيا التعليم . وهو علم تبلورت ملامحه بعد عقود من البحث والتقصي في ميدان التعليم والتعلم بصورة خاصة ، وفي العلوم المجاورة الأخرى ، وفي مقدمتها علم الاتصال . ذلك أن التحولات الكبيرة والدراماتيكية التي أحدثها النمو القافز لأعداد السكان في العالم ، والتفجر المطرد في حجم المعلومات المتداولة عبر قاراته ، والتطور المدهش للتكنولوجيا ، أحدثت هزات عنيفة في ميادين الاقتصاد والتربية والسياسة والطب والاتصال وغيرها ، وألقت بظلال متفاوتة على المجتمعات على اختلاف مستويات تقدمها وتحضرها .

لقد وجد العالم نفسه بعد حربين عالميتين خسر فيهما عشرات الملايين من أبنائه، أمام تحديات يصعب تجاهلها ، كما تصعب مواجهتها في الوقت ذاته . وكان من أبرزها نمو الحاجة إلى التعلم ، الذي أصبح حقا تطالب به الشعوب الغنية والفقيرة على حد سواء ، وحاجة يفرضها منطق العصر واتجاهاته المستقبلية .

هكذا كان علم تصميم التدريس استجابة لمتطلبات الواقع الجديد ، في خضم البحث عن حلول لمشكلات كثيرة بات يعاني منها التعليم ، كالعشوائية وغياب دور المتعلم ، والإهدار في الوقت والجهد ، مقابل مخرجات لا تستجيب لمتطلبات الواقع الجديد الذي اشرنا إليه. هذا فضلا عن عدم التفاعل مع نتائج البحث العلمي في ميادين التعليم بصورة خاصة، والتي أكدت ضرورة الاهتمام بدافعية الفرد للتعلم ، والعناية بالفروق الفردية بين المتعلمين، واستخدام الطرائق والاستراتيجيات والوسائل لتحقيق ذلك ، وضرورة مراعاة العمليات الإدراكية عند صياغة المناهج الدراسية والتخطيط للمواقف التعليمية التعلمية ، وبأن يبنى الموقف التعليمي على أهداف محددة يمكن قياسها طبقا لمعايير معلومة .

ولابد من الإشارة هنا إلى أن علم تصميم التدريس ، الذي ولد من رحم التطور في مفهوم تكنولوجيا التعليم ، قد نهل من علوم ونظريات واكتشافات شتى مجاورة ، كعلم الاجتماع والفنون والاتصال والتكنولوجيا الجديدة وعلم الجمال وغيرها ، ليصهرها باتجاه

تحقيق ألأهداف التربوية التي يسعى إليها . وهو ما يؤكد ما سبقت الإشارة إليه ، من انه في الوقت الذي تؤكد العلوم المعاصرة على عمق التخصص ، والعناية بالشعيرات الصغيرة في نهايات العلوم وامتداداتها ، فإنها في الوقت نفسه تلتقي في نقاط تماس ، ومناطق مشتركة، مع العلوم الأخرى المجاورة لها ، إلى الحد الذي يصعب عنده أحيانا رسم حدود قاطعة بينها. ومن هنا فقد أفاد تصميم التدريس من الاتصال ونظرياته ونماذجه المختلفة في صياغة المواقف التعليمية طبقا لظروف الواقع الجديد والتحديات الجديدة السالفة الذكر .

أما في ميدان التعليم والتعلم ، فان من الواضح أن علم تصميم التدريس قد أفاد من نتائج البحوث العلمية في علم النفس ، وأسس منهجه على ما خرجت به مجموعة النظريات السلوكية والمعرفية والبنائية بصورة خاصة ، ومن التطور الحاصل في النظرة إلى الذكاء، وبروز الاهتمام بالذكاءات المتعددة ، وما وراء المعرفة ، وبحوث العمليات ، ومنحى النظم، والاقتصاد المعرفي ، وغيرها من الحقول .

وهكذا نجد أن تصميم التدريس قد أفاد من المنجزات النظرية التربوية والاتصالية ، علاوة على ما أفاد به من الحقول الأخرى ، وبخاصة في مجال التعليم والتعلم ، في هندسة المثيرات المستخدمة في المواقف التعليمية المختلفة ، وإعادة تنظيم المحتوى التعليمي ، بطرائق تتسم بتفاعل اتصالي أقدر على تحقيق الأهداف الموضوعة .

من هنا انطلق تصميم التدريس للتخطيط لمواقف تعليمية جديدة تتسم بالتنظيم والدقة والتفاعل والنمو المطرد لتحقيق مخرجات أفضل ، من المعارف والاتجاهات والخبرات و المهارات التي تتطلبها الحياة المعاصرة ، طبقا لمنحى منظومي متكامل العناصر ، تشتغل فيه مفردات مدخلاته وعملياته ومخرجاته على نحو شمولي يتسم بالتفاعل والمرونة والتطور الدائم . وتتصف هذه المواقف التعليمية كذلك بدور واضح وواسع للمتعلم ، يمكنه من الارتقاء بالأهداف التعليمية المتحققة إلى مستوى الإبداع في التفكير ، وإتقان المهارات المطلوبة في سوق العمل ، والقدرة على حل المشكلات التي باتت تزخر بها حياته الجديدة . كل ذلك مع مراعاة ترشيد المعرفة والإنفاق ، انسجاما مع اتجاهات الاقتصاد المعرفي الذي بات يلفت انتباه المفكرين التربويين وغيرهم في السنوات الأخيرة .

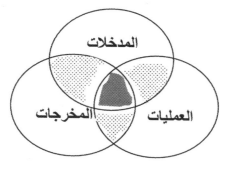

تفاعل المدخلات والعمليات والمخرجات طبقاً لمنحى النظم

ولو بحثنا في المفردات التي وظفها علم تصميم التدريس لتحقيق ما أشرنا إليه، لوجدنا أنها بالفعل وثيقة الصلة بالاتصال ، من حيث مضمونه وأدواته وطريقة اشتغاله ، بل لوجدنا أن كلا من العلمين استند إلى الآخر، بوصفه عمقا نظريا وتطبيقيا له . لننظر في ما أكدت عليه نماذج تصميم التدريس التي وضعت بوصفها خرائط أو مخططات جرى تجريبها ونجاحها في مواقف تعليمية تعلمية محددة . وهي نماذج وضعت لأغراض التطبيق في المواقف المشابهة ، محاولين أن نبحث عن نقاط الالتقاء بين هذه النماذج ، ونماذج وآليات اشتغال عناصر العملية الاتصالية ، التي سبقت الإشارة إليها في الفصل الأول من الكتاب . لقد أكدت جميع هذه النماذج على ما يأتي :

● تحديد المعرفة المد خلية ومواصفات الطلبة :

تتطلب عملية التخطيط لأي موقف تعليمي أن نقف على معرفة الطالب المدخلية ، أي معارفه واتجاهاته ومهاراته وخبراته ومجمل خصائصه ، من خلال اختبارات تشخيصية تعد لهذا الغرض ، قبل تحديد احتياجاته التعليمية اللاحقة التي ينبغي على مصمم الموقف التعليمي الاهتمام بها . ذلك أن التعلم لا يبنى على فراغ ، إنما هو بناء هرمي معقد

التركيب، لا بد له من أن يستند إلى قاعدة معلومة وواضحة ، وهي ما يتوفر ابتداء لدى الطالب ، أو مجموع الطلبة ، الذين سيتعرضون للموقف التعليمي التعلمي الذي ننوي التخطيط له .

علاوة على ذلك ، فان مواصفات الطلبة واستعداداتهم ، والفروق الفردية بينهم، والتي يمكن لها أن تؤثر في الموقف التعليمي ومخرجاته ، هي الأخرى ينبغي أن تؤخذ بنظر الاعتبار من قبل مصمم التدريس ، وأن تخضع لعملية فحص لها طرائقها وأدواتها الخاصة، لكي نحددها بصورة دقيقة وواضحة قدر الإمكان . ويتم ذلك كله في إطار المدخلات التي اشرنا إليها .

وهنا نقول إن هذه العملية برمتها تشبه إلى حد كبير ما يقوم به المرسل عند التوجه لصياغة خطاب إلى جمهوره من المتلقين ، كما أشرنا في الفصل السابق . إذ إن عدم مراعاة ذلك ستتسبب قطعا في عدم وصول الرسالة إلى المتلقي بنفس مستوى التأثير الذي قصده المرسل . بل إن ذلك قد يؤدي إلى نتائج عكسية تماما ، كما تشير إلى ذلك تجارب التطبيق العملي في حالات كثيرة .

- **تحديد الأهداف التعليمية :**

تؤكد جميع نماذج تصميم التدريس في اطارالمدخلات أيضا ، على ضرورة وضع أهداف تعليمية عامة وأخرى سلوكية ، تصاغ وفق قواعد محددة وبطريقة يمكن قياسها ، لكي تحكم مخرجات الموقف التعليمي التعلمي . ويقاس في ضوء ما تحقق من هذه الأهداف ، مدى ما أصابت فيه عملية التصميم وما أخفقت . وتحدد الأهداف التعليمية في ضوء طبيعة المحتوى التعليمي ، ومواصفات الطالب ، والبيئة التعليمية ، والإمكانات المتاحة لإيصاله من وسائل واستراتيجيات .

وفي الاتصال التربوي ، يتم أيضا التأكيد على ضرورة وضع أهداف محددة لعملية الاتصال ، بغية قياس ما تحقق من مخرجات في ضوئها . هذا علاوة على دراسة العوامل التي تجري في ضوئها صياغة الأهداف. ونقصد بها بقية عناصر العملية الاتصالية، كطبيعة

الرسالة ومحتواها ، وطبيعة الوسيلة المستخدمة في إيصالها ، ومواصفات الجمهور المتلقي ، و بيئة الإرسال والتلقي ، والعوامل المساعدة والمعيقة لعملية الاتصال . وهذه العوامل ، أو ما يقابلها في تصميم التدريس ، هي نفسها التي تحكم صياغة أهداف الموقف التعليمي التعلمي .

- **تحليل المحتوى التعليمي وتنظيمه :**

يتضمن الموقف التعليمي التعلمي طيفا من الأفكار والحقائق والمواقف والاتجاهات والمهارات والخبرات التي يتوخى مصمم الموقف التعليمي تعلمها من قبل الطالب. وهي بهذا المعنى تشكل المادة التعليمية الخام قبل أن نخضعها للتحليل والتنظيم ، وإضافة الأنشطة والمهام التي يتطلبها كل منها . بمعنى آخر، فإننا ننظم المادة التعليمية في محتوى تعليمي متسلسل الخطوات ، يتناسب مع الأهداف والمتعلمين وبيئة التعلم ، ليتم اشتغالها ضمن إطار العمليات التي تضم جميع هذه العناصر. هذا فضلا عن اختيار الإستراتيجية أو مجموعة استراتيجيات والطرائق الموصوفة ، والوسائل والمعدات . هذه العناصر بمجموعها تتفاعل في الموقف التعليمي بإدارة المعلم ، وبمشاركة فاعلة من المتعلم ، و في ظل بيئة تعليمية موصفة ، و طبقا لمنحى النظم ، بما يحقق الأهداف التعليمية المرجوة .

إن الآلية التعليمية التي تتعلق بتحليل المحتوى وتنظيمه ، هي الأخرى ، تشبه إلى حد كبير آلية إعداد الرسالة من قبل القائم بالاتصال في النشاط الاتصالي المقصود في الحياة العامة ، سواء من حيث تنظيم المحتوى أو اختيار مفرداته ، أو من خلال تحديد ما يرافق كل مفردة من مهام وأنشطة و كيفيات اشتغال . لذلك فان المعلم هنا يمثل القائم بالاتصال بجميع متطلبات الدور الذي يقوم به . وما ينشأ من تفاعل في هذا الإطار في الموقف التعليمي ، لا يمكن أن يحصل دون وجود الاتصال . لذلك فان القول بأن الاتصال التربوي يمثل الوجه الثاني للعملية التعليمية ، هو قول صائب طبقا لتفاصيل المقارنة بينهما في المفردات والآليات .

وبناء على ما تقدم ، فإننا يمكن أن نجتهد بالقول بأن القاعدة الذهبية التي تلخص طبيعة العلاقة بين الاتصال التربوي في تطبيقاته التعليمية وبين الموقف التعليمي ، هي أن

الاتصال التربوي هنا يعمل على تحقيق أهداف تعليمية ، وأن الأهداف التعليمية في المقابل ، لا يمكن لنا تحقيقها بدون وجود الاتصال .

● **تحديد الإستراتيجية التعليمية :**

يتعين على مصمم التدريس ، وهو يحدد آلية اشتغال عناصر العملية التعليمية التعلمية في إطار مرحلة العمليات ، أن يعنى باختيار الإستراتيجية المناسبة لعرض المحتوى وضبط تسلسله وطريقة العرض ، بما يضمن أفضل تأثير مطلوب في المتعلم . وقد يرى مصمم التدريس ضرورة في استخدام عدة استراتيجيات وعدة طرائق في الموقف التعليمي الواحد . ويقابل ذلك في النشاط الاتصالي ، اختيار طريقة عرض الرسالة ، بكيفية ما ، وتسلسل ما ، يضمنان حصول الاتصال الفعال .

وكما أن عملية الاختيار هذه تلزم مصمم التدريس بدراسة عناصر الموقف التعليمي الأخرى ، وتحديد البدائل المناسبة من بينها ، بما يحقق الأهداف التعليمية على أكمل وجه ، فان القائم بالاتصال هو الآخر ، ملزم بدراسة أفضل البدائل لعرض رسالته بالطريقة التي تحقق أهدافه ، وباستخدام الإستراتيجية الملائمة ، بعد الأخذ بنظر الاعتبار طبيعة العناصر الأخرى للعملية الاتصالية .

● **تحديد الوسائل التعليمية :**

ربما يكون اختيار الوسائل التعليمية من أهم نقاط التماس بين تكنولوجيا التعليم ، وتكنولوجيا الاتصال ، وتصميم التدريس . إذ يصل التداخل بين هذه الحلقات الثلاث حدا يجعل الفصل بينها ، لدراسة كل منها على حدة ، أمرا غاية في الصعوبة .

في هذا الجزء من مرحلة العمليات ، يتعين على مصمم التدريس أن يحدد مواصفات الوسيلة المطلوب استخدامها في الموقف التعليمي ، أو أن يقوم باختيارها من بين جملة وسائل متاحة ، لإيصال ما يتضمنه المحتوى التعليمي ، وبما يحقق الأهداف التعليمية المتوخاة . وبديهي أن ذلك لابد أن يستند إلى جملة معايير يراعي فيها مصمم التدريس عناصر الموقف التعليمي التعلمي الأخرى .

وفي الاتصال كذلك ، يعد اختيار الوسيلة واحدا من أهم عوامل النجاح أو الفشل في تحقيق أغراض العملية الاتصالية . بل إن اختيار الوسيلة لا يتأثر فقط بطبيعة الرسالة ، ومن هو المتلقي ، وإنما يؤثر بدوره في اختيار لغة الخطاب نفسه وطريقة عرضه ، كما اشرنا في الفصل الأول .

لقد ذهب بعض علماء الاتصال إلى أن "الوسيلة هي الرسالة" لما للوسيلة وخصائصها، وبخاصة وسائل الاتصال الجماهيرية ، من أثر في العملية الاتصالية برمتها، بسبب ما اكتسبته هذه الوسائل ، مع التطورات التقنية السريعة ، من قدرات اتصالية مؤثرة. إن الدور الاتصالي للوسيلة التعليمية يتلخص في إحداث اكبر قدر من التشويق المدروس ، والمبني على أسس علمية وتجريبية ، والذي يرفع دافعية المتعلم ، ويثير انتباهه ، وأن يديم ذلك الانتباه حتى نهاية الموقف التعليمي ، بما يحقق الأهداف التعليمية الموضوعة .

- **تشخيص متغيرات البيئة التعليمية :**

إن جميع مفردات الموقف التعليمي التعلمي التي تحدثنا عنها تعمل تحت مظلة الظرف المحيط بالموقف التعليمي بجميع عناصره . لذلك فان مصمم التدريس معني بدراسة عناصر البيئة التي يتشكل فيها الموقف التعليمي التعلمي . فالوقت والمكان والضوضاء والواقع النفسي والاجتماعي والاقتصادي والصحي ، وجميع المتغيرات الأخرى التي تشكل البيئة التعليمية ، يمكن أن تؤثر سلبا أو إيجابا في طبيعة المخرجات التعليمية لذلك الموقف ومستواها . ورغم أن الإحاطة بجميع مفردات الموقف التعليمي على نحو من الدقة والتفصيل تبدو صعبة في كثير من الأحيان ، إلا أن ذلك لا يعفي مصمم التدريس من بذل كل ما يمكنه من جهد ، للوفاء بهذا المتطلب المهم ، عند التخطيط لأي موقف تعليمي تعلمي .

لقد رأينا عند استعراض نماذج الاتصال كيف أن بعض النماذج أكدت على أهمية دراسة متغيرات البيئة الاتصالية ، بوصفها متغيرات داعمة أو معرقلة لعملية الاتصال . وهو ما سمته هذه النماذج " عناصر التشويش " . لقد أكدت هذه النماذج أن فحوى الرسالة قد يصل منقوصا أو مشوها ، وقد تخطئ الرسالة طريقها قبل أن تصل إلى المتلقي المقصود.

وهكذا نجد أن عملية التعليم والتعلم وعملية الاتصال تتأثران ببيئتيهما بالطريقة نفسها ، وهو وجه آخر مضاف من أوجه التشابه بينهما .

- **التقويم :**

يعتمد مصمم التدريس جملة من أنماط التقويم ، بغية الوصول إلى حكم دقيق على سير الموقف التعليمي التعلمي الذي جرى تصميمه ، وما تم انجازه فيه . فمن الاختبارات التشخيصية والاختبارات التكوينية والنهائية ، علاوة على وسائل التقويم الأخرى، كالملاحظة والاستبيان وآراء أولياء أمور الطلبة والاختبارات التحصيلية ، وغير ذلك من الوسائل ، يمكن الوصول إلى حكم يتسم بقدر من الدقة والوضوح ، في مدى ما تحقق من الأهداف التي سبق لمصمم التدريس أن حددها ابتداء للموقف التعليمي التعلمي. وتبعا لذلك ، تتم صياغة المؤشرات الواجب الأخذ بها لاحقا لتعديل الأهداف أو الاستراتيجيات أو الأدوات والوسائل، أو المحتوى أو وسائل التقويم أو غير ذلك من عناصر الموقف التعليمي ومفرداته ، بغية إدخال التعديلات المطلوبة عليها .

وفي الاتصال بشكل عام ، يستعين القائم بالاتصال بجملة وسائل شبيهة بتلك التي يستخدمها مصممو التدريس لتقويم العملية الاتصالية وما حققته من نتائج . ومنها قياس الرأي وتحليل المضمون وقياس الأثر والاستبيانات ومراقبة ردود الأفعال وغيرها ، وهي أدوات بحثية سنعرض لها لاحقا .

ملاحظتان :

لا بد هنا من الإشارة إلى ملاحظتين مهمتين تستحقان التوقف ، وهما :

- أن العملية التعليمية التعليمية التي تجري في نطاق موقف تعليمي تعلمي ، تستهدف تحقيق أهداف رسمت بطريقة غاية في الدقة . لذلك يسعى التربويون إلى اعتماد نفس المنهج الدقيق في قياس مخرجات الموقف التعليمي ، باستخدام أكثر من وسيلة لقياس الهدف نفسه ، وإخضاع المواقف التعليمية اللاحقة إلى التعديل بناء على ذلك. أما في المواقف الاتصالية العامة فان الأهداف الموضوعة عادة لا تتمتع بنفس

القدر من الدقة ، ولا تعقبها اختبارات دقيقة القياس ، كما يحصل في الاختبارات البعدية مثلا عقب المواقف التعليمية .

وفي ذلك حديث يتعلق بطبيعة الأهداف التربوية التي تركز على تغيير السلوك وإحداث تغيير ثابت في البنية المعرفية والقيمية والمهارية للمتعلم . أما في الاتصال ، فان أهداف القائم بالاتصال عادة ما تتوقف بحدود تعديل الممارسات والآراء والاتجاهات ، وتعديل المواقف ، ربما بصورة غير دائمة ، لتحقيق هدف آني محدد . بمعنى أن الهدف الاتصالي قد لا يرقى إلى مستوى تغيير السلوك كما يسعى التعليم ، لكنه بالتأكيد يساعد التعليم كثيرا في بلوغ أهدافه القريبة والبعيدة .

• أن تصميم التدريس يعتمد في صياغة المواقف التعليمية التعلمية على التفكير النظمي الذي يؤكد على تفاعل عناصر الموقف التعليمي على اختلاف أهميتها ، بصورة يصعب في كثير من الأحيان تحديد مدى عمقها وتشعبها . وهي ما تزال موضوعا لبحوث تربوية متواصلة للوقوف على تأثيراتها المتبادلة بصورة أكثر وضوحا .

والأمر ذاته نجده في ميدان الاتصال ، الذي لم تعد البحوث الاتصالية قادرة على ملاحقة تأثيراته في الحياة العامة للأفراد والشعوب ، خاصة وانه أصبح عصب الحياة المعاصرة في ظل العولمة ، واندفاعاتها السريعة نحو استثمار كل نتائج التكنولوجيا الاتصالية باتجاه إحداث ما تستهدف إحداثه من تحولات .

كفايات الاتصال التربوي:

إن الحديث عن الاتصال التربوي وضرورة تنشيطه بوصفه قاعدة التطوير المنشود في الحقل التربوي يتطلب إحاطة واسعة بماهية الاتصال ، ومتطلبات العمل التربوي والربط بينهما . وهو بدوره يتطلب توفر جملة من الكفايات الاتصالية التربوية ، على مستوى المؤسسات والأفراد الذين لهم صلة بهذا الحقل المهم من حقول حياتنا اليومية .

كما إن الحديث عن الكفايات المطلوب توفرهـا لـدى أطراف العمليـة الاتصاليـة التربويـة ، سواء داخل المؤسسة التربوية أو خارجها ، من معلمين أو متخذي قرار أو إداريـين أو أوليـاء أمـور أو عـاملين في المؤسسات المساندة للمؤسسة التربوية ، يتطلب دراسة شاملة لما هو متوفر منها فعلا لدى هذه الأطراف ، وتحديد الأطراف التي يمكن تدريبها منها ، بغية تخطيط الجهود التدريبية وتنظيم برامجها ، تمهيدا لتنشيط العمل الاتصالي التربوي ورسم مدياته وأهدافه ، إذا ما أردنا أن يكون عملنا متسما بقدر عـال مـن التخطيط والعلمية ، بعيدا عن العشوائية والارتجال والاجتهادات الشخصية .

يضاف إلى ذلك أن المؤسسة التربوية بصورة خاصة ، ونعني بها منظومـة الهياكل الإداريـة العليـا والوسطى والـدنيا لمؤسسـات التعلـيم العـالي والبحـث العلمـي ، والتربيـة والتعلـيم، والإدارات الجامعيـة والمدرسية ، معنية بشكل مباشر بتأمين البيئة المناسبة لانطلاق الاتصال التربوي في بيئة صحية ، تمكنها مـن مد جسور التعاون مع المؤسسات المساندة لها، والتي تشترك معها في الأهداف النهائية لبناء الإنسان .

ضمن هذا الإطار ، وقبل أن نتحدث عن دور المؤسسة التربوية في توفير البيئة التـي تحدثنا عنهـا لتفعيل الاتصال التربوي وتنشيطه ، سنجتهد في تحديد أهم الكفايات العامة المطلوب توفرهـا في القـائم بالاتصال والمتلقي ، بغض النظر عن موقعهما إداريا أو تعليميا ، وكذلك الوسيلة الاتصالية . ويمكن بطبيعة الحال اشتقاق كفايات ومهارات فرعية عديدة أخرى منها :

كفايات المرسل :

● القدرة على وضع أهداف النشاط الاتصالي العامة والمرحلية بصورة واضحة ودقيقة وواقعية ، بمـا يتلاءم مع متطلبات العمل التربوي في الحقل المقصود ، وفي الوقت المناسب .

- القدرة على تخطيط الخطاب المطلوب إيصاله إلى المتلقي بالصورة التي تيسر على المتلقي فهمه وتمثله .

- المعرفة الدقيقة بفحوى الخطاب ، وما يتضمنه من معارف وحقائق ومشاعر ومواقف ومهارات ، بما يزرع الثقة في نفوس المتلقين ، إذ إن ثقة المتلقي بمصدر الاتصال تعد أساسية في تحديد مدى تأثره واقتناعه بما يوجهه إليه القائم بالاتصال من رسائل .

- توفر مهارات استعمال الأدوات اللغوية والرموز والإشارات التي تستخدم في صياغة الرسائل المختلفة ، بما يتلاءم مع الأهداف والجمهور المخاطب ، وكذلك الوسيلة المستخدمة .

- التمكن من استخدام وسائل التشويق المناسبة في صياغة الخطاب بما يضمن انتباه المتلقي واستمرار اهتمامه بالرسائل التي يتعرض لها حتى نهاية التعرض للرسالة.

- القدرة على اختيار الوسيلة الاتصالية الأكثر فاعلية في إيصال الرسالة على أفضل وجه مما هو متوفر من وسائل ، والتي تتلاءم مع قدرات المرسل والمتلقي معا ، ومع الإمكانات الاقتصادية المتاحة .

- إتقان استخدام الوسيلة المستخدمة في مخاطبة جمهور المتلقين ، وبخاصة تلك التي تتطلب مهارات فنية وتقنية عالية ، كالإذاعة والتلفزيون والسينما والحاسوب وغيرها.

- الدراية الجيدة بمتغيرات المحيط الذي تجري فيه عملية الاتصال ، والمقدرة على التعامل مع هذه المتغيرات بمرونة تكفي لتعديل الرسالة كلما اقتضى الموقف ذلك .

- الإحاطة بمواصفات المتلقي وقدراته ومهاراته ورغباته ، والقدرة على الاستجابة للفروق الفردية التي تطبع جمهور المتلقين خلال جميع مراحل الاتصال بهم .

- المعرفة بكيفية إشراك الجمهور في عملية التلقي الايجابي ، وتوفر المهارات اللازمة لذلك ، وبخاصة فيما يتعلق بالطلبة ، بحيث يستطيع توظيف إمكانات طلبته في المشاركة في صنع الوسائل التعليمية ، وهي وسائل اتصالية في النهاية ، كجزء من أهداف التعلم .

- قابلية استيعاب رغبات الجمهور المتلقي ومراعاة اهتماماتهم واحترامها ، حتى في حال اختلافها مع رغباته وقناعاته . والقدرة على منح فرص متتالية للمتلقي ، للتعبير عن دواخله بقدر مقبول من الحرية والمرونة .

- القدرة على قياس ردود أفعال الجمهور وفهم التغذية الراجعة التي ترد إلى المرسل بأشكال مختلفة ، والاستعداد للأخذ بها في تطوير العملية الاتصالية بمختلف مراحلها .

- الرغبة في التتبع والاستعداد للتطوير الدائم بما يتماشى مع تطور التكنولوجيا الاتصالية ، وظروف الواقع الذي تجري فيه عملية الاتصال .

كفايات المتلقي :

- الرغبة في المشاركة الفاعلة في العملية الاتصالية ، وتوفر الدافعية لتلقي رسائل المرسل في إطار الظرف المتاح ، وبالوسائل المتاحة .

- التمكن من اللغة التي يستخدمها المرسل في رسائله بما فيها من إشارات ورموز لفظية وصورية وغيرها ، بما يحقق لديه الفهم الكامل لمحتواها .

- القدرة على استخدام الوسائل التي يخاطبه من خلالها المرسل ، كالبرمجيات أو الصحافة أو البريد الالكتروني ...الخ ، إذ إن عدم إتقان مهارات استخدام الوسيلة المستخدمة في عملية الاتصال يتسبب في ضياع فرصة التلقي الصحيح ، مما يعد نوعا من أنواع التشويش للاتصال .

- القدرة على التفاعل الايجابي بينه وبين المرسل بما يحقق التشارك بينهما ، وتوفر الدافعية الكافية لتزويد المرسل بالتغذية الراجعة ، وتبادل الأفكار والمشاعر دون عوائق ترجع إلى الاستفراد بالرأي ، أو التلقي السلبي ، و التسليم بكل ما يرد إليه من المرسل ، دون رغبة في مناقشته أو الدخول في حوار يثري الطرفين .

- توفر المهارات اللازمة للتغلب على بعض معوقات الاتصال في البيئة الاتصالية ، والتي يمكن التغلب عليها من خلال تعديل آلية الاتصال ، وإشعار المرسل آنيا أو لاحقا ، بما يستجد من متغيرات ، بغية التعاون معه على حلها .

- توفر الرغبة والمهارات اللازمة للمشاركة في عملية إنتاج الوسائل التعليمية ، بالنسبة للطلبة ، كجزء من عملية التعلم .

كفاءة الوسيلة :

- سهولة استخدامها من قبل أطراف العملية الاتصالية ، بمعنى أنها لا تتطلب مهارات من قبل المستخدمين أكثر مما هو متوفر لديهم أصلا .

- توفرها في البيئة التي تستخدم فيها ، بحيث يمكن قدر الإمكان تصنيعها ونشر- استعماله بدون كلف عالية ، وبخاصة إذا كانت من الوسائل التي تتطلب استخداما واسعا كالوسائل التعليمية .

- توفرها على عناصر الإثارة والتشويق للمتلقين بما يجعل الوسيلة قادرة على تشكيل موقف اتصالي تفاعلي .

- قدرتها على نقل الرسائل التي يحملها إياها المرسل ، إذ إن كثيرا من الرسائل يصعب إيصالها إلا بوسائل محددة دون غيرها بسبب خصائصها .

- قدرتها على الاستجابة لاحتياجات المستخدمين ، ذلك أن الوسيلة التي لا تستجيب لاشتراطات أو رغبات المتلقين ، كالوقت المناسب أو الكيفية المناسبة ، تفقد كثيرا من تأثيرها فيهم .

- مرونتها وقدرتها على مراعاة الفروق الفردية بين المتلقين ، وهو أمر تزداد أهميته كلما توسعت دائرة المتلقين .

- قدرتها على مخاطبة أكثر من حاسة ، إذ كلما استطاعت الوسيلة مخاطبة أكثر من حاسة كان تأثيرها أكبر . ويشترط في هذا الصدد أن تكون الرسائل الموجهة إلى الحواس المختلفة متكاملة غير متقاطعة ، إذ إن تقاطعها يؤدي إلى تشتيت الانتباه ، ومن ثم ضياع التعلم .

- قدرة المستخدمين من الناحية الاقتصادية على اقتنائها ، فقد دلت الدراسات على أن انخفاض أثمان الوسائل الاتصالية هي العامل الأساس في شيوعها .

- قدرتها على توفير فرص للمتلقي للتعبير عن ردود أفعاله ورغباته . أي أن توفر فرصة لممارسة المتلقي لما يدعى بحق الاتصال .

دور المؤسسة التربوية في تفعيل الاتصال التربوي :

لا شك أن مصادر الاتصال الأساسية التي نحن بصددها ، تنتمي إلى المؤسسة التربوية . بمعنى أن القائم بالاتصال هنا هيئة ذات أهداف تربوية. ذلك أن المؤسسة التربوية، أو تلك التي تتعامل مع الاهتمامات التربوية للجمهور ، كأجهزة الإعلام العام ، ومؤسسات الرعاية التربوية والاجتماعية على اختلاف أنواعها ، هي التي تحدد موضوعات الاتصال وأهدافه وجمهوره . وهي التي تختار الزمان والمكان والظرف المناسب لتنظيم النشاط الاتصالي ، بل وكذلك بوضع آليته اليومية المستمرة ، بالصورة التي تشاء ، وبالوسائل التي تتوفر لديها .

من ناحية أخرى فان المؤسسة التعليمية هي التي تنفق على أنشطة الاتصال التربوي الذي تتبناه ، وتوظفه لإنجاح خططها في بناء الإنسان ، طبقا للفلسفة التي تؤمن بها وتعتمدها في تفاصيل عملها التربوي ، و هي الفلسفة التي تسعى المؤسسة إلى اعمامها ودعوة الآخرين للعمل بموجبها عبر آلاف الرسائل يوميا ، والتي تضخ عبر شرايين المؤسسة المعنية باتجاهين ، الأول يغطي هيكل المؤسسة نفسها ، والثاني يشمل الجمهور الذي تتوجه إليه خارجها ، وصولا إلى الشعيرات الدقيقة في دورة النشاط الاتصالي داخل كل من هذين الميدانين .

إن الاتصال التربوي ليس نشاطا محصورا داخل حدود تخصص معين ، يمكن لدائرة صغيرة أو قسم متواضع الإمكانات داخل المؤسسة أن ينهض بأعبائه ، كما هو الحال في العديد من المؤسسات التربوية في الوطن العربي وعموم البلدان النامية . انه وعي بالآليات والأدوات التي يجب توظيفها لتفعيل الحياة الداخلية للمؤسسة التربوية ، ومحيطها الواسع الذي يضم جل المجتمع خارجها . وهذا الوعي وما ينتج عنه من تطبيقات هو شأن المؤسسة التربوية برمتها ، وليس شأن دائرة للإعلام التربوي لوحدها في الوزارة المعنية ، أو قسم للإرشاد والتوجيه ، أو للنشر في الصحف والرد على شكاوى المواطنين .

ومن هنا يمكننا أن نجتهد في تحديد بعض المسؤوليات التي ينبغي للمؤسسة التربوية أن تضطلع بها ، إذا ما أرادت توفير مستلزمات ممارسة النشاط الاتصالي التربوي بمعناه العلمي الفاعل والمؤثر ، والقيام بدورها في هذا الاتجاه على النحو المطلوب :

- السعي إلى تعميم الوعي في أساط المؤسسة التعليمية ، بأهمية الاتصال التربوي في تحقق أهدافها ، وفي تفعيل آليات عمل المؤسسة على اختلاف مستوياتها وأنماط عملها .

- اختيار العناصر المؤهلة علميا ومن ذوي الخبرة ، القادرين على النهوض بمهام هذا النشاط للامساك بمفاصله الأساسية بحسب تخصص المرفق الذي يعملون فيه ، وعدم اقصار العمل الاتصالي على دائرة بعينها .

- تـوفير القاعـدة الأساسـية للصـناعات المتعلقـة بوسـائل الاتصال وإنتـاج البرمجيـات والوسـائل التعليمية الأخرى ، بما يتناسب والإمكانات الصناعية القائمة في البلد .

- اعتمـاد نظـم المعلومـات المنسـجمة مـع عملهـا الإداري والتعليمـي ، وتـوفير قواعـد البيانـات التفصيلية وإشاعتها بـين العـاملين ، لاستخدامها في تطـوير عمـل المؤسسـة وإنجـاح خططهـا ، والإفادة من مراكز ومواقع المعلومات المتخصصة في العالم لهذا الغرض .

- الاهتمام بمهام التوثيق والإعلام التربوي وتنشيطها ، ليس عـلى أسـاس أن تكـون واجهة لنشـاط المسؤول ، وإنما مرآة صادقة تعكس عمل المؤسسة ونتاجها ، بما يؤمن قاعدة معلومـات موثوقة بين يدي الباحثين وصناع القرار .

- العمل على تحديث منظومات الاتصال عبر الأقمار الصناعية والانترنت للتواصل مع العالم ، ومـد جسور الخبرة ، والإفادة من تجارب العالم في ميادين عمل المؤسسة المختلفة .

- توفير الفرص التدريبية في ميدان الاتصال التربوي لتشمل مختلف مفاصل المؤسسـة التعليميـة ، وتحويل العمل الاتصالي التربوي من مهمة منوطة بقسم أو دائرة صـغيرة ، إلى مهمـة يشـارك في إنجاحها الجميع كل من موقعه .

- توفير فرص الاتصال والحوار التربوي باعتماد حزمة مـن الأنشطة الاتصالية ، كالمؤتمرات وورش العمل واللقاءات مع العاملين والجمهور ، والاتصال بهم عبر كـل مـا يتـوفر مـن وسـائل اتصـال مباشرة أو جماهيرية ، لتوسيع نطاق التفاهم المشترك والتفاعل .

- إعطاء فرصة كافية للباحثين لدراسة النشاط الاتصالي التربوي ، وإدامـة الصـلة معهم ، للوقـوف على مواطن الخلل فيه وتطويره بشكل دائم ، وتزويدهم بالمشكلات البحثيـة المطلـوب دراستها في عمل المؤسسة ، للتعرف بصورة مستمرة إلى آراء

المتخصصين والنتائج المستخلصة من دراسة الميدان في تطوير العمل في مختلف مرافقه .

- مد جسور التواصل مع المؤسسات التي تشترك مع المؤسسة التربوية في الأهداف والمخرجات ، وفتح قنوات التفاهم معها ، وعدم اعتماد سياسة الدوائر المغلقة التي يحتفظ فيها كل طرف بما لديه من معلومات وإمكانات دون إشراك الآخرين بالإفادة منها ، و تتقاطع مع منهج الاتصال التربوي أصلا ، والتي غالبا ما تعود بنتائج سلبية على مخرجات العمل التعليمي .

- توفير المناخات الصحية التي تهيئ الأرضية السليمة لممارسة العمل الاتصالي في مختلف مستويات ومراتب العمل الإداري والتعليمي ، وبقدر عال من الصراحة والشفافية ، وإفساح المجال للمناقشات المفتوحة لعمل المؤسسة التربوية والتعليمية بمهنية عالية . هذا إلى جانب مراجعة الإخفاقات التي تواجهها المؤسسة التربوية والتي تكشف عنها فعاليات الاتصال التربوي المختلفة بصورة دورية ، بغية وضع الخطط لمعالجتها . وينبغي أن يتم ذلك دون تعريض العاملين في هذا الحقل إلى المضايقة التي غالبا ما ينتج عنها عزوف العاملين في هذا الحقل عن رصد الأخطاء التي ترافق العمل والتغاضي عنها ، وبالتالي خسارة فرص الإصلاح التي تقتضيها طبيعة العمل ، والتي تعد من النواتج الطبيعية لمنهج التطور الدائم الذي ينبغي أن تنتهجه المؤسسة التربوية ، بوصفها مؤسسة رائدة وقائدة للتحولات الاجتماعية والثقافية والحضارية في أي بلد .

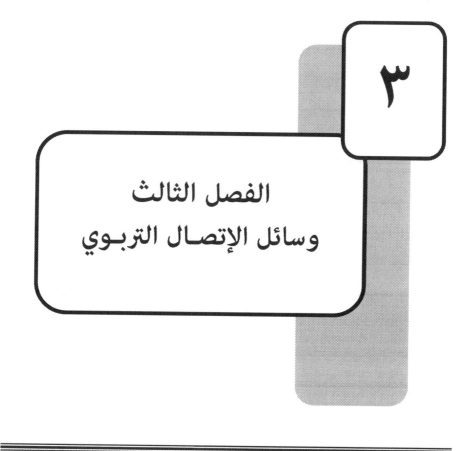

٣

الفصل الثالث
وسائل الإتصـال التربـوي

مقدمة

حقائق أولية عن خصائص التلقي

- التلقي عن طريق السمع

- التلقي عن طريق البصر

- مستخلصات

وسائل الاتصال التربوي

- **الوسائل التقليدية**

أنماط الوسائل التقليدية

خصائص الوسائل التقليدية

- **الوسائل الالكترونية**

أنماط الوسائل الالكترونية

o السينما

o الهاتف التقليدي

o الإذاعة

o التلفزيون

خصائص الوسائل الالكترونية

- **الوسائل التفاعلية**

أنماط الوسائل التفاعلية

o الحاسوب

o الشبكة الدولية (انترنت)

o الصحافة الالكترونية

o الهاتف التفاعلي

o الفيديو التفاعلي

خصائص الوسائل التفاعلي

الفصل الثالث

وسائل الإتصـال التـــربوي

مقدمة :

من البديهي القول إن جميع الوسائل التي استخدمها الإنسان في نشاطه الاتصالي عبـر التـاريخ ، قد استخدمت لأغراض شتى في حياته اليومية ، سواء أكان ذلك في تحقيق التفاهم بين الأفراد ، مـن خـلال تبادل الأفكار والآراء والمشاعر والاتجاهات ونقل القيم وتطوير المهارات العقلية و الوجدانية والحركيـة ، أم لإدامة الصلات الاجتماعية والتعاملات التجارية ، أم لنقل المواقف المتبادلة بـين الـدول والشعوب . ويـأتي استخدام وسائل الاتصال هذه للأغراض التربوية والتعليمية في مقدمة هذه الاستخدامات .

ويقصد بالوسائل الاتصالية هنا ، جميع نواقل المعرفة ، والأحاسـيس ، والمهـارات ، والخبـرات ، سواء أكانت رموزا لفظية أم صورية أم كتابية ، أم لغة مكتملة العناصر، كاللغات التي نتحدث بها . فهـذه الوسائل جميعا يمكن أن نحمّلها رسائل ذات محتـوى وشكل يستطيع المتلقـي أن يتفاعـل معهـما . وفي مجال الاتصال التربوي ، فان هذه الوسائل تضم كل مـا يمكن أن نطلق عليه اسـم " وسـيلة تعليميـة " كالأصوات والصور والإشارات والنماذج والخـرائط والمعـارض والرحلات والمـؤتمرات ، وكـذلك تلـك التـي تستخدم في ميدان الاتصال الإداري التربوي ، كأنظمة المعلومات والمراسلات والاتصالات وغيرها .

وللتنوع الكبير لوسائل الاتصال التربوي ، فإننا سنتناول منها بصورة مـوجزة في هـذا الفصل الوسائل التقليدية ، بوصفها تمثل المرحلة الأولى من مراحل تطور الوسائل الاتصالية التربوية ، موضحين أنماطها وخصائصها المشتركة . بعد ذلك سنعرض لأنماط وخصائص كل من وسائل الاتصال الجماهيريـة ، أو ما يعرف بوسائل الاتصال الالكترونية، وكـذلك وسائل الاتصال التفاعليـة ، التي تمثل أحـدث الوسائل المعاصرة وأكثرها تطورا ، بما

يعين القارئ على تعرف أوجه الشبه والاختلاف بين هذه الوسائل داخل كل مرحلة ، وبين مرحلة وأخرى ، تاركين تطبيقاتها في الميدان التربوي إلى الفصول اللاحقة .

على أننا قبل هذا وذاك سنعرض لبعض الحقائق ذات الصلة بميداني الاتصال والتربية ، مما يتعلق بخواص الحواس الخمس في التلقي، وبعض ما استخلصه البحث العلمي من نتائج في هذا الميدان . ذلك أن معرفة هذه الحقائق الأولية تعيننا في تعرف إمكانات الوسائل الاتصالية التربوية ، ومدى قدراتها على التأثير في جمهور المتلقي .

حقائق أولية عن خصائص التلقي:

يعتمد التلقي من جانب المرسل إليه على الحواس الخمس كما هو معلوم . غير أن هذه الحواس ليست متساوية في قدرتها على التلقي ، بحكم طبيعة استخدام كل منها من جهة ، وطبيعة الوسائل التي تنقل عبرها الرسائل الاتصالية من جهة أخرى . و تشير بعض الدراسات إلى أننا نتلقى عن طريق البصر ٧٢% مما نتلقاه من خبرات عن طريق مجموع الحواس الخمس . أما السمع فيحتل المرتبة الثانية ، ونسبته ١٦% ، ثم تأتي حاسة اللمس بنسبة ٦% ، ثم حاستا الشم والتذوق بنسبة ٣% لكل منهما .

إن هذه النسب قد أشارت إليها دراسات عديدة أخرى ، لكنها تباينت من حيث الأرقام التفصيلية التي تمثل نسبة التلقي عن طريق كل من الحواس الخمس ، وذلك بسبب اختلاف عينات هذه الدراسات وأدواتها . لكن الملاحظ أن جميع هذه الدراسات تتفق من حيث الهيكل العام لتسلسل أهمية الحواس في التلقي . فجميعها يضع البصر في قمة هذه الحواس بفارق كبير من التفوّق على حاسة السمع ، وتفوّق حاسة السمع بفارق اقل نسبيا على بقية الحواس . وتأتي حاستا الشم والتذوق متقاربتين في معظم الأحيان .

التلقي عن طريق السمع :

ولو أجرينا مقارنة أولية بين حاستي السمع والبصر، لوجدنا أن جهاز السمع لدى الإنسان جهاز ملول ، بمعنى أن الإنسان لا يستطيع أن يستمر في حالة عالية المستوى من التركيز في الاستماع إلى مصدر صوتي واحد . فتكرر الصوت بشدته وقوته وتكرر ذبذباته ، يصيب السامع بالملل والتعب ، مما يتسبب في ضعف انتباهه ، وتشتت هذا الانتباه ، وفقدان التواصل مع مصدر الاتصال لزمن ما . وتكون نتيجة ذلك خسارة ما يصل خلال هذا الزمن من رسائل صوتية .

يضاف إلى ذلك أن جهاز الأذن يتلقى الأصوات من اتجاهات متعددة . وليس لدى المتلقي الخيار في انتقاء ما يشاء منها . وعلى ذلك فان الأصوات يمكن أن تختلط في ما بينها، مما يتسبب في ما يعرف في علم الاتصال بعنصر **"التشويش"** الذي سبق لنا التحدث عنه . و واضح أن عنصر- **"التشويش"** هـذا هـو الآخر يسهم في عرقلة وصول الرسائل الصوتية من مصدر الاتصال إلى المتلقي .

الأمر الآخر الذي يمكن الإشارة إليه في معرض الحديث عن حاسة السمع ، هـو أن الاستماع غـير شاغل لصاحبه . بمعنى أن الإنسان يستطيع أن يستمع إلى نشرة للأخبار مثلا ، أو أغنية يختارها على مذياع سيارته ، وهو يقود سيارته بكفاءة عالية في الوقت نفسه. كما يستطيع أن يرد على مكالمة هاتفية ، وهو يراقب حركة الناس في مكان عام يطل عليه من شرفة منزله . وأخيرا فان التلقي عن طريق الاستماع فقط ، يتصف بأنه قابل للنسيان بسرعة ، إذ تشير بعض الدراسات إلى أن حوالي ٨٩% مـما نسمعه ، لا ينتقل إلى الذاكرة طويلة المدى . بمعنى أن الإنسان لا يحتفظ في ذاكرته طويلة المدى إلا بجزء يسير فقط مـما يتلقاه عن طريق السمع . وهو أمر يدعو إلى التأمل ، ذلك أن جل التعليم في مدارسنا يعتمد حاسة السـمع فقط في تلقي المعارف والخبرات التعليمية ، مما يستدعي من واضعي المناهج الدراسية والمعلمين التفكير بصورة جادة في الانتقال بالمسموع إلى المرئي من الخبرات التعليمية ، حيثما كان ذلك ممكنا ومفيدا . فالتعلم عـن طريق البصر ييسر التعلم ، ويسهل الاحتفاظ بجزء كبير مما نتعلمه في الذاكرة طويلة المدى .

إن ذلك لا يعني بأي حال من الأحوال التخلي عن استخدام الوسائل السمعية في الموقف التعليمي التعلمي . بل إن هناك الكثير من الأهداف التعليمية التي تستوجب استخدام المهارات السمعية والتركيز عليها لتحقيق أهدف محددة في التعلم ، وبخاصة تلك الأهداف التي تتعلق بالتدريب على مهارات الاستماع اللغوية ، والألحان الموسيقية ، والتمييز بين المؤثرات الصوتية ، وتطوير القدرة على التخيل . إن استخدام الصوت يطلق العنان لتنشيط الخيال . فما يستمع إليه الطفل من أحداث ، ويتعرف إليه من أسماء ومواقف في قصة تروى له مثلا ، من شانه أن يطلق خياله في تصور هذه الأحداث ، ورسم معالم الأماكن والشخصيات ، وتقدير المواقف . و لكن اعتماد الوسائل السمعية والمشافهة في التعليم يجري بشكل مفرط في مدارسنا عموما ، ودون أن تكون أهداف تنمية الخيال حاضرة بين أهداف الموقف التعليمي في غالب الأحيان .

لقد رصدت الدراسات أسبابا عديدة تقف وراء شيوع الاعتماد الكلي على المشافهة والوسائل السمعية بين أوساط المعلمين ، على اختلاف المواد التي يدرسونها ، واختلاف المستويات أو المراحل الدراسية . وهي أسباب تتصل بسهولة المشافهة ، و انخفاض ثمن الوسائل السمعية قياسا بالوسائل الالكترونية الأخرى ، والتكاسل عن توفير الوسائل الأخرى المساعدة ، التي تتطلب جهدا مضافا من المعلم ، والعبء الدراسي المرهق الذي يتحمله المعلم ، وتركيز المناهج التعليمية على حفظ الحقائق و المعارف والأفكار ، والاقتصار في كثير من الأحيان على الأهداف المعرفية المتصلة بالتذكر والفهم على حساب الأهداف التعليمية الأخرى .

إن ذلك كله يتطلب إعادة النظر تفصيليا بحدود إمكانات المتعلم السمعية ، ومحدودية التلقي عن طريق الأذن ، بحيث تستخدم الوسائل السمعية في مكانها الصحيح لتحقيق أهدافها المحددة حسب .

التلقي عن طريق البصر :

يتصف التعرض لوسائل الاتصال الصورية عن طريق البصر بأنه يمنح المتلقي الشعور بواقعية ما يشاهده و موثوقيته ، وبخاصة إذا كانت الصورة التي يتعرض لها ملونة ومتحركة بالسرعة الطبيعية . فصورة واحدة قد تعدل بمعانيها وقدرتها على التأثير في المشاهد آلاف الكلمات .

وبقدر تعلق الأمر بميدان التعليم والتعلم ، فان الصورة تيسر ـ عملية الإدراك ، وتساعد المتعلم على التذكر ، والاحتفاظ بما يراه في ذاكرته طويلة المدى بنسبة عالية من التفوق ، قياسا بما يتلقاه المتعلم عن طريق حاسة السمع والحواس الأخرى . ومن زاوية المتلقي ، فانه كما معلوم أكثر ثقة بما يراه وأكثر تقبلا له مما يسمعه . ويكمن السبب في ذلك في أن التلقي عن طريق الصورة لا يتعب البصر كما يتعب السمع الأذن . ولذلك فان من الملاحظ أننا نستطيع متابعة فلم تلفزيوني مثلا لمدة طويلة ، وبمستوى تركيز أعلى بكثير من قدرتنا على الاستماع لمصدر صوتي بنفس المستوى من التركيز .

من جانب أخر ، فان التلقي عن طرق البصر يشغل المتلقي عن الانتباه إلى مثيرات أخرى غير صورية . بمعنى أن البصر شاغل لصاحبه ، وأن النظر يحصل باتجاه واحد ، على خلاف السمع الذي يلتقط الأصوات من اتجاهات متعددة كما اشرنا . ويشير ادكار ديل في هذا الصدد ، إلى أن الصور ، وبخاصة الصور المتحركة ، هي اقرب إلى الخبرة المباشرة من الرموز اللفظية . ولذلك فهي اقدر من الأصوات على نقل المعارف إلى المتعلم .

على أن الوسائل الالكترونية الصورية ، ومنها الفلم الثابت و المتحرك على سبيل المثال ، تعد أكثر كلفة من الوسائل السمعية . كما إنها تتطلب قدرات إنتاجية ، ومهارات في الاستخدام من قبل المعلم والطالب أكثر مما تتطلبه الوسائل السمعية . ولذلك نجد أن شيوع الوسائل الالكترونية الصورية ، ما يزال في حدود أضيق بكثير من تلك التي تتسع للوسائل السمعية .

في المقابل فان خصائص الصورة هذه تعطي مؤشرا مهما ، يمكن أن يكون سلبيا بقدر تعلق الأمر بالأهداف التعليمية . ذلك أن الصورة ، بهذا المعنى ، تشكل معرفة جاهزة وسهلة المنال للمتلقي . كما إن جاهزية المعرفة ، بمعنى التلقي السلبي دون عناء ، لا تحسب دائما لصالح الوسيلة الصورية ، إذ إن التجربة تشير إلى أن ما نجهد أنفسنا في البحث عنه، يستقر في الذاكرة ولا ينسى بسرعة كما يحصل مع ما نحصل عليه بدون جهد يذكر .

إن موثوقية الصورة وجماليتها وواقعيتها وحيويتها ، كلها عوامل تجعل الصورة أكثر إقناعا للمتلقي من الأصوات . وهي بالمقابل ، تفرض على المتلقي نمطية ما تعرضه عليه من أشكال وتصورات ، عبر التشويق والتنويع والتكرار ، مما يحاصر خياله ، ويجعله أسير النمطية التي حاصرته بها الصورة ، على عكس ما ذكرناه عن الأصوات التي تطلق خياله وتوسع أفق تصوراته .

وللتأكيد على كفاءة الوسائل الصورية في تحقيق الأهداف التعليمية والاتصالية فان الدراسات تشير إلى أن المتلقي يتذكر مما يرى أكثر بكثير من تذكره ما يسمع . لقد أشارت الدراسات الميدانية إلى أن ما يتبقى في الذاكرة مما نسمع هو ١١% فقط ، بينما يتبقى مما نرى أكثر من ٥٠ % . أما ما يتبقى مما نرى ونسمع فقد يصل إلى ٨٠% ، ومما نرى ونسمع ونعمل حوالي ٨٥% ، وهو ما يؤشر أهمية تآزر وسائل الاتصال في مخاطبة أكثر من حاسة واحدة بغية تحقيق أهدافها المشتركة .

لقد جرى الاهتمام بشكل واسع من قبل الباحثين ، بدراسة الخصائص الصورية التي اشرنا إليها ، بعد أن هيمنت وسائل الاتصال الصورية على ساحة النشاط الاتصالي ، سواء في الحياة العامة ، أو في حقل التعليم بشكل خاص . وكان من نتائج تلك البحوث أن الصورة المتحركة الملونة عبر السينما والتلفزيون ثم الحاسوب قد أدهشت جمهور المتلقين إلى حد الانبهار بها في أحيان كثيرة . وكان من نتيجة ذلك ما نشهده اليوم من هيمنة الصورة على الساحة الاتصالية ، فقد سرقت الصورة الأضواء من الوسائل السمعية ، واستقطبت جل جمهور الوسائل السمعية إليها .

لقد كتب الكثير حتى الآن عن ما بات يعرف اليوم بثقافة الصورة وخطورتها التعليمية والقيمية ، واتهمت بأنها ثقافة تحاصر جمهور المتلقين ، وتفرض عليهم نمطها في التفكير وتفسير الظواهر. ويأتي ذلك في وقت يتزامن مع تدفق المعلومات والمعارف والقيم باتجاه واحد ، من الدول القادرة على تصدير الثقافة ، وهي الدول المتقدمة صناعيا واقتصاديا ، إلى المجتمعات المستهلكة لها ، وهي الدول النامية والفقيرة اقتصاديا ، حتى باتت الثقافة الصورية سلعة لها أسواقها واستثماراتها عبر قارات العالم ، في ظل العولمة وامتداداتها المتعاظمة .

إن الدارس للظواهر الاتصالية ، عبر فحص ما يزخر به الاتصال السمعي والبصري من خصائص و مؤشرات ، وما ينتج عنه من آثار ، يدرك مدى الأهمية الاتصالية للوسائل السمعية والبصرية في الحقول الحياتية المختلفة ، ومنها دون ريب حقل التربية والتعليم .

مستخلصات :

إن مراجعة متأنية لما يحفل به الأدب النظري في ميدان وسائل الاتصال ، وبخاصة منها السمعية والبصرية ، تضعنا أمام مجموعة من الحقائق التي يعيننا إدراكها في التواصل مع الفصول اللاحقة من هذا الكتاب ، ونحن نبحث في حقل الاتصال التربوي وتطبيقاته . ويأتي في مقدمة هذه الحقائق :

- أن اختيار استخدام وسيلة سمعية أو بصرية ليس اعتباطيا ، إنما ينبغي أن يكون محكوما بالهدف الذي نتوخى تحقيقه من عملية الاتصال في حقل التعليم ، مع مراعاة ملاءمته لعناصر الاتصال الأخرى ، و مراعاة توخي الاقتراب من الخبرة المباشرة التي تحدث عنها ادكار ديل قدر الإمكان .

- أن استخدام وسائل سمعية وبصرية متعددة ومتنوعة ، يعيننا في الاستجابة لأوسع قدر من التباين في الفروق الفردية للأفراد المتلقين .

- أن تعدد الوسائل السمعية والبصرية يؤمن أكبر قدر ممكن من المثيرات التي من شأنها المحافظة على إدامة الانتباه لدى المتلقين ، وتحقيق التأثير المطلوب فيهم بأعلى مستوى ممكن .
- أن مخاطبة أكثر من حاسة لإيصال معنى أو فكرة ما ، هو أفضل من مخاطبة حاسة واحدة ، بشرط أن يجري استخدام هذه الوسائل باتجاه تكاملي واحد ، لتحقيق هدف مشترك .
- أن النجاح في استخدام وسائل الاتصال التربوي يعتمد إلى حد كبير على مقدار ما يتوفر من معارف ومهارات عملية واتجاهات ايجابية لدى طرفي الاتصال ، المرسل والمتلقي ، نحو هذه الوسائل .
- أن اختيار الوسائل المستخدمة لا بد أن يستند إلى معايير عدة ، من شأنها أن تحقق التفاعل بين عناصر العملية الاتصالية ، وأن أي خلل في استجابة الوسيلة لأي من هذه المعايير ، قد يتسبب في فشل العملية الاتصالية برمتها .

وسائل الاتصال التربوي:

منذ أن وجد الإنسان ووجدت معه حواسه الخمس ، ليتلمس بوساطتها الحقائق ، ويدرك بها أسرار الكون والطبيعة وظواهرها ، ويعي كنه الحياة ... وجد الاتصال ، ليعينه على فهم رسائل الخالق إليه ، والتعبير عن مكنونات ذاته المثقلة بآلاف الأسئلة عن ذلك العالم المبهم ، الذي يحيط به من الجهات الست !

ولكي يفعل الإنسان ذلك ، كان لابد له أن يتعلم التحاور مع الطبيعة ، ومع أبناء جلدته من بني البشر، وكذلك مع باقي المخلوقات ، وان يتقن في الوقت ذاته فنون الصراع مع عوامل الطبيعة المسكونة بالمجهول . لكنه في البدء لم يكن قد اخترع اللغة بعد ، فكان عليه أن ينقل ما كان يجول في داخله ، مستخدما أصوات مبهمة مرة ، وإيماءات اعتباطية مرة أخرى،

أو خطوطا بدائية محفورة على الصخر ، كتلك التي تركها لنا الإنسان القديم على ضفاف دجلة والفرات والنيل ، وفي الكهوف والمغارات .

هذه جميعا هي ما اصطلح على تسميتها " وسائل الاتصال " التي استعان بها الإنسان القديم في إيصال أفكاره ومشاعره وهواجسه وتطلعاته ، وسجل بواسطتها لحظات فرحه وحزنه وقلقه وخوفه . وهي وسائل تطورت عبر الزمن ، لتتحول إلى رموز لفظية وصورية ولغات وأدوات وأجهزة ومعدات وبرامج ووسائط مختلفة للتفاهم ، تستجيب لحاجات الإنسان المتجددة ، وللتطورات الحاصلة في ميادين الحياة المختلفة .

وعلى هذا الأساس فان وسائل الاتصال التربوي تشمل كل أنواع النواقل التي تستطيع نقل مختلف أنواع الرسائل الاتصالية التي يتم تداولها في الميدان التربوي ، والتي تشمل المعارف و الخبرات و المواقف و المهارات و المشاعر المتبادلة بين طرفي الاتصال ، المرسل والمرسل إليه ، بقصد تحقيق التفاهم الذي تحدثنا عنه بينهما .

ومن أمثلة هذه الوسائل : النماذج الطبيعية التي تختار من مفردات البيئة ، و النماذج المصنعة طبقا لاحتياجات الموقف الذي تستخدم فيه ، والخرائط والمعينات واللوحات بأنواعها ، والوسائل التعليمية الأخرى من أجهزة ومعدات ووسائل منتجة ، وأدوات البحث العلمي ، والمراسلات وأنظمة المعلومات والبرمجيات بأنواعها ، والتي تستخدم للأغراض التعليمية البحتة ، أو في الإدارة التعليمية أو التدريب ، أو في توثيق الصلات مع الجهات التي تقدم لها المؤسسة التعليمية خدماتها ، والجهات الخارجية الداعمة للمؤسسة التعليمية ، أو في إجراء البحوث العلمية المتخصصة بمجال التربية والتعليم ، وما إلى ذلك من متطلبات العمل في هذا الحقل الواسع والمتعدد المهام والأغراض .

ولو دققنا النظر في الوسائل التي ذكرناها ، لوجدنا أن هناك أنواعا أخرى من الوسائل لا تنضوي تحت العناوين والمسميات التي أشرنا إليها ، كالرحلات والمعارض والمؤتمرات والمتاحف والمعاينة الميدانية والاحتفالات والخطب السياسية والدينية والحوارات الاجتماعية والثقافية وما شابهها ، والتي يدرجها الباحثون المهتمون بعلم الاتصال تحت

عنوان وسائل الاتصال ، على اعتبار أنها تستخدم لنقل وتبادل المعارف والقيم والاتجاهات والخبرات والمواقف ، لتحقيق التفاهم الذي هو في النهاية هدف الاتصال .

إن من الصعب حتى على المتعمق في دراسة الوسائل الاتصالية ، الفصل القاطع بين هذه الوسائل في كثير من الأحيان ، بسبب تداخل أو تشابه بعض خصائصها ، خاصة وأنها تعايشت مع بعضها لقرون ، ومع بعضها الآخر لعقود من الزمن . لكن واقع الحال يشير إلى أن الوسائل الحديثة لم تنسخ نهائيا ما سبقها من وسائل ، لكنها وفرت استخدامات لم تكن متاحة من قبل . بل إن واقع الحال يشير إلى أن ظهور بعض الوسائل عزز من وجود وسائل أخرى سبقتها وطور فيها ، كما حصل مثلا مع الصحافة ، التي تحول قسم منها إلى صحافة الكترونية . على أنه لابد من الإقرار بأن الوسائل الحديثة يسجل لها تفوقها في القدرات والتطبيقات على الوسائل التي سبقتها .

في الصفحات اللاحقة ، سنتناول أهم الوسائل المستخدمة في الحقل التربوي ، بناء على تسلسلها التاريخي ، في صيغة مجموعات ، لكل منها طبيعة متجانسة أو متقاربة من حيث الوظائف والصفات ، وذلك بقصد عرضها وبيان خصائصها الذاتية والتطبيقية ، تمهيدا للفصول التي تعقبها ، والتي سنتناول فيها استخدامات هذه الوسائل وتطبيقاتها في حقل التربية والتعليم . وقد اجتهدنا أن نقسم هذه الوسائل إلى ثلاث مجموعات بحسب مراحل ظهورها ، مؤكدين أن هذا التقسيم هو لأغراض تسهيل مهمة التحليل والاستنتاج حسب ، وليس لغرض التمييز الكامل بينها . وهذه المجموعات الثلاث هي :

- الوسائل التقليدية

- الوسائل الالكترونية

- الوسائل التفاعلية

❖ **الوسائل التقليدية :**

وهي الوسائل التي استخدمت منذ فجر التاريخ ، وما زال معظمها يستخدم ، في نقل الخبرات من جيل إلى جيل ، وحديثا ، في التواصل بين العاملين في المؤسسات التعليمية على مختلف المستويات . وهذه الوسائل في معظمها إما أن تكون وسائل سمعية ، أو بصرية ، أو سمعية بصرية . ذلك أن الوسائل الأخرى ، التي تتطلب استخدام حاسة الشم أو اللمس أو التذوق ، تعد أقل استخداما على وجه العموم ، بسبب محدودية المواقف التي تتطلب توظيف هذه الحواس .

وإذا كان أول الأمثلة على توظيف هذه الوسائل قد اتخذ صيغة العرض التوضيحي، وهو ما حدث عندما رأى هابيل الغراب وهو يدفن غرابا آخر، فتعلم كيف يواري سوءة أخيه ، فان هذه الوسائل قد تطورت بشكل كبير عبر التاريخ ، سواء من حيث التحسن والتطور في الوسيلة نفسها وفي كفاءتها وفاعليتها ، أو من حيث تطور توظيفها في المواقف الحياتية والتعليمية المختلفة .

أنماط الوسائل التقليدية :

يمكن إدراج أهم أنماط وسائل الاتصال التقليدية المستخدمة في الميدان التربوي على النحو التالي ، دون الحاجة إلى الاستطراد في شرحها ، وذلك بسبب وضوحها من جهة، ولأننا سنعاود الإشارة إليها بشيء من التفصيل ، في تطبيقات الاتصال التربوي في الفصول الأربعة الأخيرة من الكتاب :

● الرموز الصوتية والصورية

● الإشارات والإيماءات

● اللغات المنطوقة والمكتوبة

● الكتب والصحف والنشرات

- النماذج الطبيعية و الحقيقية
- المصورات والخرائط والشفافيات
- اللوحات (السبورات) بمختلف أنواعها
- الأجهزة والمعدات
- المسرح التعليمي والعروض الفنية والرياضية
- المعارض والمتاحف والاحتفالات
- الندوات والمؤتمرات وورش العمل والاجتماعات
- المراسلات والمخاطبات بأية وسيلة كانت
- الهدايا المتبادلة والجوائز
- الرحلات التعليمية والمشاهدات الميدانية
- المنتجات الورقية وغير الورقية
- الأعمال اليدوية والأدوات المستخدمة فيها
- أدوات الكتابة والرسم والتلوين وما إليها

خصائص الوسائل التقليدية :

لوسائل الاتصال التربوي التقليدية التي ذكرناها مجموعـة مـن الخصائص ، سـواء مـن حيـث طبيعتها أو من حيث توظيفها ، مع التأكيد على أن هذه الخصائص قد وضعت على وجه العمـوم ، أي أن بعض هذه الخصائص قد لا ينطبق على جميع الوسائل الاتصالية التقليدية . وهـو مـا سنشـير إليه حيثما يكون ذلك ضروريا . ويمكننا إجمال أهم هذه الخصائص بالنقاط الآتية :

○ **الاتصال المباشر :**

أنها وسائل اتصال مباشرة في غالب الأحيان ، بما يعني أن المرسل والمتلقي يتبادلان الرسائل وجها لوجه . وهو ما ينطوي على ايجابيات كثيرة يتمتع بها الاتصال المباشر ، كالآنية والتفاعل والثقة وغيرها . ويبرز ذلك بوضوح في الاجتماعات والمؤتمرات والمواقف التعليمية الصفية . ولا تنطبق هذه الصفة على الصحافة والكتب الدراسية والمنشورات التي تنقل المعلومات والخبرات إلى المتلقي بصورة غير مباشرة .

○ **محدودية المتلقين :**

أنها وسائل تخاطب فردا أو مجموعة محددة من الأفراد ، وهذه واحدة من صفات الاتصال المباشر . وحتى في حالة مخاطبة جمهور واسع نسبيا ، فانه لا يتعدى حدود المكان الذي تتم فيه عملية الاتصال .

○ **سهولة الاستخدام :**

أنها سهلة الاستخدام أو الإعداد أو التوظيف ، بمعنى أنها لا تتطلب مهارات عالية المستوى من قبل القائم بالاتصال أو من قبل المتلقي . وهذا الأمر له أهميته الخاصة التي تتعلق بإمكانية نشر- استخدامها بدون عوائق جدية ، أو جهود تدريبية يصعب توفيرها .

○ **التطور الاعتباطي :**

أن الكثير من هذه الوسائل تطور بصورة اعتباطية ، بمعنى أن التطور هنا جاء بدون الاستناد إلى أساس نظري أو علمي ، وإنما استنادا إلى الصدفة ، أو إلى حاجة آنية ، أو رغبة مؤقتة ، ثم درج الآخرون على استخدامها على النحو الذي استخدمت فيه أول مرة . ويمكننا أن نتبين ذلك عندما نتابع تطور الرموز الصوتية واللغات والإشارات . وبالمقارنة مع

الوسائل الحديثة نجد أن الأخيرة على العكس من ذلك ، إذ إن تطورها ارتبط بأهداف وغايات محددة تبعا لطبيعة الغرض الذي تتطور الوسيلة استجابة له ، واستنادا إلى نتائج البحوث والدراسات العلمية والاستنتاجات النظرية . وهذا ما يفسر ظهور الوسائل الحديثة بعد حركة التطور العلمي النشطة التي شهدتها القرون المتأخرة التي أعقبت الثورة الصناعية.

○ **توفرها في البيئة :**

أن الكثير من هذه الوسائل متوفر في البيئات المحلية على اختلافها ، مما يجعل منها وسائل متاحة ورخيصة الثمن في كثير من الأحيان ، ولا يتطلب الحصول عليها جهدا استثنائيا من قبل القائم بالاتصال .

○ **مشاركة المتلقي :**

أنها تتيح الفرصة للتشارك بين القائم بالاتصال والمتلقي ، كما هو الحال في الموقف التعليمي التعلمي أو في المسرح المدرسي الذي يستطيع فيه الطالب المساهمة في اختيار الوسيلة ، أو المشاركة في توفيرها أو صنعها .

إن مراجعة خصائص الوسائل التقليدية التي استخدمت في حقل الاتصال التربوي، يمكن أن تجيبنا عن كثير من التساؤلات ، حول سبب تمسك الإنسان بهذه الوسائل على امتداد قرون طويلة من الزمن ، وانتشارها في مجتمعات متفاوتة التطور ، واستخدامها في مواقف حياتية مختلفة ، ولفئات مختلفة من المتلقين . فهي في معظمها مباشرة ، ورخيصة نسبيا ، وعملية ، وسهلة الاستخدام . وهي في ذلك مختلفة إلى حد كبير عن الوسائل المستخدمة في المرحلة اللاحقة ، التي حفلت بتقنيات جديدة على ميدان الاتصال ، أساسها توظيف التكنولوجيا الالكترونية في خدمة العملية الاتصالية ، وهو ما بات يعرف اليوم بالوسائل الالكترونية .

❖ **الوسائل الالكترونية :**

انشغل العلماء والباحثون عقب انطلاق الثورة الصناعية بتطوير القدرات التقنية بما يتلاءم مـع الحاجات المتنامية للمجتمعات الجديدة ، والواقع الجديد الذي أحدثته التحولات التي أعقبتها في الميـادين الصناعية والتجارية والاجتماعية والاقتصادية والسياسية ، وحركة الاختراعات التي ألقت بظلالها على جميع نواحي الحياة العامة ، وبخاصة في الدول التي ظهرت فيها أو امتدت إليها تلك الثورة الصناعية .

وكان من الطبيعي أن يكون حقل الاتصال من بين أهم الحقول التي استوعبت تلك التحولات الكبيرة ، وتفاعلت معها ، ووظفتها لصالح إحداث التغيرات التي تتماشى مع الحياة الجديدة بكل تفاصيلها . لقد اتسم الواقع الجديد ما بعد الثورة الصناعية بالتنافس الشديد بين الـدول الصناعية للبحـث عـن الأسواق التجارية ، والبيئات المستهلكة للمنتجات المصنعة . هذا التنافس فرض بالضرورة منطق السرعة ، والقدرة العالية على الترويج والإقناع ، وهذا الأمر قاد إلى تطوير الجهود العلمية في ميادين عـدة ، ومنهـا ميدان الاتصال التعليمي ، لكي تفي باحتياجات ومتطلبات الحالة الجديدة هذه .

وهكذا بدأت الجهود والتجارب تتوالى للوصول إلى إمكانية تسجيل الصورة الثابتة ثم المتحركة ، والتفكير بنقل الإشارة الصوتية والصورية إلى أماكن بعيدة . فكان أن اخترعت آلة التصوير الفوتوغرافي بعد تجارب عديدة ، ثم ظهرت السينما الصامتة أواخر القرن التاسع عشر ، ثـم السـينما الناطقـة ، ثـم الإذاعـة أثناء الحرب العالمية الأولى . ثم نجحت جهود العلماء في تتويج تلك المرحلة مـن مراحـل تطـور الوسـائل الاتصالية ، بإيصال الصورة والصوت معا إلى أماكن بعيدة ، وذلك باختراع التلفزيون الذي ظهر بعد الحرب العالمية الثانية . وجميع هذه الوسائل استخدمت في ميدان التربيـة والتعليـم ، سـواء عـلى مسـتوى الإدارة التعليمية أو الموقف التعليمي أو إدامة العلاقة مع الجهات والأفراد المساندين للعملية التعليمية .

لقد كان لظهور كل من هذه المخترعات فعل الحجر الساقط بقوة إلى بركة مـاء راكـد ، ليحـدث هزة قوية في الواقع الاتصالي الذي اعتاد عليه الناس في المرحلة التي سبقته . وبدأ

التمايز في هذا الميدان بين الدول المقتدرة علميا وصناعيا واقتصاديا على الدول غير القادرة. كما إن كل مخترع من تلك التي ذكرناها ، كانت تتولد عنه مخترعات تابعة أو فرعية ، لتسنده في ميدان التطبيق اليومي ، ولتؤمن حاجات إضافية أو ثانوية في حقل الاتصال بشكل عام ، وحقل الاتصال التربوي بشكل خاص .

على أن الظهور الكاسح والانتشار السريع للوسائل الالكترونية ، في الواقع الاتصالي العام والتربوي على حد سواء ، لم يعمل على إزاحة الوسائل التقليدية من الاستخدام ، إنما بقيت تلك الوسائل فاعلة حيثما كانت الحاجة إليها قائمة . بل إن الواقع يشير إلى أن الوسائل الجديدة قد عززت من استخدام الوسائل التقليدية في بعض الأحيان . وهي حقيقة نلمسها حتى في الوقت الحاضر ، على الرغم من مرور عقود طويلة على ظهور الوسائل الالكترونية .

ونود الإشارة هنا إلى أننا سنتناول تطبيقات الوسائل الالكترونية في الميدان التربوي في الفصول اللاحقة ، أما في الفقرات التالية ، فسنحاول الوقوف على أنماط هذه الوسائل ، وخصائصها المشتركة .

أنماط الوسائل الالكترونية :

يمكننا القول بأن أبرز الوسائل الاتصالية الالكترونية التي هيمنت على البيئة الاتصالية منذ أواخر القرن التاسع عشر حتى ظهور الحاسوب هي السينما ، وأجهزة الاتصال السلكية واللاسلكية ، كالهواتف التقليدية ، ثم الإذاعة ، والتلفزيون ، وتوابعها . وسنتناول كلا من هذه الوسائل على حدة ، للاختلافات الكبيرة التي تميز كل نمط منها عن الأنماط الأخرى ، من حيث طبيعة كل وسيلة وخصائصها ، ونمط التلقي الذي يمارسه جمهورها ، أو تفرضه تلك الوسيلة عليه ، وطبيعة الجمهور الذي يستقبلها ، مؤكدين أن هناك وسائل الكترونية عديدة أخرى كالسبورة الالكترونية والمسجل الصوتي وأجهزة

التسجيل الصوري والفيديوي والعارضات السينمائية الصغيرة وغيرها ، مما يعد ثانويا أو فرعيا في تأثيراته ، قياسا بالوسائل الالكترونية الأخرى التي سنستعرضها :

● السينما :

قبـل انتهـاء القرن التاسع عشر ، وبعد جهود طويلة في ميدان التصوير الفوتوغرافي، بقصد توثيق المشاهد الحية على الورق ، بدأت جهود المخترعـين لتشكيل البـدايات الأولى لمخترع السينما . وصار مـن الممكن أن نشاهد سلسلة من الصور الثابتة تعرض بسرعة معينة ، فتنشأ عنها حركة صورية تشبه إلى حد كبير الحركة الطبيعية للأشياء ، لكنها تفوقها سرعة ، إذ إن كل ثانية من زمن العرض كانت تتضمن ٨ صور، ثم أصبحت ١٦ صورة ، ثـم زيد بعـد ذلك عـدد الصـور المعروضة وصـولا إلى العرض الطبيعي بـالزمن الحقيقي لحركة الأشياء ، مما يعني تحول المشاهد من متابعة صور ثابتة تعرض بسرعة عالية ، إلى صور ثابتة تبدو وكأنها صور متحركة بشكلها الطبيعي .

لقد صاحب ذلك عبر عقـود من الـزمن ، استخدام الصـوت مصاحبا للصورة ، بعـد أن كانت السينما في بداياتها غير ناطقة . وربما يتذكر القارئ الكريم بعض الأفلام التي تمثل تلك المرحلة ، مثل أفلام شارلي شابلن وغيرها ، والتي كانت الحركة فيها تبدو سريعة قياسا بالحركة الطبيعية ، بسبب قلة عـدد الصـور (frames) المعروضة في الثانية الواحدة . كـما أمكن استخدام الألـوان بعـد أن كان العرض يجري باستخدام اللونين الأسود والأبيض فقط .

لقد أدهش ظهور السينما مشاهديها بما امتلكته من عناصر الإثارة والتشويق، إضافة إلى نمط التلقي المبتكر ، الذي اتسم بعرض صورة متحركة لأول مرة في التاريخ يصاحبها الصوت ، وعـرض في مكان محـدد مظلـم عـلى شاشـة كبـيرة مربعة(square) أو مستطيلة (scope)أو دائرية (panorama) تحـيط بالمشاهدين من أكثر من جانب ، وكأنهم يعيشون وسط أحداث الفلم المعروض . وهي شاشات لكل منها تأثيرها الخاص في نفس

المشاهد . لقد أشعرت السينما مشاهدها آنذاك ، لأول مرة ، بأبعاد الصورة الثلاثة بكل نبضها وحركتها وسخونتها . فإذا أضفنا إلى ذلك أن عملية التلقي تجري بشكل فردي معظم وقت العرض ، على الرغم من أن المتلقي يجلس في قاعة كبيرة للسينما ، لكنه أثناء المشاهدة يقوم غالبا بمتابعة فردية ، على خلاف ما يجري في حالة التلقي التي تصاحب مشاهدة التلفزيون ، كما سنرى لاحقا عند الحديث عن جمهور التلفزيون .

إن ظهور السينما على هذا النحو الذي اختطف أبصار جمهورها الذي اتسع بسرعة خلال العقود التالية لظهورها ، كان من التأثير على المتلقين إلى درجة أنها كانت بداية لنشوء فن جديد هو الفن السينمائي ، أو ما عرف لاحقا باسم "الفن السابع" الذي ظهر له منظروه ونظرياته العلمية والجمالية . لقد شكل ظهور السينما تيارا فكريا وأدبيا وفنيا جديدا صار يتعمق تدريجيا ، في مقابل الفن المسرحي الذي سبق ظهور الفن السينمائي، وهيمن على ساحة الفنون لقرون عديدة ، فاستحق عن جدارة تسمية " أبو الفنون " .

لقد ابتدعت السينما لغتها الخاصة في مخاطبة جمهورها ، وهي لغة اتسمت بالاستخدام العالي للرموز والإشارات والإيماءات والتراكيب الصوتية والتكوينات الصورية ، التي يتشكل عبرها المعنى وفقا لبلاغة جديدة عرفتها بيئة الاتصال لأول مرة ، هي بلاغة اللغة السينمائية . حتى أن البعض عد الفن السينمائي احد الأجناس الأدبية ، علاوة على كونه فنا قائما بذاته يوظف نواتج الفنون الأخرى في خدمته ، كالتصوير الفوتوغرافي والرسوم المتحركة والدمى إلى جانب الإضاءة و الصوت بأشكاله المختلفة ، أصوات المخلوقات والموسيقى والمؤثرات الصوتية كأصوات الريح والماء والرعد وغيرها .

- **الهاتف التقليدي :**

يعد اختراع الهاتف ، وتمكن الإنسان من نقل الصوت عبر مسافات بعيدة ، تتويجا لجهود متتابعة استمرت عقودا من الزمن ، بدأت باختراع المورس والمبرقات وما إليهما . وباختراعه اكتسبت البيئة الاتصالية قدرة جديدة على توفير التواصل الصوتي الحي غير المباشر بين المستخدمين ، ومنهم العاملون في الميدان التربوي . وهذه القدرة مكنته من أن

يحسب ضمن الوسائل الاتصالية التي جاءت بها المرحلة الجديدة ، مرحلة الوسائل الالكترونية. وهي قدرة اتسمت بقدر عال من التفاعل الفردي الآني بين المرسل والمتلقي ، قياسا بما سبقها من وسائل تقليدية . والمقصود بما نتحدث عنه هنا هو الهاتف بوضعه التقليدي المعتمد على استخدام الصوت فقط ، قبل أن تدخل عليه التحسينات الحديثة التي نقلته إلى وسيلة تفاعلية كما سنرى فيما بعد .

لقد كان من شأن هذه القدرة الجديدة التي أوجدها اختراع الهاتف اختصار المسافات والزمن ، وتوفير الجهد في انجاز ما تسعى العملية الاتصالية لإنجازه . وهو ما يفسر الانتشار الواسع لاستخدام هذا المخترع ، سواء بشكله التقليدي المعتمد على الصوت فحسب ، أو بعد تطويره إلى الصورة التي نراه عليها اليوم ، وهو ما نقله ليكون لاحقا ضمن الوسائل التفاعلية التي سنتناولها لاحقا.

إن ما نراه اليوم من هيمنة الاتصالات الهاتفية على البيئة الاتصالية اليومية بين الناس من جميع الفئات وفي مختلف المجتمعات ، بما فيها الفقيرة ، وتسلل هذا المخترع ، حتى بصورته التقليدية التي تعتمد الصوت فقط ، إلى تفاصيل نشاطهم الإداري والخدمي والاجتماعي ، وكذلك التربوي ، يكشف مدى الأهمية الكبيرة التي تتصف بها هذه الوسيلة ، وحجم الرسائل المتبادلة بين أطراف هذا النوع من الاتصال ، بما يحقق التفاهم بين مستخدميه . وهذا دون أدنى شك هو الهدف النهائي من العملية الاتصالية برمتها .

- **الإذاعة :**

قبل أن تضع الحرب العالمية الأولى أوزارها ، كانت الإذاعة قد انطلقت لتعلن بدء مرحلة جديدة من مراحل الاتصال الجماهيري غير المباشر، الذي يتجاوز النخب التي توجهت إليها الصحافة المقروءة منذ النصف الثاني من القرن السابع عشر . ذلك أن الإذاعة اعتمدت الصوت فقط ، واستطاعت توجيه خطابها إلى الأميين والمتعلمين على حد سواء . كما

إنها تجاوزت بشعبيتها السينما التي تطلبت متلقيا مهتما بها وباحثا عنها ، وهو جمهور نخبوي من نوع آخر.

لقد طرحت الإذاعة نمطا جديدا من التلقي الذي يعتمد الاستماع حسب ، ونمطا جديدا من المتلقين الذين يتسمون بعدم التجانس ، سواء من الناحية الثقافية أو الاجتماعية أو الاقتصادية . وهو ما عمق الجدل الذي كان دائرا في أوربا عندما ظهرت الصحافة ، من أن هذه الوسائل الجماهيرية قد أساءت إلى اللغة ، وهبطت بمستوى تناول الأفكار والظواهر إلى مستوى العامة من الناس بعد أن كان الكتاب سيد الساحة الثقافية والفكرية والتربوية .

لقد تمكنت الإذاعة من ملاحقة الأحداث على امتداد العالم ، ونقل ما يجري تداوله في أرجاء المعمورة من أفكار وأخبار وأحداث و نتاجات ثقافية وعلمية وأدبية ، بصورة آنية ، إلى جمهور واسع عبر الحدود الإقليمية ، متجاوزة بذلك حدود الرقابة المفروضة على غيرها من وسائل الاتصال التي كانت سائدة مطلع القرن العشرين .

لقد أضافت الإذاعة إمكانية اتصالية جديدة لتداول المعلومات والمواقف والخبرات في إطار اتصال جماهيري غير مباشر، اتسم بتدفق الرسائل باتجاه واحد من المرسل إلى المتلقي . وهو أمر يسجله البعض في غير صالح الإذاعة ، على اعتبار أنها تضع المتلقي في حالة تلق سلبي غير متفاعل ، وتمنعه من ممارسة حق الاتصال وإيصال رد فعله على ما يتعرض إليه من رسائل من مصدر الاتصال .

إن التطور الاتصالي الكبير بظهور الإذاعة لم يكن مقتصرا على توظيف البث الإذاعي الحي والمسجل ، إنما نشأت الحاجة إلى تسجيل الصوت باستخدام الاسطوانات والسلك الصوتي والأشرطة الصوتية المختلفة وأجهزة التسجيل الصوتي ، بغرض خزن الصوت والإفادة منه لاحقا . وهو ما أتاح فرصا إضافية لهذا المخترع الجديد للتأثير في النشاط الاتصالي ، على نحو فريد لم تألفه الوسائل الأخرى التي سبقته .

ولأن اختراع الإذاعة تزامن مع صراعات كونية طاحنة ، ولأنها كانت تنطوي على الخصائص التي تحدثنا عنها ، فقد تحولت لتكون المصدر الأهم لمتابعة أخبار الحروب ،

وإيصال التوجيهات ، وبث الوعي ، وإقناع الجماهير وإمتاعها . حتى غدت الإذاعة مفردة حياتية لا يمكن الاستغناء عنها على مستوى الأفراد والمؤسسات والمجتمعات على حد سواء. ومن ذلك طبعا المؤسسات التربوية . وسنرى في الفصول اللاحقة تطبيقات الإذاعة والوسائل الأخرى الالكترونية في حقل التربية والتعليم .

- **التلفزيون :**

قد لا يكون من قبيل المصادفة المحضة ، أن تتمخض أكبر حربين عالميتين في التاريخ عن حراك كبير في ميدان الاتصال ، كما في كل ميادين الحياة الأخرى العلمية والاقتصادية والتربوية والسياسية والعسكرية . ذلك أن ظهور الإذاعة أثناء الحرب العالمية الأولى ، وظهور التلفزيون عقب الحرب العالمية الثانية ، يؤشر مدى الأهمية التي احتلها ويحتلها الاتصال في عالمنا المعاصر، عالم التنافس المحموم بين المصالح الاقتصادية ، والمصادمات العسكرية الكبرى ، وصراع الإرادات ، الذي بات يتأسس بالضرورة على المعرفة والخبرة العلمية والقدرة الاقتصادية ، وكذلك القدرة على إدارة حركة المعلومات ، وأسواق تداولها ، والوسائل الاتصالية الفاعلة التي تحقق لها أهدافها.

وإذا كانت الصحافة قد هيمنت على ساحة الاتصال الجماهيري بعد منتصف القرن السابع عشر ، ثم انضمت إليها السينما قبل انتهاء القرن التاسع عشر ، فان ظهور الإذاعة ثم التلفزيون بعد عقود قليلة ، قد شكلا تحولا متميزا في البنية الاتصالية مع الجماهير، بما امتلكاه من عناصر التأثير العميق و الحي والآني والواسع الانتشار .

لقد تميز التلفزيون ، علاوة على ما تميزت به الإذاعة من قدرة على تخطي الحواجز والحدود الإقليمية ، وما امتلكته من قدرة على توجيه خطاب آني أكثر إقناعا بسبب توفر عنصر الصوت ، و لجمهور واسع وغير متجانس ، بأنه دمج بين الصوت والصورة ، في خطاب موجه لحاستين في وقت واحد ، وهي ميزة امتلكتها السينما قبل التلفزيون ، وبين

الآنية والاتساع في دائرة المشاهدين . وهذه المميزات طرحت المخترع الجديد ، التلفزيون، كمنافس حقيقي للصحافة والإذاعة والسينما ، هيمن على الساحة الاتصالية .

وعلى الرغم من كل ذلك ، فان التلفزيون لم يشكل بديلا عن الوسائل الجماهيرية الالكترونية التي سبقته . والدليل على ذلك ، بقاء هذه الوسائل متمتعة بجمهور واسع أيضا. وهو ما يؤكد القول بأن الوسائل المستحدثة من شأنها أن تلبي حاجات إضافية للمجتمع ولا تمثل بديلا عنها ، إذ يبقى لكل وسيلة دورها وجمهورها . بل أن الواقع أشر عبر عقود من الزمن تطورا كبيرا في طبيعة الوسائل التي سبقت التلفزيون و استخداماتها ، مستفيدة من التطور الحاصل في التكنولوجيا الرقمية والأقمار الفضائية والتداخل أو الترابط بينها ، بحيث شكل ظهور كل منها دعما للآخر ، وحافزا على النمو والتطور ، بحسب الحاجات المتجددة والمتنامية للجمهور.

لقد أضافت الصفات الجديدة التي تميز بها التلفزيون الكثير من عوامل القوة والتأثير في المتلقين ، سواء من حيث سهولة إبلاغ الرسائل المنقولة عبره ، أو من حيث تعميق الفهم ، واستبقاء المعلومات في الذاكرة ، أو من حيث اتساع رقعة التأثير في جمهوره ، حتى وصل ليشمل العالم كله ، بحكم التطور الذي شهده ميدان الاتصالات الفضائية ، ونقل البث التلفزيوني عبر الأقمار الاصطناعية .

ولو تابعنا ما أفضت إليه حركة التطوير والتجديد في مسيرة التلفزيون ، لوجدنا أنه بدأ معتمدا على البث الحي أولا ، ثم انتقل إلى التسجيل على أشرطة الصوت والصورة ، الفيديو (video) ، بحيث أصبح بمقدور القائمين عليه التخطيط للبرامج وتسجيلها ، بما يضمن إنتاج برامج تلفزيونية أكثر دقة وكفاءة وتنوعا وثراء . وبعد أن كانت الصورة تعتمد اللونين الأبيض والأسود ، أمكن جعل البث بالألوان الطبيعية . كما أمكن اعتماد النقل الحي للأحداث والوقائع من مواقعها آنيا ، من خلال نقلها عبر كاميرات تنتقل إلى تلك المواقع ، وعربات مجهزة بجميع ما يؤمن ذلك من مستلزمات تقنية لأغراض التصوير والتقطيع والبث الحي .

أما على صعيد البث الحي ، فقد اتسع نطاقه باستخدام الألياف الضوئية والأقمار الاصطناعية ، ليصبح بالإمكان بث برامج عديدة في الوقت نفسه ، بحيث تعددت القنوات الأرضية والفضائية خلال عقود معدودة ، لتعطي المشاهدين فرصة لاختيار ما يرغبون مشاهدته من برامج عبر مئات المحطات التلفزيونية . وأصبحت القنوات تتنافس فيما بينها على كسب ثقة المشاهدين والاستجابة لرغباتهم على مدى أربع وعشرين ساعة ، حتى أضحت لدينا اليوم قنوات متخصصة ببرامج الاقتصاد أو البرامج التربوية أو الرياضية أو الغناء أو برامج المرأة أو الأخبار أو الإعلانات التجارية وغيرها ، أو قنوات عامة تضم جميع هذه البرامج .

كما ظهرت بعض المحطات التي تقدم خدمات إضافية وفق ما عرف بنظام التلتكست (teletext) ، إذ يستطيع المشاهد أن يضغط على زر في موجه التلفزيون لطلب معلومة ما تتعلق بحركة الطائرات مثلا أو أسعار العملات أو الوظائف الشاغرة أو حالة الطقس أو آخر الأخبار ، إلى غير ذلك من الخدمات التي يمكن أن تضم مئات الموضوعات ، فتظهر له على جانب من الشاشة حسب طلبه ، في الوقت الذي يشاء .

من ناحية أخرى فقد تنوعت طبيعة المحطات التلفزيونية ، فهناك محطات تلفزيونية مغلقة (closed circuit television)، وهي التي تبث في حدود معلومة ولأغراض محددة داخل شركة أو معهد علمي مثلا ، ومحطات تلفزيونية مفتوحة (open broadcasting television) ، ومحطات تبث لمدينة أو ولاية (local television) ، أو على مستوى البلد الواحد (national channel) ، أو على المستوى الدولي (international channel) أو غير ذلك ، مما أعطى الفرصة واسعة لمواكبة طبيعة الاحتياجات الاتصالية في المجتمعات المختلفة ومتغيراتها .

إن جميع الأشكال التي أشرنا إليها للتلفزيون قد استخدمت للأغراض التربوية والتعليمية ، سواء أكانت هذه الأشكال تمثل محطات أرضية أم فضائية ، أم محطات مغلقة أم مفتوحة أم محلية أم وطنية أم دولية . وهو ما سنأتي على ذكره لاحقا عند الحديث عن تطبيقات وسائل الاتصال التربوي .

خصائص الوسائل الالكترونية :

على الرغم من التفاوت الواضح بين أنماط الوسائل الاتصالية الالكترونية المشار إليها والمستخدمة في ميدان التربية والتعليم ، إلا انه يمكننا أن نجتهد في استخلاص خصائصها المشتركة ، على النحو الـذي فعلناه مع الوسائل التقليدية . ويمكننا أن نجمل أهم هذه الخصائص على النحو الآتي :

○   **ضعف مشاركة المتلقين :**

تتصف حالة التلقي عند جمهور الوسائل الالكترونية ، فيما عدا الهاتف التقليدي ، بأن هـامش مشاركة المتلقي في عملية الاتصال هو هامش ضيق ، لا يتيح للمتلقي القدرة على ممارسة "حق الاتصال" . بمعنى آخر ، فان التلقي هنا هو من أنماط التلقي السلبي ، إذ إن تدفق المعلومات يأتي باتجاه واحد ، من أعلى إلى أسفل . وهو ما يطلـق عليه تسمية "الاتصال الأحادي" أو" الاتصال ذي الاتجاه الواحـد" أو "النسغ النازل" . يضاف إلى ذلك أن التلقي هنا يتسم بالجاهزية ، وشيوع ثقافة الصورة ، إذا مـا استثنينا الاتصال الإذاعي ، وهو ما من شأنها تثبيت نمطية محددة في التفكير والتخيل ، وعدم الحاجة إلى بذل جهد يذكر من قبل المتلقي أثناء تعرضه للرسائل الواردة إليه .

ومعروف أن هذا النوع من التلقي يعد من عوامل ضعف العمليـة الاتصاليـة ، مـن حيـث أنـه يستطيع إيصال الرسائل من المرسل إلى المتلقي ، دون أن يمنح القائم بالاتصال فرصـة التعـرف إلى ردود أفعال المتلقين . وبالتالي فانه لا يستطيع تعديل رسالته أولا بأول ، أو معالجة مـواطن الضعف في الوسيلة الاتصالية مثلا أو بيئة الاتصال ، كما يحصل في الاتصال التفاعلي . وبـالرغم مـن أن محاولات عديدة قد جرت للتقليل من تأثير هذا العامل ، كاستخدام التلفون إلى جانب التلفزيون ، لمنح الطلبة فرصة التحدث مع مقدم البرنامج التعليمي مثلا ، والتعبير عن ردود أفعالهم تجاه ما يتلقونه من معارف أو خـبرات ، غـير أن هذه المحاولات لم تغير كثيرا من واقع الأمر . كما إنها لم توفر مستوى التفاعل المطلوب في

المواقف المختلفة ، بالمستوى الذي استطاعت تحقيقه الوسائل التفاعلية ، كما سنرى فيما بعد .

○ **استخدام الأقمار الاصطناعية :**

بعد إطلاق أول قمر اصطناعي إلى الفضاء مطلع الستينات ، والتطورات التي أعقبت ذلك ، و المتعلقة باستخدام هذه الأقمار لأغراض الاتصالات ، أصبح بالإمكان نقل الصوت والصورة في وقت واحد إلى كل بقاع العالم ، وبسرعة فائقة تقترب من الفورية . إذ لا يتعدى زمن انتقال الصوت والصورة أجزاء الثانية الواحدة . لقد أسهم ذلك بشكل كبير في توسيع رقعة تأثير هذه الوسائل ، وإلغاء المسافات والزمن ، بوصفهما عائقين كانا يحدان من تأثير عملية الاتصال التي كانت تعتمد الوسائل الاتصالية التقليدية . كما أسهم التطور التقني في ميدان شبكات الاتصالات في النمو الكبير في عدد خطوط الاتصالات الهاتفية ، وغزارة القنوات الإذاعية والتلفزيونية التي يمكن إيصال بثها في وقت واحد وبكلفة أقل ، مقارنة بحجم الخدمات التي تقدمها لمستخدمي هذه الوسائل .

○ **الاستخدام المتزامن :**

لقد كان من شأن الوسائل الالكترونية والتحسينات التي أدخلت عليها لاحقا ، أن يجري توظيف عدة وسائل في وسيلة واحدة لتصبح الوسيلة الالكترونية ، كما هو الحال في السينما والتلفزيون والفيديو على سبيل المثال ، وسيلة مركبة ، متعددة الأغراض ، وتخاطب أكثر من حاسة ، وبخاصة عند استخدام الصوت إلى جانب الصورة ، بما يعطي الوسيلة قدرة أكبر على التأثير في جمهورها ، والاستجابة للفروق الفردية لهذا الجمهور على اختلاف أعمارهم وبيئاتهم و رغباتهم .

من جانب آخر ، فقد جرت محاولات عديدة لاستخدام أكثر من وسيلة اتصالية كالهاتف والتلفزيون مثلا ، أو الهاتف والفيديو ، لتأمين بيئة اتصالية تتصف بقدر معين من

التفاعل ، بخاصة في مرحلة متقدمة من استخدام التلفزيون التعليمي . كما جرى استخدام مسجل الصوت مع عرض للصور، أو مع عرض مسرحي في مواقف تعليمية أو تثقيفية مختلفة ، بعد أن أدرك التربويون مدى فائدة استخدام الصوت والصورة معا لتحقيق أغراضهم التربوية .

○ **الكلفة العالية :**

لم تكن الكثير من المؤسسات التربوية قادرة على استخدام الوسائل الالكترونية بشكل واسع في بداية انتشارها ، بسبب كلفتها العالية مقارنة بالوسائل التقليدية . والكلفة هنا تشمل قيمة الأجهزة والدورات التدريبية لتزويد العاملين عليها بالمهارات المطلوبة لاستخدامها ، وكلف أجور الصيانة ، وقيمة الاندثار، ومتطلبات الحفظ والتخزين ، وكلف شراء أو تصنيع المستلزمات المطلوبة برفقتها ، كالأشرطة والأدوات الاحتياطية وما إلى ذلك ، وهو أمر مختلف عما هي عليه الحال باستخدام الوسائل التقليدية ، عدا استثناءات محدودة.

○ **ضرورة توفر المهارات :**

بخلاف استخدام الوسائل التقليدية الذي يتطلب بشكل عام قدرا محدودا من المعارف والمهارات في كيفية إنتاجها وتوظيفها ، فان الوسائل الالكترونية تتطلب قدرا أكبر من المعرفة بخصائصها ، ومهارة أعلى في صياغة خطابها ، ثم استخدامها وتوظيفها ، وتقويم نتائج كل ذلك أثناء تشكل الموقف الاتصالي وبعده . ولذلك نجد أن القيام بهذه المهام مجتمعة، فيما يخص الوسائل الاتصالية الالكترونية ، إنما يتطلب تضافر جهود متعددة لفريق عمل يمتلك جملة من الإمكانات ، ويعمل وفق تصور مشترك ، وليس جهودا فردية وحسب .

○ **مخاطبة جمهور واسع :**

لقد عرف الاتصال الجماهيري منذ مراحل مبكرة من عمر البشرية ، أثناء المناسبات الدينية و الاحتفالات والخطب التي يحضرها جمهور غفير . لكن هذا الاتصال كان محدودا قياسا بجمهور الوسائل الالكترونية الذي صار يشمل قطاعات واسعة من المتلقين في أماكن مختلفة على امتداد العالم .

○ **الاتصال غير المباشر :**

لغاية ظهور الصحافة في النصف الثاني من القرن السابع عشر ـ كان جل الاتصال الجماهيري مباشرا . أما الوسائل الالكترونية فقد أحدثت تحولا في النشاط الاتصالي الجماهيري بدخول عصر ـ توجيه الخطاب إلى الجمهور عن بعد . وهو أمر يخص جمهور الإذاعة والتلفزيون على وجه التحديد . وقد كانت لذلك مردودات مهمة على المستوى السياسي تحديدا ، خاصة بعد ظهور الإذاعات الدولية ودخولها هذا الميدان خلال الحرب العالمية الأولى . وهو ما أحدث اختلالا في التوازن في القدرات المستخدمة في الصراع بين الأطراف المتحاربة ، ثم في صراع الإرادات الذي أعقب الحرب الأولى ، والحرب الباردة التي أعقبت الحرب العالمية الثانية .

○ **تميز خصائص التلقي لكل وسيلة :**

إن الملاحظ لبيئات التلقي التي تستخدم فيها وسائل الاتصال التقليدية ، يجد أنها شبه مكررة ، بحكم تشابه الأغراض المستخدمة من أجلها ، والخصائص المتقاربة لهذه البيئات في معظم الأحيان . أما الوسائل الالكترونية فقد فرضت واقعا جديدا في التلقي له خصوصيته مع كل وسيلة من هذه الوسائل . فمن السينما التي تتطلب قاعة عرض هادئة ومظلمة وذات خصائص محددة ، إلى التلفزيون الذي يشاهد في بيئة مضاءة وأقل سعة وهدوءا...وهكذا .

لقد أثر ذلك دون شك في تطور الاهتمام بالبيئة الخارجية للتلقي ، سواء على مستوى الاستخدام داخل الصف الدراسي ، أو للأغراض التربوية الأخرى . وباتت بيئة الاتصال عنصرا أساسيا من العناصر المكونة للنشاط الاتصالي ، تحظى باهتمام متزايد من قبل الباحثين ، بعد أن كانت تعد من العناصر المكملة وحسب في بناء عملية الاتصال .

○   **اختصار المسافة والزمن :**

عندما نتحدث عن وسيلة اتصال تستطيع نقل خطاب آني من قائم بالاتصال إلى متلقين منتشرين في مواقع كثيرة على امتداد الكرة الأرضية ، أو نقل صورة دقيقة لأحداث وقت وقوعها ، كما يحدث في نقل صور المعارك أو الكوارث أو المباريات الرياضية ، فإننا نتحدث عن عملية اتصالية تزول فيها حدود الزمان والمكان ، إلى الحد الذي تستطيع معه هذه الوسيلة ، إذا ما أحكم استخدامها ، توحيد الرؤى والمشاعر والمواقف والمدركات بين جمهور المتلقين على اختلاف بيئاتهم ، لحظة الاتصال أو في الزمن اللاحق له . وفي ذلك ما يسهل إقامة جسور التفاهم ، واستنفار ردود الأفعال والمواقف المشتركة حيال ما يواجه البشرية من معضلات ، واستثمار عنصر ـ الزمن ، وإلغاء مشكلات البعد المكاني ، بغية الانجاز الأسرع والأشمل والأكثر ملاءمة لبيئات المتلقين المتباينة الخصائص .

لقد كانت للتغلب على عاملي المكان والزمان، وما كانا يفرضانه من قيود على النشاط الاتصالي قبل ظهور الوسائل الاتصالية الالكترونية، تطبيقات كثيرة سنتحدث عن أهمها في الفصول اللاحقة،وبخاصة في ميدان استخدام الإذاعة والتلفزيون في التعليم عن بعد .

○   **شعبية الاتصال :**

لقد أسهمت الوسائل الالكترونية ، بحكم قدرتها على الاستعاضة عن النص المكتوب بالصوت والصورة واللون والحركة ، في إشاعة رسائلها ، بكل ما تتضمنه هذه

الرسائل من أخبار ومعلومات وأفكار على أوسع نطاق ، مما سهل إيصالها إلى جميع الشرائح والفئات الاجتماعية ، بغض النظر عن مستويات تعليمهم وثقافتهم . وبذلك لم يعد التعرض إلى الوسائل الاتصالية امتيازا ، كما لم تعد النخب الاجتماعية والثقافية هي وحدها المستهدفة في العملية الاتصالية ، مثلما كانت عليه الحال مع جمهور الصحافة .

لقد أنعشت هيمنة الوسائل الالكترونية على الساحة الاتصالية النقاش القديم الذي كان سائدا قبل ذلك بقرون ، حول مشكلة اللغة المستخدمة في الصحافة بين فريقين :

الأول يتهم وسائل الاتصال الجماهيري بأنها هبطت بمستوى اللغة إلى مستوى جمهورها من العامة ، فصارت تتسم بضعف المفردات ، وهشاشة التراكيب وسطحية المعاني ، ومحدودية الخيال ، وغادرت برجها العالي الذي عكسته بلاغة الأدب والعلم وثقافة النخب والصالونات الثقافية والاجتماعية .

والثاني يدافع عن لغة ذات بلاغة جديدة ، تعتمد الإيجاز والمباشرة ، وتستخدم رموزا صورية و اشارية وصوتية مبتكرة ، وتراكيب مغايرة . بل إن النقاش صار هنا أكثر احتداما بعد أن اقتحمت السينما والإذاعة والتلفزيون بسرعة كبيرة مواقع غير المتعلمين ، التي تمثل الجزء الأكبر من المشهد الاجتماعي في البلدان النامية والفقيرة ، والتي لم تكن الصحافة قادرة على اقتحامها ، بسبب ارتفاع نسبة الأمية في هذه البلدان بصورة خاصة .

○ **مركزية الخطاب :**

لقد اتسم الواقع الجديد الذي فرضته الوسائل الالكترونية في ميدان الاتصال بوحدة الخطاب الموجه عن بعد ، ومن ضمنه الخطاب المستخدم للأغراض التربوية ، عبر هذه الوسائل إلى جمهور واسع متعدد البيئات . وهذا الأمر قد وفر الفرصة لإدارة مؤسسات تربوية متعددة المواقع في وقت واحد ، مما يضمن وحدة التصورات والتوجهات والمخرجات .

○ **قوة التأثير:**

إن توجيه النشاط الاتصالي لمخاطبة أكثر من حاسة ، كما هي الحال عبر السينما والتلفزيون بصورة خاصة ، قد مكن القائم بالاتصال من بلوغ مدى في التأثير في جمهور المتلقين ، يتصف بالواقعية والشمول والعمق ، والقدرة الفائقة على الإقناع ، ويستجيب للفروق الفردية للمتلقين ، خاصة وأن الوسائل الجديدة قد تعدت حدود وقت المدرسة والمؤسسة التربوية ومكانهما ، لتصل إلى جمهور المتلقين في أي وقت وفي أي مكان . وفي ذلك ما يعين طرفي العملية الاتصالية ، المرسل والمتلقي ، من بلوغ أهدافهما بصورة أكثر مرونة ويسرا.

إن قراءة متأنية للمشهد الاتصالي الذي تشكل عقب ظهور الوسائل الإلكترونية ، تؤشر دون شك أربعة أمور مهمة :

الأمر الأول :

أن تعدد الوسائل الاتصالية ونموها ، وظهور أجيال مبتكرة أو مستحدثة منها ، لم يؤد إلى زوال الوسائل التي سبقتها ، إذ إن هذا الظهور لم يعمل طبقا لمبدأ الإزاحة ، بل بمبدأ التكامل والتطور والدعم المتبادل بين الوسائل الاتصالية . بمعنى أن توظيف وسيلة ما يمكن أن يتعزز بالدعوة إلى استخدامها عبر وسيلة أخرى . ومثالنا على ذلك هو أن الدعوة إلى المطالعة مثلا ، بغية تنمية المهارات القرائية ، يمكن أن تجري عبر جهاز الإذاعة أو التلفزيون أو غيرهما . والعكس أيضا صحيح عندما ندعو أولياء الأمور مثلا إلى متابعة تعليمات تربوية ما عبر وسائل الاتصال الأخرى .

والأمر الثاني :

أن هذا التعدد والتنوع في وسائل الاتصال ، جاء استجابة لحاجات اتصالية قائمة فعلا ، وان من شأن هذا التعدد والتنوع أن يثري العملية الاتصالية بمزيد من عوامل المرونة والحيوية والشمول ، والتواصل بين المجتمعات الإنسانية ، مقابل الركود النسبي وبطء

الحركة الذي عاشته البشرية على امتداد التاريخ ، بعد أن قصرت الوسائل الالكترونية المسافات ، واختصرت الزمن ، وتوسعت بحجم الجمهور .

والأمر الثالث :

أن الحاجات الاتصالية المتنامية لم تفرض نفسها على الوسائل الجديدة فقط . بمعنى أن دواعي التطوير لم تكن متجهة نحو استحداث وسائل اتصالية جديدة حسب ، إنما أيضا نحو تطوير ما كان موجودا منها أصلا منذ القديم . ومن أمثلة ذلك أن السبورة التي أخذت شكل لوح خشبي بسيط في بداية الأمر ، قد تطورت كثيرا في طبيعتها واستخداماتها عما ظهرت عليه أول مرة . فظهر اللوح المخملي والوبري والمغناطيسي وغيرها ، وهي تطورات جرت حتى في ظل انتشار الوسائل الجديدة ، الالكترونية ثم التفاعلية بعد ذلك .

والأمر الرابع :

أن ما تطلبه استخدام الوسائل الالكترونية من إمكانات اقتصادية وعلمية وخبرات تقنية ومهارية ، قد وسع الفارق بين الدول الغنية والدول النامية والفقيرة ، من حيث القدرة على استخدام كل من هذه الدول لهذه الوسائل لتحقيق أغراض عدة ، من ضمنها الأغراض التربوية . ويذهب كثيرون إلى أن قدرة الدول المتقدمة علميا وصناعيا على تطوير هذه الوسائل واستخدامها ، في مقابل ضعف واضح في هذا المجال من جانب الدول الأقل تقدما، قد عزز الدور القيادي للدول المتقدمة في إدارة النشاط الاتصالي ، على حساب الدول الأقل تقدما . وهو ما بات يطلق عليه تعبير " تدفق المعلومات باتجاه واحد " من دول الشمال إلى دول الجنوب ، أو من الدول الغنية إلى الدول الفقيرة .

وإذا ما أخذنا بنظر الاعتبار تركز القوة الاقتصادية والعلمية والعسكرية لدى دول الشمال ، خاصة في ظل ما أفرزته الحربان العالميتان الأولى والثانية من تحول في صراع الإرادات والمصالح والأولويات ، فانه من الممكن إدراك معنى القوة الإضافية الجديدة، المتمثلة في الهيمنة على وسائل الاتصال الالكترونية ، بوصفها قوة ذات تأثير واسع وفعال لخدمة

مضامين العولمة وتحقيق أهدافها القريبة والبعيدة ، سواء في ميدان الحياة العامة ، أو في ميدان الثقافة والتربية والتعليم .

❖ **الوسائل التفاعلية :**

يرى كثير من الباحثين في ميدان الاتصال التربوي أن الوسائل الاتصالية التربوية، التقليدية منها والالكترونية ، قد وفرت واحدا أو أكثر من الوسائط الأساسية الأربع في النشاط الاتصالي ، وهي الصوت والصورة واللون والحركة ، مع قدر محدود من التفاعل الذي يضمن مشاركة المتلقي بصورة أو بأخرى في النشاط الاتصالي . ويؤكد هؤلاء الباحثون أن التطور الحاصل في هذه الوسائل عبر التاريخ كان درجيا ، بمعنى أن هذا التطور ، على أهميته ، لم ينتقل بالوسيلة الاتصالية إلى مستوى كاف من التفاعل والتشارك بين المرسل والمتلقي . هذا التفاعل الذي من شأنه تحقيق الأهداف المطلوبة من النشاط الاتصالي ، والمتمثل في التأثير في المتلقي ، سواء كان ذلك على مستوى التواصل الإداري و التربوي بشكل عام ، أو على مستوى الموقف التعليمي التعلمي بصورة خاصة .

أما الوسائل التفاعلية فقد أشرت تحولا نوعيا في هذا السياق ، إذ إنها أضافت خاصية التفاعل بين المرسل والمتلقي على نحو واضح وغير مسبوق ، بحيث أصبح بالإمكان تشكيل موقف اتصالي نشط ، يتصف بقدر عال من الحيوية والمرونة والتأثير ، ويضمن للمتلقي قدرا عاليا من المشاركة والقدرة على التعبير عن أفكاره ورغباته . بل انه يوفر أيضا قدرا كبيرا من التحكم في الرسالة والوسيلة . وهذا دون شك يساعد في تحقيق أهداف أعلى وأكثر دقة وعمقا ، من تلك التي كان المرسل ، أو القائم بالاتصال ، قادرا على تحقيقها من قبل .

ومن هنا تكتسب وسائل الاتصال التفاعلية معناها وأهميتها . فهي تلك الوسائل التي يتاح لمستخدمها (سواء كان قائما بالاتصال أو متلقيا) أن يمارس هامشا كبيرا من التأثير فيها والإفادة منها ، تبعا لحاجاته وأغراضه وبحسب الموقف المطلوب ، وتبعا للبيئة

التي تتم فيها عملية الاتصال . بمعنى آخر فإنها تتيح لطرفي عملية الاتصال إمكانية التحكم باستخدام الوسيلة ، وتوظيف خصائصها ، بحسب متطلبات عملية الاتصال وأهدافها . فهي فضلا عن ما توفره من إمكانية استخدام عناصر الصوت والصورة واللون والحركة بصورة منفصلة ، أو مركبة ، أو تفاعلية ، فإنها تتيح للمستخدم التدخل في الرسالة شكلا ومضمونا كما يشاء . وهو أمر لم يكن متاحا بهذا المستوى من القدرة على التحكم ، لا في مرحلة الوسائل التقليدية ولا في مرحلة الوسائل الالكترونية .

وينطبق وصف الوسائل التفاعلية على النحو الذي أشرنا إليه ، على جملة من الوسائل التي تستخدم في تفاصيل عمل المؤسسات التربوية ، وما يتطلبه هذا العمل من نشاط اتصالي يومي على مستوى الإدارة التربوية أو التعليم المدرسي أو تداول المعلومات ، بغرض توفير بيئة تحقق التفاهم ، وبالتالي تغير السلوك ، الذي هو في النهاية غاية الاتصال التربوي . وتندرج تحت هذا الوصف الحواسيب بأنواعها ، والشبكة الدولية للاتصالات وتداول المعلومات بأنواعها (الانترنت والاكسترانت والانترانت) وما تفرع عنها من استخدامات وتطبيقات ، كالبرمجيات وأجهزة الألعاب الالكترونية والمخلوقات الآلية (الروبوت) ، فضلا عن الهواتف التفاعلية الحديثة ذات الخصائص المعتمدة على البرمجة ، والتي تستخدم أكثر من آلة تصوير، وتمكن المستخدم من التواصل عبر الصوت والصورة ، والإفادة من خدمات الانترنت ، وغير ذلك مما يدهشنا به بصورة متنامية ، هذا التطور التقني السريع للتكنولوجيا المعاصرة .

لقد أتاح اختراع الحاسوب وما تفرع عنه وواكبه من وسائل أخرى ، ومن تطبيقات في ميادين الحياة كافة ، ومنها ميدان التربية والتعليم ، دخول العالم عصر التكنولوجيات المتفاعلة ، والاتصال التفاعلي المستند إلى استخدام وسائل متعددة ، لتحقيق أغراض مشتركة . بمعنى آخر، فان الاستخدام المتزامن لنواتج التكنولوجيا ، من أجهزة ومعدات ومستلزمات تكميلية (Hardware & Software) والربط بينها بشكل يضمن تسخير خصائصها مجتمعة لتحقيق غرض محدد ، صار سمة العصر ـ المميزة ، وبخاصة في البلدان المتقدمة صناعيا . وهنالك أمثلة لا تحصى على ذلك ، ترينا كيف يتم تصنيع منتجات

صناعية مثلا باستخدام تكنولوجيا الحاسوب ، إلى جانب أجهزة ساندة أخرى لتحقيق هذا الغرض .

إن التقدم الحاصل في هذا الميدان ، بالرغم من الفوائد الجمة التي عاد بها على المجتمعات الفقيرة والنامية ، إلا أنه بالمقابل عمق كثيرا الهوة التي تحدثنا عنها آنفا بين الدول المتقدمة صناعيا والدول الأخرى الأقل منها تقدما . ذلك أن هذا النوع من التكنولوجيا الاتصالية يتطلب قدرات اقتصادية و صناعية كبيرة ، لبناء البنية التحتية لصناعة هذه الوسائل وتسويقها . كما إن المعلومات التي يجري خزنها ومعالجتها وتوزيعها أو تداولها ، بغض النظر عن صنوف هذه المعلومات ، صوتية كانت أو صورية أو طباعية ، صارت سلعا غزيرة التنوع ، ومطلوبة على الدوام ، ولا غنى عنها في الحقول المختلفة لحياتنا المعاصرة .

سنحاول هنا تناول أهم الوسائل الاتصالية التفاعلية التي استخدمت في الميدان التربوي تمهيدا لتحديد الخصائص المهمة التي تتصف بها هذه الوسائل . ويمكن للقارئ الكريم أن يتتبع في الفصول اللاحقة بعض تطبيقات هذه الوسائل في الميدان التربوي تحديدا، إلى جانب تطبيقات الوسائل التقليدية والالكترونية .

أنماط الوسائل التفاعلية :

ذكرنا آنفا أن الوسائل التفاعلية عديدة ومتنوعة ومتشعبة الاستخدامات . لكن هذه الوسائل جميعا تنهل من تكنولوجيا الحاسوب والشبكة الدولية للاتصالات وتبادل المعلومات (الانترنت). ولذلك سنحصر اهتمامنا بهاتين الوسيلتين ؛ الحاسوب بوصفه وسيلة اتصالية قائمة بذاتها ، والانترنت بوصفها وسيطا اتصاليا يعمل اعتمادا على الحاسوب ، دون إغفال التطور والتنوع والتشعب الذي نشأ عن استخدم هاتين الوسيلتين في الميدان التطبيقي حيثما كان ذلك ضروريا ، مؤكدين أن التلازم بين الوسيلتين في كثير من

الأحيان ، واستخدامهما بصورة تتفاعل فيها خصائصهما بشكل تكاملي ، ينبغي أن لا يحجب عنا حقيقة أن التقنيتين مختلفتان عن بعضهما من حيث الخصائص والمهام .

● **الحاسوب :**

تعود بدايات استخدام الحاسوب إلى نهايات عقد الأربعينات وبدايات عقد الخمسينات من القرن العشرين . وقد استخدم الحاسوب في بداية الأمر في الولايات المتحدة الأمريكية للأغراض العسكرية ، ثم انتشر بعد ذلك في البلدان المتقدمة صناعيا . و توسعت استخداماته للأغراض العامة والشخصية ليدخل كل مناحي الحياة تقريبا . ولا نكاد نجد مؤسسة تنشد التطوير والحداثة في عالم اليوم ، إلا وتستخدم الحاسوب كوسيلة أساسية في حفظ المعلومات ومعالجتها وتداولها ، سواء أكان ذلك في ميدان الاتصال ، أم البحث العلمي والتجارب العلمية ، أم الطب ، أم الطباعة والنشر والإعلام ، أم الخدمات العامة ، أم التربية والتعليم ، أم غيرها .

ومع تطور استخدامات الحاسوب والحاجة المستمرة لتطوير قدراته للاستجابة لمتطلبات التحولات العصرية في ميادين الحياة الشخصية والعامة المختلفة ، تطورت قدرات هذه الوسيلة الاتصالية بصورة يصعب معها الإحاطة بتفاصيلها ، حتى أضحت الحواسيب اليوم أكثر قدرة على أداء وظائفها من حيث الطاقة الخز نية ودقة العمليات التي تقوم بها وتنوعها ، وسرعة انجاز تلك المهام ، وأكثر استجابة لحاجات المستخدمين . هذا فضلا عن القدرة الفائقة في التفاعل مع وسائل وأجهزة أخرى تشترك معها في انجاز وظائف أكثر تنوعا وشمولا .

لقد رافقت التحولات المهمة التي أشرنا إليها في ميدان استخدام الحاسوب تطورات مهمة على صعيد المهارات المطلوبة لاستخدامه . فقد كان استخدامه في بداية الأمر مقتصرا على المتخصصين في مجاله ، ممن يتقنون التعامل مع الرموز والعمليات ولغات البرمجة التي ظهرت معه مبكرا . أما اليوم فان استخدام الحاسوب أصبح أكثر يسرا ، وأقل كلفة.

وانتشرت المؤسسات الرسمية والخاصة التي تدرب من ليست لديه أية مبادئ أولية على استخدامه والإفادة منه . كما ظهرت وسائل كثيرة ترافق المستخدم وتساعده عند الحاجة ، في التعرف إلى أية برامج أو لغة مستخدمة فيه ، وتعليمه كيفية استخدامها والتواصل معها بدون عوائق جدية تذكر .

إن المتتبع لتطور وسائل الاتصال التربوي يجد أن اتساع ظاهرة السعي إلى معرفة أسرار هذه الوسيلة الاتصالية ، والتدرب على استخدامها وإتقان مهاراتها على المستوى الشعبي ، لم تكن قد رافقت ظهور الوسائل الاتصالية الأخرى التي سبقت الحاسوب ، ونعني بها الوسائل التقليدية و الالكترونية . ذلك أن الوسائل التي سبقت ظهور الحاسوب لم تحظ بهذا الانتشار والتغلغل في الشعيرات الدقيقة للحياة اليومية الشخصية والعامة لفئات المجتمع المختلفة دون استثناء ، كما حصل مع الحاسوب . لذلك فقد بقيت تلك الوسائل ومدى النجاح في استخدامها ، رهنا برغبات وتوجهات المختصين ممن استخدمها . وبقي المستخدم ، إلى حد كبير ، متلقيا غير مشارك في أكثر الأحيان ، في تصميم الوسيلة المستخدمة أو تحديد أهدافها ، أو رسم آليات استخدامها . أما الحاسوب فان دور المستخدم ، فردا كان أو جماعة أو مؤسسة ، أصبح أكثر تأثيرا ، إلى الحد الذي يستطيع معه التدخل في كثير من الأحيان في طبيعة الرسالة التي تصله ومحتواها ، وفي شكلها وتنظيمها وكيفية الإفادة منها ، وفي الوقت الذي يحدده و المكان الذي يناسبه .

وتأسيسا على ذلك ، فقد تنوعت الحواسيب عبر الزمن ، مستفيدة من التطور التقني . وانتشر استخدامها ، لتتكيف مع احتياجات فئات متباينة من المستخدمين، وتستجيب لرغباتهم . فمن الحواسيب العملاقة إلى الكبيرة إلى المتوسطة إلى الصغيرة، والحواسيب الشخصية والمحمولة ، وحواسيب الجيب وحواسيب الشبكات . ومن المستخدمين الاعتياديين إلى المستخدمين من ذوي الاحتياجات الخاصة من الموهوبين والمعاقين . ومن الكبار إلى الأطفال ، ومن المتعلمين المتخصصين إلى المتعلمين غير المتخصصين ، بل و في بعض الأحيان ، من غير المتعلمين كذلك .

وإذا كانت وسائل الاتصال التربوية الأخرى قد استخدمت لغرض واحد أو لأغراض عدة ، كعرض المعلومات والخبرات والمهارات ، ونقل المواقف ، والتعبير عن الرغبات والاتجاهات ، والإسهام في تيسير تطبيق مهمات المعلم ، وتيسير مهمة الطالب في تحقيق أهداف التعلم الذي ينشده ، وغير ذلك من المهام الاتصالية ، فان الحاسوب قد استطاع جمع مهام عدة في الوقت نفسه . ذلك أنه يستخدم بوصفه وسيلة اتصال تؤمن التفاهم بين طرفي العملية الاتصالية ، ووسيلة خزن للمعلومات وتنظيمها وتداولها ، على النحو الذي يحقق رغبات المستخدم بالطريقة والوقت والمكان الذي يختار. هذا علاوة على كونه وسيلة إنتاجية وخدمية واثرائية وامتاعية . وهو بعض ما نقصده بالقدرة التركيبية لهذه الوسيلة .

لقد استطاع الحاسوب ، بوصفه وسيلة اتصالية ، الجمع بين العناصر الأساسية التي ميزت وسائل الاتصال التربوي التي سبقته ، وهي الصوت والصورة واللون والحركة ، وأضاف إليها عنصرا بالغ الأهمية في الميدان التربوي بصورة عامة ، وفي حقل التعليم والتعلم بصورة خاصة ، وهو عنصر التفاعل ، الذي رجح كفته على الوسائل التي سبقته ، من حيث طبيعته التركيبية التي تحدثنا عنها . وهي خاصية من شأنها ، إضافة إلى ما سبقت الإشارة إليه ، جمع وسائل عدة في وسيلة واحدة ، وإشراكه المتلقي في مختلف مراحل التعامل مع الوسيلة . وهو ما كان سببا أساسيا ، كما سنرى ، في ظهور تحولات مهمة في طبيعة استخدام الوسائل الاتصالية في الميدان التربوي والتعليمي .

وفي الحديث عن الحاسوب بوصفه أحدث حلقة من حلقات التطور في وسائل الاتصال التربوي ، يمكن تأشير انجازات مهمة ، سواء على صعيد استخداماته التربوية العامة في الإعلام التربوي والتوعية والتثقيف والبحث العلمي التربوي ، أو على صعيد التعليم والتعلم والإدارة التربوية بصورة خاصة . وهو ما سنتناوله في فصول الكتاب اللاحقة . إلا أن ما تجدر الإشارة إليه الآن ، هو أن الحاسوب ، برغم أنه قد تفوق على الوسائل التقليدية والالكترونية في نواح عديدة ، لكنه كما كان يحصل عند ظهور أي من تلك الوسائل ، لم يصبح بديلا عن ما سبقه منها . وهو ما يؤكد ما أشرنا إليه سابقا من أن ظهور وسائل جديدة عبر تاريخ الوسائل الاتصالية ، لم يعكس بالضرورة رغبة إنسانية في

تغيير أو استبدال ما سبقها من تلك الوسائل . بل هو استجابة لحاجات جديدة متنوعة ومتنامية ، فرضها منطق التطور التاريخي وتعقد الحياة وتنوع الحاجات الإنسانية ، بصورة لم تعد الوسائل السابقة بقادرة على الاستجابة لها .

● **الشبكة الدولية للاتصال والمعلومات (انترنت) :**

نشأت الفكرة الأولية للشبكة الدولية للاتصال وتداول المعلومات في الأساس في عقد الستينات من القرن الماضي ، كفكرة لمشروع عسكري معلوماتي لصالح وزارة الدفاع الأمريكية . ويمكن اعتبار مطلع عقد السبعينات من القرن العشرين البداية الحقيقية للانترنت . وكان الغرض الأساس من هذا المشروع هو تسهيل تبادل المعلومات بين العلماء العاملين في خدمة المشاريع العسكرية الأمريكية ، بصورة تضمن الدقة والسرعة والمرونة والسرية في انتقال المعلومات بين الأطراف المختلفة ذات الصلة . وكانت أولى نقاط الاتصال في هذه الشبكة هي جامعة كاليفورنيا التي عدت نقطة الانطلاق لهذه الشبكة .

لقد توسعت هذه الشبكة تدريجيا لتشمل أرجاء العالم كله . كما توسعت استخداماتها لتدخل جميع نواحي النشاط الإنساني ، المؤسسي والاجتماعي والشخصي في مختلف دول العالم ، ولتحتل الأولوية بين وسائل الاتصال المعاصرة من حيث المساحة التي تغطيها ، وحجم التبادل المعلوماتي اليومي بين المستخدمين ، والفئات الاجتماعية التي تستفيد منها ، فضلا عن دقتها وسرعتها وأمنيتها ، وسهولة استخدامها ، وتنوع أوجه الاستفادة منها ، ومرونة التعامل معها من قبل المستفيدين من حيث اختيار الزمان المكان .

والانترنت شبكة تتشكل اليوم من مجموعة من الشبكات الفرعية التي ربطت لتسهيل عمليات الاتصال وتبادل المعلومات ، من خلال الربط بين ملايين الحواسيب على مستوى العالم ، باستخدام الخطوط الهاتفية والألياف الضوئية والأقمار الاصطناعية . ويمكن عبر هذه الشبكة الهائلة السعة تبادل جميع أنواع الوثائق التي يمكن حفظها ، بما في ذلك الأصوات والصور والأفلام والمطبوعات . ومن هنا فان شبكة الانترنت قد تفوقت على

غيرها من وسائل تأمين الاتصالات في كونها جمعت بين وظيفتين هما : تأمين الاتصال، وتأمين خزن و انتقال المعلومات بإشكالها المختلفة التي اشرنا إليها .

أما من ناحية تركيبتها وإدارتها وآلية عملها ، فهي تعمل بموجب نظم عمل وسياقات متعارف عليها ، طبقا لبروتوكولات مشتركة بين المستخدمين من الأفراد والهيئات . بمعنى أنها لا تدار من قبل هيئة مركزية ، ولا تمول من جهة محددة . غير أن الشبكات المعلوماتية التي تقدم لها خدمات الخزن والمعالجة والتوزيع وتسجيل المواقع ، تتقاضى أجورها عن ما تقدمه من خدمات للمشتركين أو المستفيدين .

وربما يكون من المفيد هنا الإشارة إلى وجود أنواع عدة من هذه الشبكات في الوقت الحاضر ، فرضتها طبيعة الحاجة القائمة ، وطبيعة المعلومات التي يجري تداولها بين المشتركين ، ومدى خصوصيتها . فهناك شبكات تربط بين حواسيب محلية لتخدم مؤسسة محددة . ويجري عن طريقها تداول المعلومات حصرا بين العاملين في هذه المؤسسة ، وتسمى انترانت (Intranet) . كما توجد شبكات أخرى تشبه من حيث المبدأ شبكة انترنت ، لكنها تعمل من خلال نظم خاصة لتبادل المعلومات ، من شأنها توفير إجراءات تحمي المعلومات المتداولة من الاختراق وتسمى أكسترانت (Extranet) .

لقد امتدت استخدامات شبكة الانترنت من تأمين الاتصالات الفورية بالصورة والصوت ، وتأمين تبادل المعلومات بأنواعها بين المستفيدين ، إلى المساعدة في إجراء البحوث وتوفير مصادر مهمة وغزيرة للباحثين في مختلف التخصصات ومن مختلف المستويات، بحكم غزارة ما يتوفر لديها من خزين هائل منها . يضاف إلى ذلك استخدامها لأغراض التدريب وتطوير المهارات في شتى الاختصاصات ، والمساهمة في تسويق السلع والخدمات وتنمية معارف الأفراد وإثراء شخصياتهم ، وفي توفير فرص واسعة لمد جسور التعارف والفهم المشترك بين الأفراد والشعوب والنخب المتخصصة . هذا فضلا عن توثيق المعلومات وتنظيمها بما يسهل على المستخدم الرجوع إليها وقت الحاجة ، بالكيفية التي تناسب الغرض من استخدامها . وليس أدل على ذلك من ظاهرة الصحافة الالكترونية ، ومواقع النشر التي أصبحت خارج حدود الحصر والإحصاء .

كما تستخدم الانترنت في توفير فرص للمتعة الفكرية ، من خلال ما توفره من ألعاب وجولات سياحية ، ومعارف عن العالم وعادات شعوبه ، وغير ذلك مما يدهش المستخدمين ، ويستجيب لرغباتهم واهتماماتهم على اختلاف أشكالها ومستوياتها ، مستخدمة في ذلك آخر ما توصلت إليه جهود المعنيين بتوفير عناصر التشويق والإثارة ، لكسب المتلقي وشد انتباهه ، إلى حد يصل إلى الإبهار في أحيان كثيرة .

وتجدر الإشارة هنا إلى أن تطبيقات الحاسوب والانترنت معا ، قد وسع من أفاق استخدامهما بشكل متفاعل مع نواتج أخرى للتكنولوجيا الاتصالية ، بحيث أصبح بالإمكان الربط بين وسائل الاتصال الأخرى ، كالهاتف الأرضي ، والهاتف المحمول (mobile) ، وآلة التصوير ، والإذاعة ، والتلفزيون ، وغيرها ، بما يوسع مجالات استخدام هذه الوسائل أضعافا مضاعفة عما كانت عليه في السابق . ولنا أن نتصور ما يمكن أن ينتج عنه مثل هذا التطور المتجدد والمستمر ، من تحولات في البنية الاتصالية عموما ، وما يمكن أن يحدثه ذلك أيضا ، من تحولات و آثار في طبيعة التطبيقات المتوقعة مستقبلا ، في مختلف مجالات الحياة الثقافية والحضارية والاقتصادية والسياسية والاجتماعية والسياسية ، وكذلك التربوية والتعليمية .

إن وجود شبكة الانترنت بما توفره من الإمكانات التي اشرنا إليها ، أسهم بشكل كبير في إعادة صياغة المشهد الاتصالي على المستويات المحلية والإقليمية والعالمية ، على نحو تخطى ما استطاعت الوسائل الاتصالية الأخرى تحقيقه . ومن ذلك الاتصال المرتبط بالتربية والتعليم . لقد أسهم توظيف الشبكة في ميدان التربية والتعليم بصورة خاصة ، وفي مجال التوعية والتثقيف ونقل المعارف والخبرات بصورة عامة ، في إحداث تحولات كبيرة في ميدان التعليم والتعلم ، وصياغة مواقف تعليمية لم يكن بالإمكان تحقيقها من قبل ، وزيادة فرص التعلم ، وتخفيف الضغط الحاصل على النظام المدرسي التقليدي ، والاستجابة لمتطلبات زيادة السكان والطلب المتزايد للحصول على الفرص التعليمية ، والتوجه نحو التعلم الفردي والذاتي ، وإنشاء الجامعات المفتوحة والافتراضية ، وإنشاء المكتبات التي تضم ملايين الكتب والخرائط والجداول والصور والوثائق الصوتية وغيرها . أضف إلى ذلك

تطبيقات الانترنت في مجال الإدارة التعليمية ، وإجراء الاختبارات بجميع مراحلها على مستوى بلد واحد أو أكثر ، وربط المدرسة بالمجتمع...إلى غير ذلك مما سنتناوله في فصل لاحق في هذا الكتاب .

إن تأثير تطبيقات شبكة الانترنت بوصفها وسيلة اتصالية ومعلوماتية في الوقت نفسه ، لم يقتصر على الدول الصناعية والمتقدمة علميا ، بل تعدى ذلك ليشمل الدول النامية أيضا ، وحتى الدول الفقيرة ، وان اختلفت مستويات الإفادة منها وطبيعة تلك الاستفادة وميادينها . على أن استخدام هذه الشبكة للأغراض التربوية والتعليمية في الدول النامية والفقيرة ، ما يزال أمامه شوط طويل ، ليلحق بما حققته الدول المتقدمة علميا في هذا الميدان ، ولذلك عوامل وأسباب عديدة ، اقتصادية واجتماعية وتقنية . هذا إذا استثنينا الأسباب المتعلقة باحتكار التكنولوجيا من قبل الدول المتقدمة علميا وصناعيا .

● الصحافة الالكترونية:

ربما تكون الصحافة الالكترونية من أهم استخدامات الحاسوب والانترنت في ميدان الاتصال ، أو أنها في الأقل من الانجازات الاتصالية البارزة التي أمكن تحقيقها خلال العقود القليلة المنصرمة. فقد استطاعت الصحافة توظيف خصائص هاتين التقنيتين المعاصرتين ، للوصول بالصحافة إلى مرحلة متقدمة جدا، في مجال سرعة ودقة الطباعة والتصميم ، وتوزيع المطبوع في بلدان عدة في آن واحد ، وبطبعات مختلفة أحيانا ، طبعة ملخصة وطبعة تفصيلية ، أو طبعة خاصة بمنطقة دون أخرى ..وهكذا . كما يمكن أن تصدر الصحيفة بأكثر من طبعة واحدة يوميا ، صباحية ومسائية وغيرها

إن هذه التطورات الكبيرة في تقنية طباعة وتصميم الصحافة المعاصرة ونشرها ، قد أسهم بشكل كبير في توسيع دائرة اهتمامات هذه الصحافة وانتشارها ، وتعدد وتنوع الموضوعات التي باتت تتناولها ، والفئات التي أصبحت تتوجه إليها . وهكذا فان الحاسوب والانترنت قد أسهما في تطوير الصحافة المطبوعة وتقنياتها ، بخلاف ما كان يتصوره

البعض ، من أن التقنية الاتصالية الجديدة ستزيح التقنيات التي سبقتها من ساحة النشاط الاتصالي ومنها الصحافة الورقية المطبوعة .

أضف إلى ذلك أن طبيعة صياغة الرسالة قد تغيرت هي الأخرى ، وكذلك أدواتها ، وطريقة التلقي لدى المرسل إليه كذلك . فقد أصبحنا اليوم أمام صحف تخاطب قراءها بالصوت والصورة ، وتحيلهم عند القراءة إلى مواقع على الانترنت يمكن الاستماع فيها إلى وثائق صوتية ، ومشاهدة وثائق صورية متحركة أو ثابتة ، تسند الخبر أو التحقيق الصحفي أو المقالة التي يطلع عليها ، بخلفية من المعلومات المخزونة لا حصر لها . كما اعتمدت بعض الصحف أسلوب الصحائف الحوارية التي تتيح لقارئ الصحيفة أن يسجل تعليقاته ومداخلاته على ما يقرأ في الصحيفة ، لتكون في متناول القراء الآخرين عندما يفتحون موقع الصحيفة على الانترنت .

ولابد من الإشارة هنا إلى الصحافة التي انتشرت عن طريق الانترنت فقط ، من خلال آلاف المواقع الالكترونية التي تتيح للمساهمين من الكتاب إمكانية تحرير صفحات فيها على الانترنت ونشرها على القراء ، بحيث يستطع هؤلاء القراء أيضا التواصل معها ومع كتابها من خلا ل أسئلتهم وتعليقاتهم .

وحينما نتحدث عن استخدام الصحافة الالكترونية بوصفها وسيلة من وسائل الاتصال التربوي التفاعلية ، نجد أن التطور في هذا الميدان قد قدم خدمات كبيرة في مجال توفير صحف محلية متنوعة الاهتمامات ، بما يتناسب مع اهتمامات الطلبة والتربويين في المنطقة التي تنشر فيها هذه الصحف . كما نجد أنه أصبح بالإمكان طباعة الصحف على مستوى مدرسة واحدة أو مجموعة مدارس ، بسبب انخفاض كلفتها ، ودقة طباعتها وتصميمها ، والسرعة في انجازها . هذا علاوة على توفير الصحائف الالكترونية التحاورية، التي تساعد في إدامة الصلة بين المعلمين وطلبتهم عبر التخاطب المستمر ، لتصحيح أوراق العمل التي يكلفون بها طلابهم مثلا ، أو لمتابعة طلابهم في تطوير بحوثهم ، أو إجراء تجاربهم بعيدا عن الصف الدراسي ، أو غير ذلك مما يقتضيه التواصل خارج الإطار المعتاد و المتبع في المدرسة التقليدية .

- **الهاتف التفاعلي:**

على الرغم من أن كلمة " هاتف " ما تزال تستدعي إلى ذاكرتنا صورة شخصين يتخاطبان بالصوت ، غير أن ما نراه اليوم من تطورات في هذا الميدان يكشف عن تقدم مستمر في ميدان الاتصالات الهاتفية عن طريق الأقمار الاصطناعية ، وتحسينات مهمة في خصائص وإمكانات أجهزة الهاتف الأرضية والنقالة والمحمولة . هذا علاوة على اعتمادها الاتصالات اللاسلكية بدل السلكية ، وإدماجها تقنيات الصوت بتقنيات الصورة الملونة والمتحركة ، وربطها بشبكة انترنت الدولية لتفتح آفاقا رحبة لاستخدام الهاتف بصورة لم يسبق لها مثيل .

لقد كان من شأن هذه التحولات المهمة قي تقنية الحاسوب وخصائصه واستخداماته ، أن تجعل الهاتف الحديث وسيلة اتصال تفاعلية من طراز خاص ، تستجيب لحاجات المستخدم الفورية بمرونة عالية ، و تجعل من الهاتف الصديق الملازم لصاحبه طيلة ساعات الليل والنهار ، وفي أثناء عمله وتنقله وساعات لهوه ، والمتكيف مع احتياجاته .

إن ما يهمنا في التحولات التي شهدتها تقنية الهاتف هو جانبها الاتصالي ، إذ تحول الهاتف الحديث من مخاطبة حاسة واحدة إلى مخاطبة حاستين في الوقت نفسه ، وفي ذلك ما يجعل أية وسيلة من وسائل الاتصال ، كما سبقت الإشارة في مكان آخر من هذا الكتاب ، أكثر تأثيرا في المتلقي ، بسبب ما أصبحت تمتلكه من مصداقية وواقعية وقدرة على الإقناع .

إن ما نلمسه من اهتمام مستخدمي الهاتف ، وبخاصة منهم المراهقين والشباب، وحرصهم المستمر على تحسين نوعية الهاتف الذي يحملونه ، إنما مرده إلى الخصائص التفاعلية التي تنطوي عليها تقنية الهاتف الجديدة . فوجود آلة تصوير مدمجة قي تركيبته ، والقدرة على نقل الصور الثابتة والمتحركة التي يتم التقاطها بصورة فورية إلى الحاسوب، وتداولها عبر الانترنت ، علاوة على القدرة على خزن الأصوات المختلفة والصور ودمجها، والإفادة من البث الإذاعي الحي والصوت المسجل ... إلى غير ذلك من خصائص تقنية

وجمالية ما تزال قيد التطور المستمر، قد جعلت من هذه الوسيلة حاجة دائمة وملحة وممتعة الاستخدام من قبل معظم فئات المجتمع على اختلاف اهتماماتهم وانشغالاتهم .

لقد أصبح الهاتف التفاعلي اليوم واحدا من العناصر المهمة في منظومة الوسائل الاتصالية ، التي تستخدم في توفير بيئة التعليم و التعلم المناسبة للطالب والمعلم والإدارة المدرسية ، فضلا عن الاستخدامات التربوية العامة . ذلك أنه يسهل الربط بين المدرسة والمتعلمين خارج إطار التعليم التقليدي ، الذي يقتصر عادة على وقت محدد ومكان معلوم . كما أصبح الهاتف الحديث هذا يستخدم بكثير من المتعة من قبل الطالب ، في متابعة اكتشاف عناصر البيئة المحيطة به وتسجيلها ، ومتابعة جمع المعلومات عن الظواهر الطبيعية التي يراقبها ، أو تتصل بمنهجه الدراسي . وهي أمثلة بسيطة لآلاف الاستخدامات التعليمية والتربوية التي يمكن أن نستفيد من الحاسوب في تنفيذها .

● الفيديو التفاعلي:

إن أفضلية جهاز الفيديو التقليدي على التلفزيون ، أنه أتاح للمشاهد أن يحتفظ بما يرغب الاحتفاظ به من مواد وبرامج تلفزيونية ، لمشاهدتها في الوقت والمكان المناسبين ، مما يسهل عليه الاطلاع على كثير من المواد التلفزيونية التي لا يستطيع متابعتها عبر البث الحي لبرامج القناة التي يتابعها.

لقد كانت لهذه الخصيصة فوائد مميزة في الميدان التعليمي ، إذ استطاع المعلم أن يقدم لطلابه نماذج من الصور والأفلام التي يصاحبها الصوت ، عن مشاهدات وأحداث وتجارب يرغب اطلاعهم عليها ، أو عرض ما يتوفر لديه من دروس تعليمية معدة لغرض تعليمي ما ، بعد أن وجد أن ذلك يسهل مهمته في إيصال المعرفة لطلبته . كما ييسر للطلبة إدراك ما كان يصعب عليهم إدراكه بالوسائل التقليدية التي سبقت ظهور الفيديو ، بسبب توفر عنصري الصوت والصورة .

لكن هذه الخصائص لم تجعل من الفيديو التقليدي وسيلة مؤثرة بالقدر الذي نشهده اليوم من تأثير الفيديو التفاعلي في نفوس مستخدميه . ذلك أن مستخدم الفيديو التفاعلي إنما يتمتع بهامش واسع من التحكم في ما يسمعه ويشاهده شكلا ومضمونا . وله أن يتدخل معدلا في ما يسمعه أو يشاهده ، بحيث ينسجم مع رغباته ومزاجه الشخصي . هذه الصفة التفاعلية هي التي تفسر الاندفاع الملفت للنظر إلى الألعاب الالكترونية التي تتوفر في قاعات الألعاب الخاصة بالأطفال والشباب ، واستغراقهم فيها أثناء اللعب ، بحيث يصعب عليك إقناع طفلك حين يكون مستغرقا في اللعب بجهاز الفيديو التفاعلي ، أن يتخلى عنها لأي سبب كان .

إن عناصر التشويق التي ينطوي عليها الفيديو التفاعلي قد استثمرت بأشكال عديدة في ميدان التعلم الذاتي بصورة خاصة ، بعد أن ثبتت فاعليتها في ذلك . إذ إنها تمنح المتعلم الفرصة للتحاور مع الوسيلة والتفاعل معها . وقد توسعت استخدامات الفيديو التفاعلي في ميدان التدريب واكتساب المهارات وتطوير القدرات العقلية وحل المشكلات ، وفي الحياة العامة كذلك .

خصائص الوسائل التفاعلية :

يجمع الباحثون في حقل تكنولوجيا الاتصال أن دخول عصر ـ الحاسوب والانترنت قد شكل انعطافة مهمة في تاريخ تطور هذه التكنولوجيا ، من حيث حجم النشاط الاتصالي ، ومن حيث نوعية الاتصال والبيئة الجديدة التي أحدثها . وسنحاول هنا أن نجتهد في تحديد أهم خصائص هذه الانعطافة التاريخية بشيء من الإيجاز :

○ لا مركزية الخطاب :

على عكس الوسائل الالكترونية ، فان الوسائل التفاعلية ، وفي مقدمتها الانترنت ، تعددت فيها مصادر الخطاب ، وتنوعت مصادر الاتصال والقائمون به . وهو ما أعطى

لجمهور المتلقين فرصا أوسع للتباين في الرؤى ، والتنوع في المواقف والاتجاهات . بينما كانت الوسائل الالكترونية كالإذاعة والتلفزيون والسينما ، تتجه نحو احتواء اكبر عدد ممكن من الجمهور في وقت واحد ، وتعريضهم لرسائل مشتركة ، وخطابات موحدة ، ينتج عنها تقريب بين الرؤى ، وتجانس في المعرفة و المواقف على حساب التنوع والتباين .

○ **التفاعل بين طرفي الاتصال :**

إن التفاعل هنا هو العنصر الأساس الذي يميز هذه الوسائل عن غيرها . ذلك أن العناصر الأخرى (الصوت والصورة واللون والحركة) كانت متوفرة قبل ذلك في التلفزيون والسينما مثلا ، لكنها لم تكن قادرة على توفير القدر الذي استطاع الحاسوب أن يوفره اليوم من التفاعل . فعندما يستخدم الحاسوب لوحده ، أو عندما يستخدم الحاسوب مع الانترنت ، فانه يتفوق على تلك الوسائل في القدرة الكبيرة التي يمنحها لمستخدم الوسيلة في التحكم باستخدامها ، والتدخل في صياغة الرسالة ، واختيار شكلها وطريقة عرضها، بما يناسب ميوله وإمكاناته ، واختيار ما يشاء من مضامينها في الوقت الذي يختاره .

إن من البديهي القول إن التفاعل ، ومشاركة المتلقي للقائم بالاتصال في نشاط اتصالي يعبر فيه الطرفان عن أفكارهما ومواقفهما ، إنما يشكل الأساس المطلوب في تشكيل الفهم المشترك بين الطرفين . وفي الميدان التربوي والتعليمي يدرك المربون بوضوح مدى أهمية ذلك في تحقيق التعلم الفاعل ، وأثره في إحراز الأهداف التعليمية ، وبخاصة تلك الأهداف المتعلقة بعمليات التفكير العليا ، وتنمية التفكير الابتكاري ، والتعاون في حل المشكلات ، والإبداع في الأداء المهاري . كما يدركون انه يسهم بصورة أساسية في تشكيل الاتجاهات الايجابية نحو التعلم ، وديمومة التواصل مع المعرفة والتعلم الدائم .

○ **الدمج بين الاتصال المباشر وغير المباشر :**

إذا كانت الوسائل التقليدية قد اعتمدت الاتصال المباشر ، بينما اعتمدت الوسائل الالكترونية على الاتصال الجماهيري غير المباشر بشكل أساس ، فان الوسائل الاتصالية التفاعلية قد دمجت بين المفهومين ، وأزالت الحواجز بين ما هو مباشر وما هو غير مباشر في النشاط الاتصالي . ذلك أن الاتصال عبر الانترنت مثلا بين مرسل ومتلق تفصل بينهما مسافات شاسعة ، هو اتصال متزامن يجري بالصورة والصوت ، بحيث يتم تبادل الأفكار والمشاعر آنيا بما يوصل الطرفين إلى تفاهم مبني على معرفة كل طرف بما لدى الطرف الآخر ، على الرغم مما يفصل بينهما من مسافات .

○ **تداخل حالات التلقي :**

لقد عني المربون وعلماء الاتصال كثيرا في مراحل سابقة ، وما يزالون ، بالتفريق بين أنماط أو حالات التلقي ، سواء في النشاط الاتصالي العام أو في الاتصال التربوي على وجه التحديد . فهناك التلقي الفردي والذاتي والثنائي والزمري والجماعي والتعاوني والجماهيري . أما البيئة التي يتم فيها استخدام الوسائل الاتصالية التفاعلية ، فان الحواجز لم تعد بتلك الحدة والوضوح الذي كانت عليه عندما كانت البيئة الاتصالية مقتصرة على استخدام الوسائل التقليدية والالكترونية . ومثالنا على ذلك أن معلم الجامعة الافتراضية مثلا يمكنه الاتصال بعدد من الطلبة في وقت واحد ، وهو نمط اتصالي جماعي كما هو معروف ، ولكنه في الوقت نفسه يوجه لكل منهم ملاحظاته النقدية دون أن يطلع عليها الآخرون . كما يستطيع هو أيضا تسلم ردودهم دون أن يشرك الآخرين بها . وفي الوقت نفسه يمكن للمعلم إشراك طلبته في عمل جماعي تشاركي ، يتم عن طريقه تحقيق أهداف تربوية تعاونية . وبذلك تتشكل بيئات تلق متباينة الخصائص في وقت واحد ، وباستخدام وسيلة اتصالية واحدة .

○ **الكلف الاقتصادية :**

يمكننا النظر إلى الجانب الاقتصادي لوسائل الاتصال التربوي التفاعلية من زوايا عدة ، ذلك أن هذه الوسائل تعد مكلفة اقتصاديا ، إذا ما حسبت كلف بناء القاعدة التحتية لصناعة المعدات والمستلزمات وإنتاج البرمجيات ، والتي تتطلب بمجموعها توظيف موارد بشرية عالية المستوى . وهي كما هو معروف نادرة في الدول الفقيرة والنامية على وجه الخصوص . هذا فضلا عن كلف التدريب والتطوير المستمر التي يتطلبها اعتماد مثل هذا النوع من الوسائل الاتصالية ، في المناهج الدراسية والاتصالات والتوثيق والبحوث وما إليها. وهذا هو أحد الأسباب التي تفسر بطء انتشار هذه الوسائل في الدول النامية ، وعدم اعتمادها أصلا في بعض الدول الفقيرة .

من جانب آخر ، فان كلف الحصول على خدمات هذه الوسائل تعد منخفضة جدا قياسا بما كان يدفعه المستخدم ، لتأمين الخدمات نفسها ، وربما بزمن أطول ومشقة أكبر. ومثال ذلك أنك تستطيع الآن أن ترسل عبر البريد الالكتروني عددا غير محدد من الرسائل على امتداد ساعات الليل والنهار إلى بقاع مختلفة من العالم ، وتضمن وصولها دون عوائق ، بزمن لا يتعدى ثوان معدودة لكل مجموعة من الرسائل ، ودون عناء يذكر. كما انك تستطيع أن تحصل خلال ساعات معدودة عبر الشبكة الدولية للمعلومات والاتصالات (الانترنت) ، على مئات المراجع والدوريات المطبوعة والوثائق الصوتية والصورية من عشرات المكتبات التقليدية والالكترونية في العالم ، وأنت جالس في مكانك دون كلفة تذكر. بل إن بإمكانك أن تدير حصة دراسية مع عدد غير محدد من الطلبة منتشرين في دول عديدة ، وتتفاعل معهم بالصورة الحية والصوت دون كلف تذكر، قياسا بما كان يمكن أن تكلفه حصة دراسية من هذا النوع بدون استخدام مثل هذه الوسائل . هذا أذا افترضنا إمكانية تحقق ذلك قبل ظهور وسائل الاتصال التفاعلية .

وبناء على ما تقدم فان من الواضح أن الكلف الاقتصادية ، إذا ما حسبت بمعيار ما نحصل عليه من خدمات مقابل ما نبذله من جهد وننفقه من مال ، فان ما نحصل عليه باستخدام الوسائل التفاعلية ، يعد زهيد التكلفة . ومما يشار إليه هنا أن كلف الأجهزة و

الوسائل الالكترونية والتفاعلية ، تتجه دائما إلى الانخفاض بفضل ظهور ما هو أحدث منها دائما ، والذي يستقطب اهتمام المستخدمين ، ويقلل الطلب على الأجيال السابقة منها .

○ **تفاعل التكنولوجيات :**

لقد فتح انتشار استخدام الحاسوب والشبكة الدولية للمعلومات والاتصالات (الانترنت) الباب على مصراعيه ، لربط هذه التكنولوجيا مع ما تحقق من انجازات علمية وتقنية في ميادين الحياة الأخرى . فأصبح بالإمكان ربط اختراعات أخرى مع الحاسوب، وإدارتها عن بعد ، لإنجاز أعمال ومهام لم يكن من الممكن انجازها بأي قدر من التفاعل، قبل ظهور الحاسوب والانترنت . ومن الأمثلة على ذلك ما حققه علماء الكائنات الآلية (الروبوت) ، وما تحقق في ميدان الطب الفضائي والأرصاد الجوي وغيرها من الميادين . وفي ذلك الكثير مما تنتفع به المجتمعات في نقل المعارف والخبرات والتجارب ، وهو نشاط تربوي ، علاوة على ما تنتفع به المؤسسة التربوية المتخصصة في ميادين عملها المختلفة .

○ **الحاجة إلى المهارات العالية :**

مع تقدم تكنولوجيا الاتصال التفاعلي وتعقدها وتشعب استخداماتها ، فان الحاجة تعمقت لرفع كفايات المتعاملين معها ، سواء على مستوى عمل القائم بالاتصال أو المتلقي . وعلى ذلك فان هناك ضرورة متعاظمة لتدريب مستخدمي هذه الوسائل من الإداريين التربويين والمعلمين والطلبة على حد سواء . وتحول امتلاك هذه الكفايات إلى شرط في سوق العمل ، يواجه مخرجات المؤسسات التعليمية من المتعلمين أينما توجهوا . بل إن إتقان المهارات الأساسية في استخدام الحاسوب والانترنت ، أصبح ينظر إليها في كثير من الأحيان ، بوصفها الحد الأدنى المطلوب توفره في المتعلم . ولم يعد الحد الأدنى إجادة القراء والكتابة فحسب، كما كان هو سائد في البلدان الأقل تقدماً. وهذا ما لم يكن عليه الأمر في مرحلة سيادة الوسائل الاتصالية الالكترونية ، حين كان القائم بالاتصال يخاطب جمهور المتلقين على اختلاف مستوياتهم المعرفية ، حتى من كان منهم لا يجيد الكتابة والقراءة .

إن الحديث هنا عن المهارات المطلوبة لاستخدام الحاسوب ، لا يتقاطع مع ما سبق لنا ذكره مـن أن كثيرين من غير المتعلمين يستخدمون الحاسوب ، وأن الحاسوب يسهل على المستخدم التعامل معـه بمـا يتيحه من إرشادات وتعلم أولي لكيفية الاستخدام . إن ما نقصده في هذه النقطة أن سوق العمـل ، بحكم التطور الكبير في ميادين الحياة المختلفة ، والتنافس الشديد بيـن القوى المتحكمة في هـذه السـوق علـى مستوى العالم ، باتت بحاجة إلى مهارات متقدمة ومتجددة ، تحقق ما تصبو إليه هـذه القوى . وهـو مـا يجعل فرص الحصول على عمل، ضيقة أمام مـن يحملـون المهـارات البسـيطة أو التقليدية في استخدام الحاسوب .

إن ضرورة إتقان مهارات الحاسوب والانترنت تلقـي علـى المؤسسات التربويـة علـى مختلـف الأصعدة ، مسؤوليات إضافية ، ينبغي إدراكها والتخطيط لمعالجتها ، سواء أكان ذلـك علـى مستوى إعـداد المناهج ، أم توفير مستلزمات تطبيقها ، أم تنمية الكفايات المطلوبة الآن ومستقبلا في سـوق العمـل مـن مخرجاتها من الطلبة والمعلمين والمدربين والمشرفين والإداريين . إن التطور السريع في ميدان الاتصال بوجه عام ، وفي ميدان الاتصال التربوي بصورة خاصة ، بات يؤشر تأخرا نسبيا في مستوى هذه الكفايات والقدرة على توظيفها ، مقارنة بما تحققه التكنولوجيا من قفزات نوعية كبيرة .

○ **القدرة على التخزين :**

لقد تجاوزت وسائل الاتصال التفاعلية حدود إمكانات الوسائل التي سبقتها ، من حيـث قدرتها على خزن المعلومات وتصنيفها وإعادتها إلينا وقت الحاجـة . فالحاسوب والهـاتف التفـاعلي والانترنـت ، ليست في واقع الأمر وسائل اتصالية فحسب ، إنما هي أيضا خـزائن هائلـة الأحجـام للبيانـات والمعلومات المكتوبة والمسموعة والمرئية ، التي حفظت بطريقـة يسـهل بواسـطتها استرجاعها في الوقت الـذي يلائم المستخدم ، ومن أي موقع جغرافي يكون موجودا فيه على امتداد العالم .

لقد حولت قدرة الحاسوب والانترنت على التخزين المنظم ، وسهولة الاسترجاع، وسائل الاتصال التفاعلية ، إلى مصادر مهمة للمعرفة وتداول المعلومات والخبرات باتجاهين:

الأول عمودي ، إذ يستطيع المستخدم أن يبحر في ذلك الخزين المعرفي عبر الانترنت ، باحثا عن كل ما تراكم من معارف عبر التراث الإنساني منذ فجر التاريخ .

والثاني أفقي ، إذ يمكن للمستخدم أن يطلع على آخر المستجدات في الحقل الذي يهمه على امتداد العالم كله ، لحظة استخدامه لها .

الخلاصة أننا أصبحنا أمام وسائل اتصال وتداول معلومات معا ، بعد أن كنا نتعامل مع إحدى الخاصيتين عندما نستخدم معظم الوسائل السابقة .

○ **انهيار الحواجز :**

على الرغم من أن بعض وسائل الاتصال الالكترونية ، كالهاتف الاعتيادي والإذاعة والتلفزيون ، قد مكنت الإنسان من تجاوز حدود المكان والزمان ، وسهلت للقائم بالاتصال والمتلقي معا القدرة على تبادل الخبرات والمعلومات ، والتعبير عن أفكارهما ومشاعرهما ، وصولا إلى تحقيق التفاهم بين الطرفين ، فان ما حققته الوسائل الاتصالية التفاعلية على هذا الصعيد ، قد تفوق على جميع الوسائل التي سبقتها بكثير . لقد أصبح التفاهم بين أطراف العملية الاتصالية يجري بالصورة والصوت معا ، وعلى نحو فردي وجماعي في آن واحد ، وطبقا لنماذج اتصالية فورية تفاعلية .

من ناحية أخرى فان انهيار الحواجز ، فضلا عن تخطي حدود الزمان و المكان ، تتجسد أيضا في توظيف الانترنت لإيصال المستخدم إلى ما لم يكن يستطيع الوصول إليه في المراحل السابقة من تطور الوسائل الاتصالية . كما إن تكيف الحاسوب من حيث مرونة وسهولة الاستخدام ، بحسب ظرف المستخدم ورغبته ، قد مكنه من إجراء ما يريد ومع من يريد من اتصالات ، و الحصول على ما يرغب الحصول عليه من معارف و سلع و خدمات في

مختلف مناحي الحياة ، ومن مختلف مناشئها في العالم ، وهو محتفظ بقدر عـال مـن السـرية والكتمان في ما يفعل . وفي هذا ما يقرب حلم ماكلوهان حول تحول العالم إلى قرية صغيرة ، مـن أن يكون حقيقة واقعة تزول فيها الحواجز بين ثقافة الصـغار وثقافة الكبـار ، وتتنافذ فيها الخصوصيات الثقافيـة للشعوب ، وتطفو فيها على السطح أسرار الجميع ، لتكـون في متنـاول الجميـع ، وتنهار عـبر ذلك وبعـده حواجز أخرى كثيرة !

○   **تغير دور المرسل :**

لقد سبق لنا أن قلنا إن نوع الاتصال كان مركزيا ، و إن تدفق المعلومات كان في غالب الأحيان باتجاه واحد ، من المرسل إلى المرسل إليه عندما كانت وسائل الاتصال الالكترونية هي المهيمنة على النشاط الاتصالي . غير أن الحال قد تغير مع سيادة الوسائل الاتصالية التفاعلية على الساحة الاتصالية . وتبعا لذلك تغير دور المرسل من مدير مهيمن على العملية الاتصالية ، إلى مشارك فيها ، مرشدا مرة ، وموجها مرة أخرى ، ومحاورا مرة ثالثة . وتوسع هامش المتلقي ، مع التطور التكنولوجي لهذه الوسائل وتعدد مصادر الاتصال وتنوعها الكبير ، في اختيار نوع الوسيلة التي تناسبه ، والرسالة التي تستجيب لرغباته . كما أصبح أكثر قدرة على التعبير عن أفكاره ورغباته ، بما يساعد المرسل على تعديل رسالته بغية ضمان التفاعل مع المتلقي والتأثير فيه . وبعكس ذلك ، سيكون المرسل أمام احتمال دائم يتمثل في فقدان جمهوره من المتلقين ، الذين سيجدون ضالتهم عند مصدر آخر للاتصال أكثر استجابة لرغباتهم .

وفي هذا السياق يمكننا الإشارة إلى مفهوم " ديمقراطية الاتصال " التي تتيحها وسائل الاتصال التفاعلي ، من خلال تأمين أوسع حرية ممكنة للمتلقي في قبول أو رفض ما يتعرض له من رسائل . بل إن المرسل ، في ظل شيوع استخدام الوسائل التفاعلية ، لم يعد يمتلك نفس القدرة على فرض أفكاره ووجهات نظره على المتلقي ، كما كان الأمر من قبل . فغزارة مصادر الاتصال وتنوعها ، وتوفرها في كل وقت ، تمنح المتلقي فرصة دائمة للإفلات من طوق الوسيلة التي يتعرض لها ، بحثا عما يلائمه . لقد فرض ذلك الواقع بكل تأكيد .

نمطا آخر من المرسلين الذين يتوخون الحوار مع المتلقي ، والبحث عن أفضل الصيغ لإثارته وشد انتباهه ، تمهيدا لإقناعه ، إذا ما أراد المرسل الفوز في سباق كسب المتلقي والتأثير فيه. وربما يكون من المفيد التذكير بالقاعدة الاتصالية الذهبية ، وهي " أن " ما كل ما يقال يسمع ، ولا كل ما يسمع يفهم ، ولا كل ما يفهم يعمل بموجبه " .

وفي ميدان التربية والتعليم ، فان تطبيقات ما ذكرناه تبدو بالغة الأهمية . فالتربية بمفهومها الشامل ، تسعى إلى تحقيق أهداف محددة على مستوى الأفراد والمجتمعات ، تفرضها طبيعة الفلسفة التي تحكم المجتمع ومؤسساته العامة . كما إن التعليم بمفهومه المؤسسي المحدد في إطار التعليم والتعلم ، له هو الآخر أهدافه المحددة ، بوصفها المخرجات التي تسعى المؤسسة التعليمية إلى تحقيقها ، طبقا للاعتبارات التي تعتمدها في تغيير سلوك الطلبة ، ووضعهم على الطريق التي تضمن إطلاق طاقاتهم ، وتأمين حاجات سوق العمل إلى خبراتهم ، وضمان خدمة المجتمع ، وفق الرؤية التي تستند إليها فلسفته . هنا تصبح مهمة المربين أصعب بكثير في ظل الخصائص الجديدة للنشاط الاتصالي ، الذي يتطلب الموازنة الحذرة بين متطلبات ديمقراطية الاتصال ، وبين ضمان تحقيق الأهداف الموضوعة سلفا للنشاط التربوي والتعليمي . وهي ، بلا أدنى شك ، معادلة تتطلب المحافظة على توازنها، الكثير من المعرفة العلمية والحكمة ، من قبل صناع القرار و المسؤولين عن شؤون هذا الحقل .

الخلاصة :

إن خلاصة القول فيما يتعلق بخصائص الوسائل الاتصالية التفاعلية ، هو أنها أوجدت واقعا اتصاليا جديدا ، تغيرت فيه كثير من المفاهيم والمسلمات التي كانت سائدة في المراحل السابقة من تطور وسائل الاتصال . وأن الوسط التربوي والتعليمي لم يكن مختلفا عن بقية القطاعات الحياتية ، التي خضعت لمتغيرات هذا الواقع ومتطلبات مواكبته . وبقدر تعلق الأمر بالميدان التربوي وتطبيقات الاتصال التربوي ، فان الواقع الجديد هذا يتطلب إعادة نظر شاملة وموضوعية وعلمية ، بجملة ما اعتاد عليه هذا الميدان من تطبيقات . هذا

إذا ما أردنا أن نستثمر حقنا الإنساني في الإفادة من نواتج التكنولوجيا الاتصالية المعاصرة ، والمحافظة في الوقت ذاته على أصالتنا وهويتنا الثقافية والتربوية ، وبناء الإنسان بما لا يؤدي إلى التفريط بأي من الاثنين ، الأصالة ، والمعاصرة .

٤

الفصل الرابع

الإتصال التربوي في الميدان :

الإعــلام التربــوي

مفهوم الاعلام التربوي

مؤسسات المجتمع والإعلام التربوي

الاعلام التربوي في المؤسسة التربوية

الدوائر المعنية بالإعلام التربوي في المؤسسة التربوية

الاعلام التربوي في المؤسسات التربوية العربية

تطوير الاعلام التربوي في المؤسسات التربوية العربية

وسائل الاعلام التربوي في الميدان

الحملات الاعلامية التربوية

- الجمهور المستهدف في الحملات الاعلامية

- مبررات الحملات الاعلامية

- مكونات خطة الحملة الاعلامية

الفصل الرابع

الاتصال التربوي في الميدان :

الإعــــلام التــــربوي

مفهوم الإعلام التربوي:

لقد تبنينا منذ بداية هذا الكتاب إطارا شموليا لمفهوم الاتصال التربوي ، يتصل بكل ما يتعلق بهذا المفهوم من تطبيقات اتصالية ذات محتوى وأهداف تربوية عامة ، أي متصلة ببناء الإنسان والمجتمع فكرا وسلوكا ، أو تعليمية ، أي متصلة بالتعليم والتعلم ونشاط المؤسسة التعليمية على وجه الخصوص . والاتصال التربوي بهذا المعنى ليس نشاطا مقتصرا على المؤسسة التعليمية حصرا ، كما كان سائدا في الأدبيات الإعلامية والتربوية ، وإنما يشمل تطبيقات الاتصال ذات الصفة التربوية ، على مستوى المؤسسات الاجتماعية كافة ، ومن بينها المؤسسة التعليمية بجميع اتجاهاتها ومستوياتها.

لقد سبق لنا أن قسمنا نشاط الاتصال التربوي من حيث المحتوى والأغراض إلى خمسة أنماط أساسية هي : الاتصال الإعلامي ، و المعلوماتي ، والتعليمي ، والإداري، والعلاقات العامة . ولكل من هذه الأنماط أهدافه وأغراضه ، ولكل منها أساليبه وأولوياته وتوجهاته في مخاطبة جمهوره . ورغم صعوبة وضع حدود قاطعة بين هذه الأنماط ، بحكم تداخلها وتشابه بعض مهامها مع البعض الآخر، وبحكم تنوع تطبيقاتها ، إلا أن من الممكن للقارئ الكريم أن يميز الخصائص الأساسية لكل من هذه الأنماط وحدود ميدانه التطبيقي . وهو ما سنجتهد في توضيحه في هذا الفصل والفصول اللاحقة من هذا الكتاب .

وتأسيسا على ذلك فان الإعلام التربوي ، طبقا للمفهوم الذي اعتمدناه في هذا الكتاب، هو جزء من الاتصال التربوي ، وليس رديفا له في المعنى ، كما يذهب عدد غير قليل ممن كتب في هذا الموضوع . إن الاعلام التربوي من حيث وظيفته ، هو النشاط المتعلق

بالنشر ، والإخبار ، وإذاعة المعلومات المسموعة والمرئية والمقروءة ، وإبلاغ الجمهور بها، وإشاعة الأفكار، وتعميم الاتجاهات ذات المحتوى التربوي والمقاصد التربوية بأشكالها المختلفة ، عبر قنوات الاتصال ووسائله المباشرة وغير المباشرة ، وما يتصل بإشاعة هذه المعلومات والمواقف والاتجاهات بين الجمهور، وحث الجمهور على تقبلها والتفاعل معها. ويمثل الإعلام التربوي ، طبقا لهذا الفهم ، جانبا واحدا فقط من جوانب العملية الاتصالية التربوية التي سبقت لنا الإشارة إليها ، وهو الجانب الإعلامي .

إن الاعلام التربوي ليس نشاطا لاحقا للأحداث ، مهمته الإفصاح عنها أو تفسيرها فحسب ، بل إن مهمته الأساسية هي تشخيص مواطن القوة والضعف في العمل التربوي، والكشف عما يتطلع إليه المهتمون بالتربية وجمهور المؤسسة التربوية ، وإعانة متخذ القرار في اتخاذ القرارات الصائبة ، في ضوء ما تضعه أمامه الدوائر المتخصصة في الإعلام التربوي من معلومات جديدة و شاملة ودقيقة ، ومن تجارب وأفكار تداولها العالم قبله ، ولفت نظر متخذ القرار إلى ما يعاني منه الوسط الذي يعمل فيه ، والوسط الذي يتعامل معه من مشكلات ، والاحتمالات التي يمكن أن يواجهها في حالة إغفالها . كما إن الاعلام التربوي الحقيقي يساعد كثيرا في تمهيد الطريق أمام المؤسسة التربوية لتنفيذ خططها ، وضمان مساندة المجتمع لها في ذلك ، وتعزيز دعم مؤسساته المختلفة . هذا فضلا عن الدور الذي يمكن أن يؤديه الاعلام التربوي ، بدوائره وتشكيلاته الإدارية المتخصصة ، في نشر الفهم المعاصر لدور الاعلام في العمل التربوي ، وتدريب الملاكات العاملة في المؤسسات التربوية وغيرها ، للقيام بأدوارها الصحيحة في هذا الإطار .

إن الميدان التطبيقي للإعلام التربوي لا يقتصر فقط على المؤسسة التربوية ، إنما يمتد ليشمل جميع مؤسسات المجتمع التي يتضمن نشاطها بصورة أو بأخرى جوانب تربوية ، ومنها أجهزة الإعلام المختلفة كالصحف والإذاعة والتلفزيون وشبكة المعلومات والاتصال الدولية (انترنت) ، والمساجد ، والجمعيات العلمية والثقافية ، والدوائر الصحية ، ومؤسسات السياحة والرياضة ، وغيرها . وعليه فإننا سنتناول بإيجاز النشاط الإعلامي

التربوي للمؤسسات الاجتماعية بصورة عامة ، ثم نتناول بعد ذلك بالتفصيل تطبيقات الإعلام التربوي في المؤسسة التربوية على وجه التحديد .

مؤسسات المجتمع والإعلام التربوي :

تضطلع مؤسسات اجتماعية عديدة بمهام متنوعة ومتشعبة تتصل بالإعلام التربوي وببناء الإنسان روحيا ومعرفيا . وتسهم في تحديد اتجاهات الأفراد والجماعات بما يعزز البناء الاجتماعي ، وتوثيق أواصر التفاهم والتآلف فيما بينهم . ومع تطور التكنولوجيا وتمكن وسائل الاتصال من مخاطبة جمهورها على امتداد الكرة الأرضية ، أصبح الإعلام وسيلة للتفاهم بين الشعوب وتبادل الخبرات فيما بينها ، وتعرف طرائق العيش ، وأنماط التفكير السائدة ، وحل المشكلات التي تواجهها على نحو غير مسبوق .

و يذهب البعض إلى القول بأن أول تطبيقات الإعلام التربوي تبدأ داخل محيط الأسرة الضيق ، الذي يمثل البيئة الصغيرة الأولى التي يتعايش معها الفرد ، مبتدئا بالبحث عما يدور حوله ، ومتطلعا بعد ذلك إلى معرفة ما يدور خارج هذه البيئة الصغيرة . وإذ يسمع الطفل أخبارا عما يجري خارج تلك البيئة ، فانه يبدأ بالتعرف إلى ملامحها الأولى ، ثم يسمع من والديه وإخوته الكبار وصفا لما يدور خارج المكان ، يطلع من خلاله على خصائص أخرى ... وهكذا ، محاولا جمع أجزاء الصورة التي عليها البيئة خارج المحيط الذي نشأ فيه .

وهكذا تتسع الدائرة عبر قنوات أخرى عديدة ، عبر التعرض المتكرر إلى مصادر الإبلاغ والنشر والإعلام المختلفة ، فالمساجد ودور العبادة والمؤسسات الدينية تسعى من خلال ما يتاح لها من وسائل مباشرة وغير مباشرة ، إلى نشر تعاليم الأديان والتعريف بها ، ودعم ما تريد نشره ، بما يمكنها من حجج وبراهين ، مستعينة بالنصوص والوقائع وسير الأولين وما إلى ذلك ، وربطها بحياة الناس وممارساتهم اليومية ، تحقيقا لما تسعى إليه من أهداف . وهي في هذا توظف الخطب والاحتفالات الدينية والأحاديث المباشرة ، وما يتاح لها من وسائل النشر المعروفة كالصحف والإذاعة والتلفزيون ، والنشر على مواقع الانترنت .

وعلى مستوى المؤسسات العلمية والثقافية أيضا ، نجد أنها تستخدم الأعلام لأغراض ذات صلة ببناء الفرد وتنمية قدراته المعرفية والثقافية ، وبالتالي في تنمية قدرات المجتمع ككل في هذا الإطار ، من خلال عقد الندوات والمحاضرات والمؤتمرات ، والدعوة إلى حضورها والإسهام في تغذيتها ، وبثها عبر وسائل الاتصال المتاحة ، سعيا منها لجعل الثقافة التي تتبناها شائعة بين أفراد الجمهور الذي تتوجه إليه . ومن الأمثلة على هذا النشاط ما تقوم به المكتبات العامة والمتخصصة في نشر الكتاب ، والإعلام بالنتاجات التي تتوفر فيها من دوريات ومجلات ومصادر ومراجع وموسوعات ، وما إلى ذلك من منشورات.

كما تسعى المؤسسات الصحية إلى التعريف بالأمراض والمشكلات الصحية التي يواجهها الناس في حياتهم اليومية . وترفق نشرات تعريفية مع كل دواء للتعريف بماهية الدواء واستخداماته ، فضلا عما تسعى إلى تقديمه عبر وسائلها الاتصالية من نصائح وإرشادات بما يعزز الممارسات الصحية الصائبة ، والتعريف بكيفية التعامل مع الحوادث والإصابات والاضطرابات الصحية في المواقف المختلفة . وهذه جميعا تدخل في إطار تطوير قدرات الأفراد والمجتمعات ومعارفهم ومهاراتهم ، في مواجهة ما يعترضهم من مشكلات صحية . وهي في النهاية عمل يرتبط بالتربية وأهدافها ، ويدخل ضمن اهتمامات الإعلام التربوي على المستوى الاجتماعي العام . وربما تكون الحملات الصحية التي نشهدها على المستوى المحلي والإقليمي والدولي ، والتي ترافق انتشار مرض ما ، وما يرافق هذه الحملات من توعية وبرامج إعلامية متنوعة موجهة إلى شرائح مختلفة من المجتمع ، أمثلة على الجهود الإعلامية التربوية التي تسعى إلى تغيير الاتجاهات والممارسات من خلال تطوير خبرات الجمهور وقناعاته ومواقفه بالاتجاه الصحيح .

ولو التفتنا إلى ما تقوم به المؤسسات والشركات السياحية من جهود لتعريف الجمهور بالمواقع التاريخية ، عبر المنشورات المصورة والأفلام والبرامج الإذاعية ، وما يتبع ذلك من توعية بأهمية التاريخ ومراحل تطوره ، ووقائعه البارزة ، وما تضمنه التاريخ من مواقف وخبرات متراكمة ، وما مر به من شخصيات لمعت فيه بصفاتها وأعمالها ، وكانت لها أدوارها في توجيه متغيراته ، لوجدنا جهودا إعلامية ذات صلة وثيقة بالتربية وبأهدافها.

وهي جميعا تصب في هدف زيادة وعي الأفراد والمجتمعات وخبراتهم ، وتعمق قدراتهم في تطوير الحياة والإفادة من ما تراكم عبر التاريخ من دروس وعبر وتجارب لهذا الغرض .

أما مؤسسات وأجهزة الاتصال الأخرى، التي يعد النشر والإعلام مهمتها الأساسية، والتي تتمثل على وجه الخصوص بمؤسسات الصحافة التقليدية والصحافة الالكترونية والإذاعة والتلفزيون والسينما والانترنت ، فقد اهتمت منذ بداياتها بالنشر ـ والإعلام ذي الصفة التربوية . وعنيت بتوجيه جزء من خطابها إلى شريحة الطلبة وأولياء أمورهم ، فضلا عن المعلمين والمهتمين بشؤون التربية والتعليم . ولو دققنا النظر في اهتمامات هذه الأجهزة لوجدنا أنها تصب هي الأخرى ، بشكل مباشر أو غير مباشر ، في النشاط الإعلامي التربوي .

الصحف التقليدية مثلا ، بات بعضها يصدر ملاحق خاصة بالشؤون التربوية ، بينما يفرد البعض الآخر صفحات يومية أو أسبوعية موسعة لأخبار التربية وشؤونها المتنوعة . بل إن بعضها قد تخصص في التربية ومجرياتها اليومية ، وقصر كل اهتمامه بما يتعلق بنشر الفكر التربوي والتوعية بفلسفته ومنجزاته ، ونشر البحوث العلمية المعنية بالتربية والتعليم والتجارب الحديثة في تطوير المناهج والوسائل التعليمية وما إلى ذلك من حقول التربية ، كما هو الحال مع المجلات التي تتبنى إصدارها هذه الصحف . هذا علاوة على أن بعض الصحف صارت تصدر كتبا دورية أو سلاسل مقروءة للأطفال أو الكبار تسهم في إثراء النشر ـ التربوي ، وتوسيع آفاقه خارج حدود النشاط الإعلامي للمؤسسة التربوية .

أما الصحف الالكترونية فقد وفرت علاوة على ما توفره الصحف التقليدية من فرص للنشر والإعلام ، ما يدعى بصحائف الحوار التي توفر فرصا لتبادل الآراء والأفكار والخبرات المدعومة بالصورة والصوت ، والانتقال السريع عبر ما تؤمنه شبكة الانترنت من إمكانات الارتباط التشعبي ، للاطلاع على ملفات ومعلومات منشورة على آلاف المواقع الالكترونية . وهي فرصة يستفيد منها ملايين المعلمين والطلبة والمهتمين بالتربية والتعليم على امتداد العالم ، حتى أصبحت القدرة على نشر ـ الأفكار والإعلام بها سبيلا لتأسيس

مجموعات حوارية تخصصية ، يلتقي فيها أفرادها من الطلبة أو المربين ، للتداول بخصوص شؤونهم وقضاياهم التربوية المشتركة .

أما على صعيد الإذاعة ، فان ما يقرب من قرن من الزمن حتى الآن قد أثبت قدرة هذه الوسيلة على الإسهام الفاعل في نشر الخطاب التربوي وتعميمه ، وإتاحة الفرصة أمام المهتمين بالتربية والتعليم للاطلاع على آخر الأخبار والمستجدات التربوية ، ولإيصال أفكارهم وهمومهم التربوية إلى الآخرين ، وتبادل الخبرات معهم بشأنها . وما البرامج الحوارية في الشأن التربوي في الإذاعات المتنوعة البرامج ، أو الإذاعات المتخصصة الموجهة لشرائح التربويين والطلبة ، وكذلك إذاعة المسابقات العلمية ونقل المهرجانات والاحتفالات التي تقام في المؤسسات التربوية أو خارجها ، وغير ذلك من الأنشطة ذات الصفة التربوية ، إلا أمثلة على اتساع مساحة ما تقدمه هذه الإذاعات من نشاط إعلامي تربوي له أثره البالغ في مجال الإخبار والنشر والإبلاغ التربوي في أوساط جمهور المستمعين . ولا شك أن خصائص الإذاعة ، من حيث سعة المساحة التي يغطيها البث الإذاعي ، وكذلك صفة الآنية والواقعية , والقدرة على مخاطبة جمهور واسع مرة واحدة ، وعلى طول ساعات اليوم ، قد أعطى الإذاعة تفوقا في إمكانات النشر والإبلاغ وتداول ما تنقله من أخبار ووقائع ومعلومات وخبرات بين مستمعيها من المعنيين بقضايا التربية والتعليم .

أما التلفزيون والسينما ، فإن الوسيلتين تفوقتا على الإذاعة في قدرتهما على نشر ـ الصورة الثابتة والمتحركة ، على نحو أعطى نشر ـ الخطاب التربوي ، بكل أشكاله ، طاقة أكبر في التأثير في جمهور المشاهدين . لذلك فقد أسهمت الوسيلتان ، كل منهما بمقدار ، في توفير النشر المصور المصحوب بالصوت ، مما سهل الانتقال بالقدرة على إبلاغ المتلقين وإعلامهم إلى أفق آخر أوسع وأكثر تأثيرا . وهكذا أمكن نشر ـ أخبار الوسط التربوي بشكلها المصور ، وعرض الإصدارات التربوية ، والوقائع ذات المحتوى التربوي التي تحدث في الحياة العامة ، علاوة على عرض الأفلام الوثائقية والروائية بما تحمله من أبعاد تربوية وأنماط تفكير وطرائق عيش وسلوكيات مختلفة . أضف إلى ذلك ما قدمته هاتان الوسيلتان ، وبخاصة التلفزيون ، من متابعات لما يستجد من تغيرات في الوسط التربوي ، وفي مجال

إجراء التحقيقات التلفزيونية عما يحدث في هذا الوسط من ظواهر ايجابية أو سلبية ، بغية تسليط الضوء عليها و كشفها ، ونشر ما يتصل بها من ملابسات و تفاصيل ، لكي تكون أمام الرأي العام .

وتقف شبكة الانترنت اليوم في مقدمة وسائل الاتصال التي تمارس الإعلام بمعنى النشر ـ والإخبار والإبلاغ ، على نحو يفوق كل ما سبقها من الوسائل الإعلامية . فعلاوة على كون الانترنت مركبا اتصاليا يضم جميع خصائص وإمكانات الوسائل الأخرى تقريبا ، فإنها تستدعي مستخدمها للمشاركة بصورة فاعلة في البحث عن المعلومة والخبر والخبرة التي يريد . بمعنى آخر، فان الانترنت تستحث مستخدمها للإفادة من عملية النشر والإخبار بحسب حاجاته ورغباته . بل إنها تضعه أمام سيل لا ينتهي من المواقع والصفحات التي يولد بعضها بعضا ، وتنتقل بالمستخدم من حقل لحقل عبر الارتباطات التشعبية ، لتكشف له عن ملفات جديدة ونشريات مضافة من كل مكتبات العالم ، فضلا عن المكتبات الالكترونية الغزيرة المراجع على اختلاف أنواعها .

على أن بعض الباحثين في حقل الإعلام التربوي الذي تقوم به المؤسسات الاجتماعية غير المتخصصة في التربية ، قد يتحدث عن أن أهدافا أخرى ذات سمة نفعية أو مصالح مادية ، هي التي تدفع بعض هذه المؤسسات وغيرها إلى القيام بما تقوم به من جهود إعلامية. غير أن ذلك في واقع الأمر لا يغير من حقيقة أن نتائج تلك الجهود تنتهي إلى ما يدعم جهود التربية في بناء الفرد والمجتمع . بل إن العديد من هذه المؤسسات إنما تستعين بخبرات تربوية وإعلامية للقيام بهذه المهمة ، فضلا عن أن بعضها يتخذ من ساحات المدارس، والمناهج الدراسية ، والأنشطة المدرسية ، أدوات لنشر ـ أفكاره وتحقيق أهدافه وشن حملاته التثقيفية ، كما هو الحال مع برامج المؤسسات الصحية المحلية ، أو منظمة الصحة العالمية ، أو منظمة الأمم المتحدة للطفولة (يونيسيف) على سبيل المثال ، على الرغم من أن هذه الجهات ليست مؤسسات تربوية في الأساس .

ومما تجدر الإشارة إليه هنا أن هناك توجها متناميا لدى المؤسسات التربوية المتخصصة في مختلف دول العالم ، وخاصة في الدول النامية ، بحكم قلة مواردها ، وتشتت الجهود التي تبذلها هي ، وتلك التي تبذلها الجهات الأخرى خارج المؤسسات التربوية ، وعدم وجود التنسيق الكافي فيما بينها لتحقيق أهدافها المشتركة ، إلى تأسيس لجان أو شعب إدارية دائمة وهيئات مشتركة ، غرضها المتابعة مع المؤسسات الأخرى من خارج الميدان التربوي ، بغية تنظيم عملها المشترك وتنسيق توجهاتها ، بما يضمن تحقيق الأهداف التربوية للجميع ، دون ضياع في المال أو الوقت أو الجهد .

أضف إلى ذلك أن المؤسسات التربوية تسعى دائما إلى ملاحظة ما تقوم به المؤسسات الأخرى من نشاط إعلامي له صلة بالأهداف التربوية التي تسعى إلى تحقيقها ، للوقوف على مدى ما يتقاطع منه مع برامجها ومناهجها الدراسية ، بغية معالجة ما يمكن أن ينشأ بسبب هذا النوع من التشتت والازدواجية ، من تقاطع أو تضارب في التوجهات يدفع ثمنه المتعلم ، وتبعا لذلك المجتمع كله ، في نهاية الأمر .

الإعلام التربوي في المؤسسة التربوية :

من المعلوم أن المؤسسة التربوية ، بمعناها الشامل الذي يضم ما ينضوي منها تحت القطاع الحكومي أو القطاع الخاص ، تتميز بالتعامل مع شرائح المجتمع كافة ، ذلك أن تلاميذ المدارس وطلبتها ينحدرون من أسر متباينة من حيث المستوى الاجتماعي والاقتصادي ، ومن أعراق وقوميات وأديان مختلفة ، تؤلف بمجموعها جميع الشرائح في المجتمع . هذا إذا استثنينا فئات العاملين في مثل هذه المؤسسات من المعلمين والإداريين والفنيين والقائمين على قطاع الخدمات المساندة لعمل هذه المؤسسات وغيرهم . يضاف إلى ذلك أن جمهور المؤسسة التعليمية من الطلبة يضم جميع الفئات العمرية ، ويعد الأوسع والأكثر تنوعا وانتشارا ، مقارنة بالفئات الاجتماعية التي تستهدفها بقية المؤسسات . هذا فضلا عن أولئك الذين يواصلون دراستهم من الكبار في برامج محو الأمية ، وفي مراحل

السلم التعليمي المختلفة في التعليم العام والخاص ، في مختلف التخصصات ، ومن الفئات الاجتماعية كافة .

وعلى أساس هذا الشمول والتنوع والانتشار في طبيعة مهمة المؤسسة التعليمية ، فان الحاجة إلى الإعلام التربوي تبدو أساسية في مخاطبة جمهور من هذا النوع ، بقصد نشر الوعي ببرامجها وتوجهاتها ، وتشكيل الاتجاهات الداعمة لسياساتها ، وتعريف جمهورها من الطلبة والمعلمين والعاملين وأولياء الأمور وغيرهم ، بما يتوجب نشره من معلومات ، فضلا عن توفير فرص النشر والإعلام عن نشاط جمهورها نفسه ، وإشاعة الوعي بما ينجزونه على مختلف الأصعدة . ومن هنا جاء تعدد مهمات الإعلام التربوي وتنوع أدواته وأساليبه ، لكي يستطيع مخاطبة أكبر عدد من أفراد جمهوره ، ويستجيب لحاجاتهم ورغباتهم المتنوعة .

على أننا هنا لا بد أن نشير إلى قضية غاية في الأهمية ، وهي أن الإعلام التربوي الذي نتحدث عنه ليس دائرة محددة أو قسما إداريا معرفا ، مهمته القيام بمهام الإعلام التربوي . ذلك أن أي تنظيم إداري ، مهما كانت سعته أو موقعه أو مستوى صلاحياته الإدارية ، ومهما توفر له من إمكانات بشرية ومادية ، لا يستطيع النهوض بمفرده بمهام الإعلام التربوي الكثيرة والمتشعبة ، والتي أشرنا إلى أنها تشمل طيفا واسعا من عمليات النشر والإبلاغ والترويج والتعريف . وعلى هذا الأساس ، فان تنظيمات إدارية عدة داخل وزارات التربية والتعليم أو المؤسسات التربوية الأخرى ، كالجامعات والمدارس والمعاهد والمراكز العلمية والبحثية ، تتضافر جهودها جميعا لتأمين هذه العمليات ، كل في مجال تخصصه وتحقيقا لأهدافه . لكن جميع هذه الجهود تنضوي تحت مظلة النشاط الإعلامي التربوي .

الدوائر المعنية بالإعلام التربوي في المؤسسة التربوية :

يمكن أن تشمل التشكيلات والتنظيمات الإدارية المعنية بالإعلام التربوي في المؤسسة التربوية بشكل عام ، وعلى مستوى المعاهد والجامعات والمدارس بصورة خاصة ، والتي تضطلع بمهام الإعلام التربوي ، وهي النشر والإبلاغ والترويج والتعريف ، والتي سبق أن أشرنا إليها بوصفها جزءا من وظيفتها ، ما يأتي :

- الدوائر والتنظيمات الإدارية المعنية بنشر المناهج الدراسية وملحقاتها من الأدلة الخاصة بالمشرفين والمعلمين والطلبة والعاملين المساعدين ، والتي تسهم في التعريف بما ينبغي عمله من قبل هؤلاء جميعا ، كل بحدود ما يقتضيه دوره في العملية التربوية والتعليمية .

- المكتبات المركزية في مركز المؤسسة التربوية والفروع التابعة لها ، ومكتبات المدارس والجامعات التي تمثل وسائل مهمة للنشر والإعلام بما يستجد من منشورات المؤسسة التي تعود إليها ، علاوة على ما يصدر عن هذه المكتبات نفسها من كشافات وأدلة ودوريات مطبوعة ، أو تنشره على مواقع الانترنت للإعلان عما يتوفر لديها من مراجع ووثائق .

- مراكز المعلومات التي تتولى نشر التقارير والدراسات والدوريات التي تصدرها ، والإعلان عنها وتعريف الجمهور بها ، عن طريق وسائل الاتصال المختلفة كالصحافة والإذاعة والتلفزيون .

- دوائر النشر التابعة للمؤسسة التربوية ، والتي تصدر المجلات والصحف المتخصصة والمنشورات الخاصة بالتعريف بنشاطات المؤسسة التربوية ، ومواعيد الدراسة وأجورها ، وشروط القبول ، والامتحانات في المدارس والجامعات التابعة لها ، وما يتعلق بامتيازات الانتماء لمؤسساتها التعليمية ، وإعلان نتائج القبول والتخرج وما إلى ذلك .

- الدوائر المسؤولة عن إدارة المتاحف التربوية ، و تنظيم المعارض والمهرجانات والمؤتمرات التربوية ، و التي تقوم بدور بارز في عرض تاريخ المؤسسة ومنجزاتها ومراحل تطور العمل فيها ، والتعريف بتجاربها وحدود مسؤولياتها ، وعرض الإحصاءات والمعلومات ذات الصلة بهذا التطور .

- دوائر المؤسسة ذات الصفة الإعلامية المعنية بنشر أخبار المؤسسة التربوية ، وما يستجد لديها من تغييرات في مواقع العاملين ، وطبيعة أعمال الدوائر التابعة لها ، والتعليمات والقرارات والقوانين التي تهم المتعاملين مع المؤسسة وتسهل تطبيقها ، والدوائر المسؤولة عن توزيع مثل هذه الأخبار والمعلومات على وسائل الاتصال بغية إعلام المتلقين المستهدفين بها من الطلبة والمعلمين وأولياء الأمور والجهات المساندة للمؤسسة في عملها والجمهور بصورة عامة .

- إدارات المعاهد والمدارس واللجان التي تشكلها لإعلام معلميها وطلبتها بالتعليمات والجداول الدراسية ، وتنظيم المهرجانات والاحتفالات المدرسية ، والإشراف على النشرات الجدارية والإذاعة المدرسية ، والمكتبة ، وإقامة المعارض والسفرات العلمية والسياحية ، وإعلام أولياء الأمور بمواعيد ومقررات مجالس الآباء والمعلمين ، وما إلى ذلك من الأنشطة ذات الطبيعة الإعلامية .

الإعلام التربوي في المؤسسات التربوية العربية :

لقد استخدم تعبير " الإعلام " و " الإعلام التربوي " و " الاتصال التربوي " وغيرها من التعبيرات في المؤسسات التربوية العربية عبر عقود من الزمن ، بشكل هلامي غير محدد المعالم ، وغير متفق عليه أيضا . وقد أنشئت في المؤسسات التربوية العربية أقسام أو وحدات أو شعب إدارية خاصة معنية بالنشاط الإعلامي التربوي ، ترتبط عادة بالمسؤول الأعلى أو من ينوب عنه أو يمثله ، سواء كان ذلك على مستوى وزارات التربية والتعليم ، والتعليم العالي والبحث العلمي ، أو على مستوى الدوائر والتشكيلات الإدارية التابعة لها ، وصولا إلى المدرسة أو الكلية أو المعهد .

ومن الملاحظ أن هذه التنظيمات الإدارية الإعلامية ، ينظر إليها من قبل الإدارة العليا في غالب الأحيان بمعزل عن التنظيمات الإدارية الأخرى ، التي تقوم فعلا كما بينا ، ببعض المهام ذات الصلة بالنشاط الإعلامي التربوي ، الذي لا ينفصل من حيث المحتوى والوسائل عن تلك التي تقوم بها دائرة الإعلام المتخصصة بهذا النشاط . وتنشأ عن تلك النظرة التجزيئية عادة تقاطعات إدارية وازدواجية تربك عمل الدوائر داخل المؤسسة الواحدة .

كما إن تدني النظرة إلى النشاط الإعلامي في المؤسسة التربوية العربية في كثير من الأحيان ، وكأنه نشاط غير متخصص بعمل المؤسسة ، وأنه لاحق لعملها وليس أساسيا ، يؤدي إلى اختيار عناصر غير متخصصة للعمل في دائرة الإعلام التربوي ، أو أيا كانت تسميتها . ويظهر ذلك من مراجعة مؤهلات العاملين في هذا الدوائر التي تكشف أن نسبة عالية منهم لا يحملون مؤهلا إعلاميا تربويا ، ولم يخضعوا إلى دورات متخصصة في ممارسة مثل هذا النشاط الذي يتطلب ، كغيره من الأعمال التي يمارسها زملاؤهم في الدوائر الأخرى في الوزارة أو المؤسسة التربوية ، إلى دراية علمية وخبرة عملية في جوانب العمل الإعلامي وآلياته .هذا علاوة على ما هو مطلوب أصلا من معرفة بالوسط التربوي الذي يعملون فيه . وهو ما ينعكس سلبا على طبيعة ومستوى أداء الدائرة الإعلامية .

والى جانب ما يتصف به عدد غير قليل من دوائر الإعلام التربوي في المؤسسات التربوية العربية من ضعف في الملاكات البشرية المتخصصة والمدربة ، وقلة في عدد العاملين بشكل عام ، فإنها تشكو في غالب الأحيان من قلة التجهيزات التقنية والمعدات التي يتطلبها عملها من وسائط نقل وأجهزة اتصال وحواسيب وأجهزة تصوير وغيرها .

إن ما أشرنا إليه من الفهم السائد بين أوساط الإدارة العليا في معظم مؤسساتنا التربوية لطبيعة مهام الإعلام التربوي في المؤسسة ، لا ينعكس فقط على مستوى أداء العاملين في هذه الدوائر، بل كذلك ، وهو الأهم ، على مستوى الفائدة التي يمكن للمؤسسة أن تجنيها من عمل هذه الدوائر، فيما لو أعطتها ما تستحقه من اهتمام . فالإعلام التربوي في الدول التي أدركت مؤسساتها التربوية مدى ما يمكن أن تؤديه هذه الدوائر من مهام ، قد قطعت شوطا بعيدا على طريق وضع الإعلام التربوي في خدمة متخذ القرار ، وفي تسهيل

تطبيق توجهات المؤسسة التربوية ، وتوثيق صلتها بالمجتمع ، وليس الاقتصار على الدور الإخباري الهامشي ، كما هو الحال في المؤسسات التربوية العربية .

لقد اقتصر نشاط الإعلام التربوي في كثير من المؤسسات التربوية العربية ، استنادا إلى هذا الفهم لطبيعة عمله ، على أداء مهام تتعلق بتقصي الأخبار عن الترفيعات الوظيفية ، والإعلان عن المناسبات الاحتفالية وتغطيتها عبر الصحف ووسائل الإعلام الأخرى ، و متابعة شؤون النشر وتوزيع الصحف والمطبوعات ، وفي بعض الأحيان ، الاهتمام بمتابعة معاملات الوفود الزائرة وتوفير مستلزمات الضيافة والإقامة لها ، وسفر المسؤولين في المؤسسة للمشاركة في فعاليات يدعون إليها خارج مؤسستهم . مما يدخل في إطار العمل الخدمي التكميلي حسب .

إلى جانب ذلك نجد أن هناك فهما لحدود عمل الإعلام التربوي يقصر حدود نشاطه على ما يتعلق بالنشاط الإعلامي الذي تقوم به المؤسسة التربوية حصرا ، دون إدراك أن هذا النشاط هو جزء من نشاط إعلامي أوسع ، يشمل كل ما تقوم به المؤسسات والأجهزة الإعلامية الأخرى على مستوى المجتمع المحلي ، بل وعلى مستوى العالم كله ، من فعاليات إعلامية ذات صلة بالعملية التربوية . وهو ما يحدد نشاط الدوائر الإعلامية في هذه المؤسسة التربوية العربية ، ويجعلها بعيدة عن التفاعل مع نظيراتها في المؤسسات الأخرى ، ويضعف تأثيرها في نشاط تلك المؤسسات . وهو ما يمكن أن تكون له نتائج سلبية على طبيعة النشاط التربوي ، ومخرجات العملية التربوية عموما .

إن الجدل الساخن الذي نشهده أحيانا بين المربين والمؤسسة التربوية من جهة، وأجهزة الإعلام العام من جهة أخرى ، حول كيفية التعامل مع الأطفال والشباب مثلا، والآثار السلبية التي يمكن أن يتركها النشاط الإعلامي العام على هذه الفئات العمرية، ومشكلة العولمة الثقافية وآثارها على المنظومة القيمية للمجتمع ، وغير ذلك من الموضوعات ، غالبا ما يكون الإعلام التربوي في المؤسسة التربوية العربية الطرف غير المعني بها . إن ذلك ليس إلا مثالا من أمثلة كثيرة على تحجيم دور الإعلام التربوي ، كما نجتهد ، بسبب النظرة المتدنية لما يمكن أن تقوم به دوائر الإعلام التربوي في المؤسسة التربوية العربية من دور فاعل

في توضيح رأي هذه المؤسسة ، والإسهام في بلورة موقف اجتماعي عام حيال مثل هذه الظواهر ذات الأهمية الكبرى في حياة المجتمع .

تطوير الإعلام التربوي في المؤسسات التربوية العربية :

إن واقع النشاط الإعلامي التربوي في مؤسساتنا التربوية العربية يستدعي دراسة ميدانية متأنية لطبيعة النظرة السائدة لهذا النشاط ، وطبيعة المهام التي يضطلع بها ، والمشكلات التي يعاني منها ، علاوة على دراسة هيكلية المؤسسة التربوية ، بما يضمن تحويل هذا النشاط إلى رافد حقيقي من روافد تطوير العمل التربوي بصورة عامة ، من خلال وضعه في المسار الصحيح ليكون حقا سندا لمتخذ القرار ، وعونا للمؤسسة التربوية في كشف ثغرات عملها ، وفي البحث عن حلول لمشكلاتها في جميع مستويات العمل ومرافقه . وهو عمل يتطلب تضافر الجهود العلمية للمنظمات التربوية العربية والمؤسسات التربوية الوطنية ، مع الإفادة من الخبرات الدولية في هذا الحقل ، بغية النهوض بمثل هذه المهمة ، ووضع الحلول المناسبة للمشكلات التي تعترض تطوير هذا الحقل المهم من حقول عمل المؤسسة التربوية العربية .

نحاول هنا أن نجتهد في وضع بعض المقترحات التي تسهم في فتح الطريق أمام مؤسساتنا التربوية لتطوير النشاط الإعلامي التربوي فيها ، مؤكدين أن ما نقصده بالإعلام التربوي هنا ، هو ذلك الحقل من النشاط الاتصالي التربوي ، المتعلق بالإبلاغ والإخبار والنشر والتوعية ، وما إلى ذلك من مهام :

- إعادة النظر في فهمنا للإعلام التربوي على أساس ما استجد من تطور علمي في هذا الميدان أثبت أهمية هذا النشاط في تسهيل عمل المؤسسة التربوية ، والإسهام الفاعل في تحديد توجهاتها ودعم فعالياتها ، وليس على أساس ما تراكم من نظرة متدنية تتحدد بفهم الإعلام التربوي على أنه نشاط ثانوي لاحق لعمل المؤسسة .

- اعتماد التفكير النظمي في النظر إلى أنشطة المؤسسة التربوية ، بما لا يضع أفضليات في المهام الأساسية لعملها ومنها العمل الإعلامي . ذلك أن دراسة الإمكانات المادية والبشرية المتاحة ، والتخطيط العلمي لتوظيفها باتجاه تحقيق غايات محددة ، والتفاعل بين مفاصل العمل الإداري والتربوي في مختلف المستويات ، وإخضاعها للتقويم الدائم ، هو الذي يقود إلى النجاح في أداء أعمال المؤسسة والوصول إلى نفس المخرجات التي سبق تحديدها .

- فتح قنوات الاتصال والتفاعل بين دائرة الإعلام في المؤسسة التربوية والدوائر الأخرى التي تمارس أعمالا ذات صلة بالنشاط الإعلامي التربوي ، كدوائر التخطيط و التوثيق والمكتبات ومراكز الإحصاء والمعلومات وإدارات الامتحانات . والنظر إلى مجمل أنشطة هذه الدوائر على أساس أنها أنشطة متكاملة ومتفاعلة ، والابتعاد عن نهج الدوائر المغلقة الذي يتبع في بعض مؤسساتنا ، بقصد إظهار عمل كل دائرة أو قسم إداري مستقلا عن الدوائر والأقسام الأخرى .

- تفعيل التعاون بين الإعلام التربوي للمؤسسة التربوية والدوائر الإعلامية في المؤسسات الاجتماعية الأخرى ، بما يساعد الإعلام التربوي في أداء دور أكثر تأثيرا في الأوساط الاجتماعية الأخرى ، والإفادة في الوقت نفسه من التغذية الراجعة التي تنتج من جراء مثل هذا التعاون .

- رفد دوائر الإعلام التربوي باحتياجاتها من الأجهزة والمعدات والإمكانات والصلاحيات ، ومرونة التحرك التي تقتضيها طبيعة عمل هذه الدوائر لتسهيل انجاز المهام المنوطة بها ، وجعل معيار تقويم العاملين فيها مرتبطا بمستوى الأداء وحجمه وليس بساعات الدوام في مقر العمل . ذلك أن جل العمل الإعلامي ، بالمعنى الذي اعتمدناه ، هو عمل ميداني وليس مكتبيا .

- اختيار العناصر المؤهلة للعمل الإعلامي من المتخصصين ، الذين يمتلكون خبرات في هذا المجال ، وممن يتمتعون بقدرات تتناسب مع هذا النوع من الأعمال ، كالقدرة على الكتابة والحوار وبناء العلاقات الاجتماعية والعمل في ظروف مختلفة ، وأن يتم

اختيارهم من بين أصحاب المهارات العالية في استخدام التقنيات الحديثة ، والعمل على تنظيم دورات تدريبية مهنية لتطوير معارفهم ومهاراتهم ، والاطلاع على ما يستجد من مستحدثات في ميدان عملهم .

- العمل على تنظيم عمل الدائرة الإعلامية التربوية على أساس منهجي علمي منظم ، بعيدا عن النهج الاعتباطي المتبع حاليا في كثير من الحالات والذي تحكمه الصدفة أو اعتبارات أخرى ، والذي من شأنه أن يجعل النشاط الإعلامي لاحقا لمجريات عمل المؤسسة وحسب ، وليس عنصرا فاعلا فيها . وعليه لابد من تحديد أولويات العمل ومنهجيته وأسسه وآلياته وأهدافه بصورة واضحة للعاملين في الدائرة الإعلامية ، وللآخرين خارجها ، بحيث تنتفي حالات التقاطع والازدواجية الوظيفية ، التي يمكن رصدها بدون عناء في صلاحيات ونشاط الدوائر المختلفة ، داخل العديد من المؤسسات التربوية العربية .

- تخليص الدائرة الإعلامية من كثير من الأعباء الخدمية التي تثقل كاهلها حاليا من قبيل متابعة معاملات استقبال الضيوف وإقامتهم مثلا ، أو متابعة سفر المسؤولين وتأمين مستلزمات سفرهم واستقبالهم ، وإناطتها بشعب للعلاقات العامة تتولى عنها مثل هذه المهام .

- إبعاد الدائرة الإعلامية عن نهج ملاحقة أخبار المسؤولين واهتماماتهم ، والانتقال منها إلى الاهتمام الحثيث بمجريات عمل المؤسسة وخططها ومشاريعها الحيوية المستقبلية ومنجزاتها . إن ذلك أدعى إلى توثيق العلاقة بين الدوائر المختلفة داخل المؤسسة ، ومع المتعاملين معها من الجمهور والمؤسسات ذات الصلة بعملها من خارجها . كما انه يجعل الدائرة الإعلامية في قلب تفكير المؤسسة التربوية ، ويوظفها لتكون مركزا معلوماتيا يعين متخذ القرار على كشف ثغرات العمل ومعالجتها ، والوقوف أولا بأول على ردود أفعال الجمهور داخل المؤسسة وخارجها ، وكشف ما يبرز من مشكلات من جراء تطبيق قوانين المؤسسة وتعليماتها ، من خلال التواصل

المستمر مع الجمهور و رصد ردود أفعاله التي تنشر عبر الصحف ووسائل الإعلام الأخرى .

- وعلى مستوى المدرسة أو المعهد أو الجامعة ، فإننا نضيف إلى ما ذكرناه أعلاه ضرورة إشراك الطلبة في النشاط الإعلامي بوصفه موقفا يتعلم فيه الطلبة معارف ومهارات عديدة ، تتصل بتنمية خبراتهم وبلورة شخصياتهم والكشف عن مواهبهم . وهو ما يرتبط في النهاية بالأهداف التعليمية التي تسعى إلى تحقيقها المؤسسة التربوية عبر مثل هذه الأنشطة .

وسائل الإعلام التربوي في الميدان :

تستخدم دوائر الإعلام التربوي وغيرها من التشكيلات الإدارية التي تشترك معها في المهام الإعلامية ، واحدة من الوسائل أو القنوات الاتصالية أو أكثر في أداء مهماتها الإعلامية ، تبعا لما يتوفر لديها من إمكانات وخبرات ، وحسبما تقتضيه طبيعة المهمة التي تقوم بها . وقد يتطلب الأمر في بعض الأحوال حشد عدد كبير من هذه القنوات مرة واحدة ، وعلى مدى زمني طويل . وهو ما يحدث عند شن الحملات الإعلامية على سبيل المثال ، للتمهيد للمشروعات الكبيرة التي تتطلب إسنادا اجتماعيا واسع النطاق ، وتمهيدا للأجواء التي تساعد على إنجاح مثل تلك المشروعات . وقد رأينا ذلك مثلا في الحملات الإعلامية التي سبقت البدء بتطبيق شامل لمحو الأمية في بعض البلدان النامية ، أو كما يحدث في بدء العام الدراسي من كل عام لتهيئة المدارس والجامعات لاستقبال الطلبة والتعاون مع أولياء الأمور فيما يتعلق بذلك .

وللوقوف على أنواع الوسائل التي تستخدم في ميدان الإعلام التربوي لأغراض النشر والإبلاغ والتوعية ، سنحاول استعراضها بإيجاز ، مع توضيح بعض التطبيقات الميدانية التي تستخدم فيها هذه الوسائل على النحو الآتي :

- **الصحف والمطبوعات :**

تصدر بعض المؤسسات التي تمارس النشاط الإعلامي التربوي صحفا أو مجلات دورية منتظمة ، عادة ما تكون متنوعة الصفحات ، لتستوعب العديد من الأبواب كالأخبار. كما تهتم بالتعريف بأهم التطورات والوقائع الجديدة في ميدان العمل التربوي ، وما يتصل به من خارج المؤسسة التربوية ، وما يعرض من أفكار ويدور من مناقشات أثناء الاجتماعات التي تعقدها المؤسسة التربوية على جميع المستويات ، إلى غير ذلك .

ويتطلب هذا النوع من الصحف والمجلات توفرملاكات متخصصة في مختلف ميادين العمل الصحفي ، من كتاب ومصورين ومترجمين ومراسلين ومصممين وغيرهم . ولضخامة العمل في مثل هذه المطبوعات ، تلجأ العديد من المؤسسات التربوية إلى مؤسسات اخرى صحفية وفنية ، للتعاون معها على إصدار مطبوعاتها ، بينما تتولى هي الإشراف عليها من حيث المحتوى .

وتهتم بعض المؤسسات التربوية ، وبخاصة الجامعات ، بإصدار مجلات علمية متخصصة ، لنشر ما تنتجه المؤسسة من بحوث ودراسات ، ولتعريف الجمهور بما ينشر خارجها من النتاجات العلمية ذات الصلة بالعمل التربوي . وتشكل لهذه المجلات هيئات علمية ذات مواصفات خاصة تتولى الإشراف عليها ، وإخضاع البحوث والدراسات التي تنشرها للتحكيم العلمي ، لضمان توفر مواصفات البحث العلمي المعتمدة في المجلة في ما ينشر فيها من نتاجات .

وهناك نمط ثالث من المطبوعات التي تشمل المطويات (Folders) والإصدارات المؤقتة التي ترافق حدثا تربويا أو مناسبة تربوية ما . وهذا النوع من المطبوعات يعد الأوسع انتشارا بسبب سهولة إنتاجه وتوزيعه وقلة كلفه ، خاصة وأنه ينتج باستخدام الحاسوب ، ولا يتطلب عددا كبيرا من العاملين ، بل قد يصدر شخص واحد مثل هذه المطبوعات بدون عناء يذكر باستخدام نماذج عديدة متوفرة على الحاسوب ، وهي مصممة لتناسب احتياجات المستخدم المختلفة .

ولذلك فان هذا النوع من المطبوعات كثيرا ما يستخدم من قبل المدارس والمؤسسات التربوية الفرعية . وغالبا ما يكون استخدامه لأغراض الإعلان عن مناسبة أو حدث ما ، أو لفت انتباه سريع لجمهور المؤسسة التربوية لأمر ما . وعادة ما يشارك الطلبة في إنتاج مثل هذه المطبوعات لغايات تدريبة تمكنهم من اكتساب مهارات صحفية يصعب الحصول عليها بغير هذه الوسيلة .

● **الإذاعة والتلفزيون :**

تعد الإذاعة من أكثر وسائل الاتصال التربوي استخداما في ميدان النشر والإبلاغ والإعلام التربوي ، لما لصفات السرعة ، والانتشار ، ورخص الثمن ، وسهولة الحصول على المعلومة من قبل المتلقي وغيرها مما سبقت الإشارة إليه في فصل وسائل الاتصال التربوي ، من أثر في التفاف الجمهور حولها ، علاوة على سهولة إنشائها وإدارتها مقارنة بالوسائل ذات التقنية الأكثر تعقيدا كالتلفزيون والحاسوب .

وتستخدم الإذاعة على صعيد مقرات المؤسسة التربوية الرئيسة والفرعية ، كمراكز للاستعلام ونشر الأخبار التربوية والتوجيهات . كما تستخدم لتوجيه الإرشادات لمراجعي المؤسسة من الطلبة و أولياء الأمور وغيرهم لتسهيل إتمام معاملاتهم ، والإجابة عن تساؤلاتهم .

وتجري الإفادة من الإذاعة أيضا على صعيد المدرسة طوال السنة الدراسية ، في تنظيم الاصطفاف اليومي وتوجيه النداءات الداخلية للطلبة للالتزام ببعض التوجيهات ، علاوة على استخدامها في المناسبات المختلفة لتنظيم الاحتفالات المدرسية والندوات الموسعة والمهرجانات الرياضية ، وإعلان نتائج المسابقات التي تجري في مثل هذه المناسبات وغيرها. كما توظف المؤسسة التربوية القنوات الإذاعية الرسمية والإذاعات الخاصة المحلية ذات الانتشار الواسع في مخاطبة جمهورها .

بل إن بعض المؤسسات التربوية أنشأت لوحدها ، أو بالتنسيق مع مؤسسات ساندة أخرى ، إذاعات متخصصة في الشؤون التربوية ، غالبا ما تبث على مستوى مدينة أو ولاية . ويكون جزء من اهتمام هذه الاذاعات نشر الإخبار التربوية ، والإعلام بالقوانين والقرارات التربوية الجديدة ، إلى غير ذلك من اهتمامات الإعلام التربوي . هذا إلى جانب استخدام الإذاعة في الميدان التعليمي ، وهو ما سنعرج عليه لاحقا عند الحديث عن تطبيقات الاتصال التربوي في ميدان التعليم .

وأما التلفزيون ، فانه على الرغم من اشتراكه مع الإذاعة في كثير من الصفات ، كسرعة نقل الأحداث ، وتوفره في البيئة الاجتماعية ، وسهولة الحصول على المعلومة من قبل المتلقي ، علاوة على عنصر ـ الصورة الذي يقربه من المصداقية والشعور بالواقعية ، وهي عوامل ساعدت على انتشار استخدامه في حقل الإعلام التربوي ، فان التلفزيون يعد من الناحية الإنتاجية أكثر تعقيدا وأكثر كلفة من الإذاعة ، ويحتاج إلى مهارات أكثر تعقيدا من المهارات المطلوبة في الإنتاج الإذاعي .. لكنه مع ذلك يعد اليوم من أهم وسائل الإعلام التربوي نجاحا وتأثيرا .

لقد استخدم التلفزيون ، فيما عدا تطبيقاته التربوية التي سنتناولها فيما بعد ، في بث الأخبار ، والتعريف بمستجدات العمل في المؤسسات التربوية ، كنتائج الامتحانات ، ومواعيد القبول في المدارس والجامعات ، ونشر الإعلانات ذات الصلة بعمل المؤسسات التربوية ، وتنظيم الندوات التعريفية الخاصة بعمل الأقسام المختلفة وغير ذلك ، عبر القنوات التلفزيونية المحلية والعامة .

كما استخدمت محطات البث التلفزيوني المغلق (closed circuit television, CCTV) داخل المؤسسات التربوية للتواصل مع العاملين بصورة خاصة وكذلك مع المراجعين . وقد استعانت معظم المؤسسات التربوية بمؤسسات خارجية لإدارة مثل هذه المحطات ، لما يتطلبه الإنتاج التلفزيوني من مهارات وبنية تأسيسية مكلفة . ولهذا السبب يندر أن نجد مدرسة تتولى إدارة محطة من هذا النوع بمفردها . وكما هي الحال مع الإذاعات

التربوية ، فقد أنشئت محطات تلفزيونية تربوية متخصصة تغطي نشاط الإعلام التربوي، إلى جانب أنشطتها اهتماماتها الأخرى .

- **شبكة انترنت :**

على الرغم من حداثة استخدام الشبكة الدولية للمعلومات والاتصالات (الانترنت) في النشاط الإعلامي التربوي مقارنة بالصحافة والإذاعة والتلفزيون ، إلا أنها سرعان ما استحوذت على اهتمام المعنيين بهذا الحقل من إداريين ومعلمين وطلبة ، علاوة على أولياء الأمور . وهي ظاهرة مازلنا نجدها ضيقة الانتشار في بلداننا العربية ، وبخاصة في الحقل التربوي ، مقارنة مع ما حققته هذه الشبكة من نجاحات على مستوى البلدان المتقدمة علميا وصناعيا . صحيح أن هناك عوامل عديدة كالسرعة والواقعية وغزارة المعلومات وحداثتها ، هي التي تدفع مستخدمي هذه الشبكة إلى أن يقبلوا على استخدامها بصورة تتنامى بسرعة فاقت سرعة الإقبال على الإذاعة والتلفزيون في وقتهما ، لكن الأهم من ذلك ، وهو ما سبق لنا أن تناولناه عند الحديث عن وسائل الاتصال التربوي ، هو توفر التفاعل بين الحاسوب والمستخدم من جهة ، وبين الانترنت والمستخدم من جهة ثانية ، وما تتيحه الانترنت من فرصة للاستجابة لطلبات المستخدمين ، على المستويين الفردي والجماعي ، على اختلاف بيئاتهم الاجتماعية ، وتباين رغباتهم ، وتنوع مرجعياتهم القيمية والمعرفية . وهكذا أصبحت هذه الشبكة أكبر ناشر للمعلومات على الإطلاق ، المقروءة منها والمسموعة والمرئية . هذا فضلا عن توفير فرص الاستعلام للمستخدم بصورة حوارية مباشرة بالصورة والصوت.

لقد أصبحت شبكة الانترنت ، بما انطوت عليه من إمكانات ، وسهولة في الاستخدام ، ومرونة في الاستجابة لرغبات وحاجات المستخدم ، والقدرة على الجمع بين وظيفة الاتصال وحفظ المعلومات وتنظيمها ، المصب الكبير لمعظم وسائل الاتصال الأخرى ، بحيث يمكننا عن طريق هذه الشبكة ، تلقي الأخبار، واستقاء المعلومات من صحف و إذاعات ومحطات تلفزيونية عدة ، من مختلف بلدان العالم في آن واحد . كما إنها توفر للمستخدم القدرة على اختيار مئات المواقع التي تجمعها وحدة الموضوع ، في غاية السهولة والسرعة . وهو ما

يضع بين المعنيين بالتربية في مختلف مواقعهم ، سواء من العاملين في المؤسسات التربوية أو من خارجها ، وسيلة ذات مواصفات عالية ، لتقصي الأخبار ، والاطلاع على النشريات التربوية من صحف ودوريات وبرامج وكتب وإعلانات ، دون عناء يذكر .

أما على صعيد المدارس والجامعات ، فقد استخدمت شبكة الانترنت بصورة واسعة بوصفها وسيلة أساسية من وسائل الإعلام التربوي ، يستطيع الطالب وولي الأمر والباحث وغيرهم عن طريقها ، متابعة أخبار الحقل التربوي وما يحدث فيه وما ينشر عنه في جميع وسائل الإعلام ، سواء على المستوى المحلي أو على المستوى الدولي . هذا عدا ما يتعلق باستخدامها للأغراض التعليمية ، وهو ما سنتحدث عنه في الفصل الخاص بتطبيقات الاتصال التربوي في التعليم . فما ينشر أو يعلن عن الدراسات المتوفرة في الجامعات والمدارس في معظم بلاد العالم ، وأجور الدراسة فيها ، ومواعيد التسجيل ، وطبيعة المواد الدراسية والشهادات الممنوحة ومدتها ، إلى غير ذلك من تفاصيل ، كلها متاحة أمام المستخدم وقت الطلب ، ويجري تحديثها على مدار الوقت .

● **المتاحف والمعارض والرحلات :**

تعد المتاحف والمعارض والرحلات على اختلاف أغراضها و طبيعتها من أهم وسائل الإعلام التربوي المباشر . وهي إلى جانب الإفادة منها في توفير المتعة الفكرية والترويح والاسترخاء الذهني والتأمل ، فإنها توظف كذلك لأغراض التعريف والإخبار ونشر الثقافة المتخصصة .

فالمتاحف تضع أمام زوارها أجزاء مقتطعة من أحداث التاريخ ومفرداته ، وما تحمله من وقائع ودروس . وهي بهذا توفر للزائر فرصة الاطلاع على ما حدث في حقب تاريخية مضت ، والتعرف إلى طرائق عيش الناس في تلك الحقب ، والوسائل التي كانوا يستخدمونها في إدامة الحياة وتطويرها . وقد أسست العديد من المؤسسات التربوية متاحف تربوية

تخص تاريخ تلك المؤسسة وانجازاتها ، أو تاريخ بعض مشروعاتها وما يتعلق به من وثائق صوتية أو مقروءة أو صورية .

أما المعارض فهي تضع أمام زائريها ما يتصل بمشروعات حاضرة ، وتمكنهم من الاطلاع على مفردات المشروع واتجاهات العمل فيه ، كما يجري مثلا في المعارض الدولية التي يطلع فيها الناس على مدى ما تحقق في البلدان المختلفة من تقدم صناعي وزراعي وعلمي وغيره . وفي الميدان التربوي المتخصص تستخدم المعارض لاطلاع الجمهور على الأجهزة والأعمال اليدوية التي ينتجها الطلبة في نهاية كل عام دراسي على سبيل المثال ، أو ما ينجزه طلبة المدارس من نشرات جدارية أو وسائل تعليمية أو غيرها .

أما الرحلات فهي وسيلة الإعلام التربوي لجعل جمهوره يعايش الطبيعة بكل تفاصيلها معايشة مباشرة ، دون الحاجة إلى نقلها عبر وسيلة أخرى . وبهذا يستطيع المشاركون في الرحلة أن يتعرفوا ما في الواقع من معالم تاريخية و حضارية و سياحية وغيرها ، مما يشكل معينا ثرا يرفد المشاركين بكثير من المعارف والخبرات التي يصعب الحصول عليها بغير مثل هذه المعايشة المباشرة . أما الرحلات على مستوى المدرسة والجامعة ، فعلاوة على ما تحققه من أغراض تربوية وتعليمية ، فإنها تسهم كثيرا في تعريف الطلبة بالبيئة المحيطة بهم بكل تفاصيلها ، وتحقق الأغراض الاعلامية المتوخاة منها .

- **المسرح والاحتفالات والمسابقات :**

لقد استخدم المسرح منذ نضج الحضارات القديمة ، في نشر الأفكار وتعميم الرؤى ونقل القيم وطرائق التفكير ، واطلاع جمهور المتفرجين عليها ، وما يزال كذلك حتى الوقت الحاضر . وبهذا يعد المسرح من قرون طويلة وسيلة من وسائل الإعلام التربوي التي توجه خطابها بصورة مباشرة إلى الجمهور. وقد استخدم المسرح المدرسي والجامعي لأغراض عديدة ، منها اطلاع الجمهور على ما كتب في الأدب المسرحي ، فضلا عما كتب من روايات

وأعمال شعرية ، وسير الشخصيات البارزة من الأولين والمحدثين ، إلى غير ذلك مـما يحقـق أغراضـا تعريفية إعلامية ، إلى جانب الأغراض التربوية الأخرى .

أما الاحتفالات والمسابقات فهي الأخرى تتضمن أهدافا إعلامية ، وتعد من وسـائل الإعلام التربـوي المشوقة ، التي تلقى رواجا بين جمهورها مـن مختلـف الشرائح وفي مقـدمتهم الطلبة . وقد استخدمت الاحتفالات والمسابقات من قبل أجهـزة الاعلام العامة ومـن قبل المؤسسـات التربويـة بصـور شـتى ، وفي مواضيع مختلفة ، علمية وثقافية ودينية وسياسية واجتماعية وغيرها . ومعلوم أن جل ما ينشأ مـن فوائـد عبر مثل هذه الأنشطة ، كالإخبار والتعريف ونشر الأفكار وتعميمها ، إنما يدخل في باب الاعلام التربوي .

- **الندوات والمؤتمرات واللقاءات المفتوحة :**

وهي في غالب الأحيان تستخدم في تسليط الضوء على قضايا بحاجة إلى دعم من الجمهـور، مـما يقتضي إجراء نوع من الحوار المباشر معهم لإعلامهم بما هو مطروح من أفكار وحقائق ، وشرح الحاجـة إلى ما ينبغي عمله ، وما هو مطلوب لأغراض التنفيذ من قبل المستهدفين بالندوة أو اللقاء بالمقابل .

وإذ تختلف تسميات هذه اللقاءات بين نـدوة ، واجتـماع ، ومؤتمر ، ولقاء مفتوح ، ومقابلـة ، وجلسة حوار ...إلى غير ذلك من تسميات ، فان محتوى أي من هذه الأنشطة وطبيعته وأهدافه ، وطبيعـة الجمهور الذي نتعامل معه ، هي التي تقرر نوع النشاط المطلوب إقامته .

وقد تجري هذه الأنشطة بطريقة مباشرة مع الجمهور ، أو عبر وسيلة من وسائل الاتصال التـي تحدثنا عنها . غير أن العامل المهم في نجاح هذه الأنشطة هو التفاعل بين الطرفين ، وتمكين الجمهور مـن التلقي الواضح والتعبير عن آرائه بوضوح وصراحة أيضا .

الحملات الإعلامية التربوية :

عندما تقدم مؤسسة ذات ثقل كبير في المجتمع كالمؤسسة التربوية ، تـنعكس قراراتها وتجاربها على شرائح عديدة منه ، وتمتد تأثيراتها لزمن طويل ، على بدء مشروع كبير كمحو الأمية ، أو تغيير واسع في سياسات القبول الجامعي ، أو حوسبة المناهج الدراسية مثلا ، أو غير ذلك من تطويرات جوهرية في بنية التعليم وتوجهاته ، فان المؤسسة بحاجة إلى توفير المناخ المناسب لنجاح خطواتها في تنفيذ المشروع الـذي هي بصدده ، وبالتالي ، تحقيق أهدافها البعيدة من إقامة ذلك المشروع . ولكي تحقق ذلك ، فإنها تخطط لحملة إعلامية واسعة متعددة المراحل والاتجاهات ، وتشرك فيها جملة مـن وسائل الاتصال المقروءة والمسموعة والمرئية ، وتحشد لها إمكانات وطاقات من تخصصات ودوائر مختلفة في المؤسسة . بمعنى آخر ، فان الحملة الاعلامية التربوية هي بحد ذاتها مشروع إعلامي متكامل لخدمة قضية تربوية ، خـارج السياقات الاعلامية التقليدية .

مبررات الحملات الإعلامية :

إن جميع الفئات التي اشرنا إليها في أعلاه ، تحتـاج المؤسسـة التربوية إلى وقوفها إلى جانبها في مهمة تنفيذ مشروعها المزمع انجازه في وقت محدد وزمن محدد . ولذلك فان من الأهميـة بمكان تعريف هذه الفئات بالمشروع الذي ستقدم على إقامته ، والفوائد التي تسعى إلى تحقيقها ، وشرح أهمية المشروع الذي ستشارك هذه الجهات في إنجاحه . فبدون معرفة هذه الفئات بتفاصيل المشروع ومبررات إقامته , وإيمانها بضرورة مشاركتها في إنجاحه ، واقتناعها بما سيعود به على المجتمع من فوائد ، وربما على أفرادها كذلك ، لا يمكن للمؤسسة التربوية النجاح في إقامة مشروعها في الخطوات اللاحقة . وحتى لو أنجزت المؤسسة إقامة مشروعها كاملا ، فان الاحتمالات قائمة دائما في عدم تمكنها من توظيف المشروع لمـا أسـس من أجله ، لعدم توفر البيئة المرحبة به والمتفاعلة معه .

وعلى هذا الأساس ، لا بد للمؤسسة التربوية أن تضع خطة إعلامية بهدف التعريف بالمشروع وشرح أبعاده ، وإقناع هذه الأطراف بأهميته وضرورة المشاركة فيه ، وأداء دورها لدعمه ، وصولا إلى تسهيل حشد طاقات هذه الجهات المادية أو المعنوية أو الاثنتين معا لتكون في خدمة تنفيذ المشروع . وهو نشاط غالبا ما تغفله المؤسسات التربوية في بلداننا ، بسبب عدم إدراك أهمية الإعلام في إنجاح مثل هذه الخطوات الكبيرة ، والاعتقاد السائد بأن دور الإعلام إنما يأتي لاحقا للأحداث ، لا سابقا لها . لذلك فقد ساد نمط من العمل في الدوائر الإعلامية في المؤسسات التربوية في معظم بلداننا قوامه الارتجال ومنهج " الانتشار السريع " عند الحاجة أو طلب المسؤول ، لمعالجة حالة طارئة ، وبدون تخطيط مسبق في كثير من الأحيان .

وتجدر الإشارة هنا إلى أن الخطة الإعلامية هي خطة فرعية ، تمليها متطلبات الخطة الأساسية المتعلقة بإقامة المشروع نفسه . وتتضمن هذه الخطة عادة وصفا للأهداف ، ومراحل العمل وحلقاته الأساسية ، وأدوار الأطراف المشاركة فيه ، علاوة على توقيتات المشروع وموعد إطلاقه...الخ من تفاصيل . ونحاول هنا أن نضع خطوات الخطة الإعلامية بصورة عامة بحسب تسلسلها ، مؤكدين أن أية خطة لابد أن تكون لها خصوصياتها في الميدان . ولا تعد بنود الخطة التي نستعرضها إلا الهيكل الأساس للخطط الإعلامية التي اطلعنا عليها في الأدب النظري وما أتيح لنا أن نطلع عليه في الواقع العملي ، وتبقى كثير من الخطط بحاجة إلى لمسات إضافية تتناسب مع أهداف الخطة ، وتبعا للعوامل المحيطة بها .

مكونات خطة الحملة الإعلامية :

تشكل خطة الحملة الإعلامية التربوية مكونات أساسية عدة ، بغض النظر عن محتوى المشروع المزمع شن الحملة دعما له . ويمكن عرض مراحل وضع الخطة الإعلامية على النحو الآتي ، مؤكدين أن هذا التسلسل هو التسلسل المتبع عادة من حيث الخطوات العامة ، لكنه ليس نهائيا من حيث التفاصيل إذ إن ذلك خاضع لطبيعة الخطة نفسها وظروف تطبيقها :

● **تحديد أهداف الخطة :**

لابد لأية خطة إعلامية من أن تكون لها أهداف محددة ومصاغة بصورة واضحة لمنفذي الخطة والمشرفين عليها ، وطبقا لما يحتاجه المشروع التربوي المنوي تنفيذه . وتشكل هذا الأهداف المخرجات التي تريد الخطة تحقيقها في نهاية المطاف . كما تشكل نسبة ما يتحقق منها معيارا لقياس مدى نجاح الخطة في تحقيق أهدافها ، ومدى واقعيتها في التطبيق ، ودقة مراعاة الاعتبارات المحيطة بها . وتتباين أنماط أهداف الخطة الإعلامية بحسب طبيعة المشروع الذي تدعمه ، والزمن الذي يستغرقه تنفيذها . فهناك خطط تتطلب وضع أهداف قصيرة الأمد ، وأخرى متوسطة الأمد ، وثالثة بعيدة الأمد . وتحدد لكل منها المدة التي ينبغي تحقيقها فيها . في حين لا تتطلب خطط إعلامية أخرى مثل هـذا التقسـيم في الأهـداف ، لقصر المدة التي تطبق فيها ، أوتشابه مراحل تنفيذ الخطة ، مما لا يقتضي وضع أهداف من أنماط عدة .

● **تحليل الواقع وتحديد المستلزمات المطلوبة :**

لكي تكون الخطة الإعلامية واقعية وممكنة التنفيذ ، ولكي تتمكن من إحراز الأهداف الموضوعة لها ، لابد من قيام واضعيها قبل وضعها بدراسة الواقع ، والتعرف إلى معطياته وتحليلها ، ومعرفة مـا هـو متوفر فيها من إمكانات بشرية ومادية ، وما ينبغي توفيره من إمكانات مضافة ، سواء من داخل المؤسسـة أو من خارجها ، قبل إقرارها والمباشرة بتنفيذها.

إن كثيرا من الخطط الإعلامية التي توضع لدعم مشروع ما ، تخفق في تحقيق جزء مهـم مـن أهدافها . ويعود ذالك في غالب الأحيان إلى إغفال القائمين عليها فحص الواقع الـذي تطبق فيه الخطـة ، بغية التأكد من مطابقة الأهداف لواقع الحال ، وعدم القفز فوق مكونات الواقع الميداني وما يحفل به من معتقدات ومواقف وحاجات وإمكانات ومحركات ومتغيرات .

● **وضع بدائل متعددة للخطة :**

قبل إقرار الصيغة النهائية للخطة الإعلامية تجري مناقشة خطط مقترحة عدة وضعت لتحقيق الأهداف ذاتها . وفي النهاية يجري اختيار إحداها لتكون الخطة المعتمدة . أما الخطط الأخرى فتحفظ كخطط بديلة قد يجري اعتماد إحداها لاحقا ، بسبب ظهور متغيرات طارئة تقتضي ذلك .

ومن المهم هنا أن تتضمن الخطة المختارة زمن وضعها موضع التنفيذ ، وكذلك الأطراف المشاركة في التنفيذ ، والتزامات كل طرف منها ، واختيار الوسائل الاتصالية المناسبة وطرائق استخدامها ، وتحديد الجمهور المستهدف ، وما إذا كانت ستتوجه إليه عبر وسائل الاتصال الجماهيرية ، أم على مستوى العمل الواجهي الميداني داخل وخارج المؤسسة التربوية . هذا فضلا عن محتوى الرسائل المنوي توجيهها ، والكلف المالية المتوقعة ، والأشخاص الذين سيكلفون بالقيام بمهامها ، كل بحسب اختصاصه وخبراته . وتخضع جميع الاعتبارات التي ذكرناها آنفا للمناقشة من جوانبها كافة من قبل المسؤولين عن تنفيذها والإشراف عليها ، وذلك قبل إقرارها بصورتها النهائية .

وتجدر الإشارة هنا إلى أن بعض الحملات الإعلامية التربوية تتطلب إجراء مسوحات ميدانية و دراسات معمقة ، تعين واضعي الخطة على الإحاطة بما ينبغي الإحاطة به من حقائق الواقع الميداني وما خرجت به تجارب أخرى في أماكن أخرى من العالم .

● **وضع معايير التقويم :**

هنالك ثمة معايير معروفة تستخدم لمعرفة ما يتحقق من بنود الخطة . فبعضها يسبق تطبيق الخطة ، كما يجري في حالات قياس الخبرات المكتسبة أو الاتجاهات السائدة والتغيرات التي تطرأ عليها لاحقا ، من خلال فحص الواقع قبل تطبيق الخطة وبعدها . وبعضها يكون أثناء التطبيق ، من أجل متابعة سير العمل ، ورفع التقارير الدورية عن سير التنفيذ بغية إجراء التعديلات اللازمة على الخطة أولا بأول . أما التقويم النهائي للخطة وما

تحقق من أهدافها فيجري عند انتهاء التطبيق مباشرة . وهناك كذلك قياس لآثار تطبيق الخطة قد يجري بعد مدة زمنية محسوبة من انتهاء تنفيذها ، من شأنه قياس مدى استقرار المواقف والاتجاهات وثبات الخبرات المكتسبة لدى الجمهور . ومن المفيد التأكيد هنا على أن التقويم النهائي لما تم انجازه من الخطة الإعلامية ، إنما يتضمن حاصل تطبيق المعايير جميعا ، بغية إطلاق حكم علمي على ما تم إحرازه من أهدافها .

● تهيئة المستلزمات المطلوبة :

في المراحل التمهيدية من وضع الخطة ، وبعد فحص الواقع الميداني ، ودراسة الإمكانات المتاحة ، وتحليل احتياجات الخطة التي يرجح اعتمادها ، سيجد القائمون عليها أنهم بحاجة إلى توفير موارد بشرية ومادية إضافية لإنجاح الخطة . هذا فضلا عن المخاطبات المطلوب إجراؤها مع الأطراف و الجهات ذات العلاقة . ولذلك فان من الضروري المباشرة بتهيئة هذه المستلزمات قبل البدء بتنفيذ الخطة ، كالمخاطبات التمهيدية ، وتوفير المبالغ المطلوبة ، والمباشرة بنشر ـ الإعلانات وتهيئة المطبوعات التعريفية ، وتوفيرالأشرطة الصوتية والصورية ، والمواد العينية ، والأقراص التي ستستخدم أثناء الحملة الإعلامية .

● التوثيق والحفظ :

إن المناقشات والدراسات التي سبقت وضع الخطة ورافقتها وأعقبتها ، وما تطلبته من وثائق وبيانات ومراسلات ، وما تم تدوينه من ملاحظات القائمين على خطة الحملة الإعلامية، علاوة على النتائج التي تم تسجيلها قبل تطبيق الخطة وأثناءها وبعدها ، وما كتب عنها في وسائل الإعلام الأخرى ، وغيرها من المدونات والوثائق ، يمكن أن تكون ، بعد انتهاء الحملة الإعلامية ، معينا مهما للمسؤولين والباحثين ، وبخاصة عند التفكير بتنظيم حملة إعلامية أخرى . وعلى ذلك فان من الضروري حفظها بكل ما تحمله من نقاط قوة أو ضعف ، ومن

مواقف ايجابية أو سلبية رافقتها ، بوصفها مرجعا للمعلومات ، يوثق لتجربة مهمـة مـن تجارب المؤسسة التربوية ، وجزءا من انجازاتها وتاريخها .

الجمهور المستهدف في الحملات الإعلامية :

ولضمان نجاح المؤسسة في تنفيذ ما قررت تنفيذه ، فإنها تحتاج إلى اختيـار الوقت المناسب للمباشرة في التنفيذ ، بعد حشد جميع الطاقات البشرية و المادية الممكنة على أربعة مستويات ، كل منها له دوره في إنجاح المشروع ، و له مساحة مشتركة يتفاعل فيها مع المستويات الأخرى . وهذه المستويات الأربعة هي :

● **العاملون داخل المؤسسة التربوية :**

ويضم هذا المستوى :

○ القيادات العليا والمتوسطة والدنيا التي ستتولى التخطيط التفصيلي لمراحل المشروع و متابعـة تنفيذه و الإشراف عليه .

○ العاملين المتخصصين من مختلف الأقسام والشعب في المؤسسة الـذين ستحتاج المؤسسة إلى أفكارهم وحماستهم ونتاجا تهم كل في مجال تخصصه .

○ العاملين في القاعدة الميدانية على مستوى المدرسة والجامعة ، وهـم المعلمـون والإداريـون والعاملون في قطاع الخدمات .

● **العاملون في المؤسسات الساندة :**

وتشمل هذه الفئة بشكل أساس قيادات المؤسسات السـاندة بحسب حجم الحملـة الاعلاميـة وأهدافها . و ربما تضم هذه الفئة القيادات السياسية والإدارية والمالية المركزية

في الدولة ، والتي توافق على إقامة المشروع ابتداء ، وكذلك الجهـات أو الأفـراد الـذين سـيكلفون بالإسهام في دعم المشروع قيد البحث . وهنا يركز على ما يمكن أن تجنيه المؤسسة السـاندة والعاملون فيهـا من مختلف المستويات من فرص لتعزيز العمـل الـوطني ، أو فـرص اسـتثمارية ، أو فـرص لتنميـة خـبرات العاملين ، وتوسيع نطاق أعمال المؤسسة الساندة، ومن فوائد ماديـة أو معنويـة تعـود عـلى الأفـراد ، مـن جراء دعم المشروع الذي ستتعاون المؤسسة الساندة مع المؤسسة التربوية على انجازه .

- **المؤسسات الاجتماعية الأخرى :**

وتشمل هذه الفئة طيفا واسعا من المؤسسات الاجتماعية التي لها مصلحة في إقامة مثل هـذا المشروع ، ولكنها ليست ذات صلة مباشرة به من الناحية التنفيذية . غير أن معرفتها به واقتناعها بأهميتـه تفيدان في تسهيل تنفيذه ، أو في الأقل في عدم عرقلة إقامته . كما تساعدان في قبولـه اجتماعيـا ، والتعامـل معه بدون تحفظات أو اعتراضات مسبقة . وهنا لابد من التركيز على أن إقامة هذا المشروع لا تحمل أيـة أضرار تمسهم أو تعرض مصالحهم للخطر .

- **جمهور المؤسسة التربوية المستهدف بالمشروع :**

تضم هـذه الفئة أولياء الأمـور والطلبة ، الـذي يعـدون أصحاب المصلحة الحقيقيـة والمبـاشرة بالمشروعات التربوية ، والتطويرات التي تجريها المؤسسة التربوية في بنيتها الأساسية ، أو مناهجها الدراسية ، أو أنظمة الامتحانات ، أو سياسات القبول ، أو غيرها من تطويرات . ولا بد لهذه الفئة مـن أن تكون إلى جانب إقامة المشروع المنوي إقامته ، إذ إن عـدم اقتنـاع أفرادهـا بـه وبمبررات إقامتـه قـد لا يعرقـل بنـاء المشروع من الناحية التنفيذية ، لكنه بالتأكيد سيؤثر سلبا على كيفية الإفادة منه لاحقا . وقد يتحول كـل المشروع إلى قضية خاسرة عند التطبيق النهائي ، بكل ما يعنيه ذلك مـن ردود أفعـال سـلبية تنعكس عـلى المؤسسة

التربوية والعاملين فيها قبل غيرهم من الفئات الأخرى . هـذا فضلا عـن خسـارة الجمهـور نفسـه لفرصة تنموية مهمة على الصعيد التربوي ، لمجرد أنه لم يدرك أبعادها وفوائدها عـلى نحـو واضـح بسـبب القصور الإعلامي .

من كل ما سبق ، يتأكد للقارئ الكـريم ، أن الإعـلام التربـوي ، بوصـفه أحـد تطبيقـات الاتصـال التربوي ، لم يعد كما يظن البعض ، و كما هو سائد في معظم مؤسساتنا التربوية ودوائرها الإعلامية ، مجرد تغطية دعائية لجولات المسؤولين في المؤسسة التربوية ، والتقاط صور أو أفلام تعرض في الصحافة والوسـائل المرئية ، لاستعراض همة المسؤول وجهوده في تطوير الواقع التربوي ، أو متابعة لتنقلات الهياكـل الإداريـة والتعليمات والقرارات الجديدة ، وغير ذلك مما لا يدخل في صلب التطوير التربوي للمؤسسة .

إن الإعلام التربوي هو في وجه من وجوهه ، مزاوجة بين النشـاط التربـوي والإعلامـي ، في صـورة ايجابية منتجة ، من شأنها اعتماد المعلومات الموثقة والتخطيط العلمي المستند إلى دراسة الواقع وتحليله ، والتعامل معه في ضوء ما يفرزه من معطيات ، وما ينتجه من دعم للعملية التربوية . وهـو بـذلك واحـد من أهم الأنشطة الفاعلة في حياة المؤسسة التعليمية على كل المستويات . وهو يستحق أن يـدرس بعنايـة في مؤسساتنا الإعلامية والتربوية على حد سواء ، بغية تفعيل دوره الذي يعـاني مـن كثـير مـن الخمـول ، في معظم أرجاء الساحة التربوية العربية .

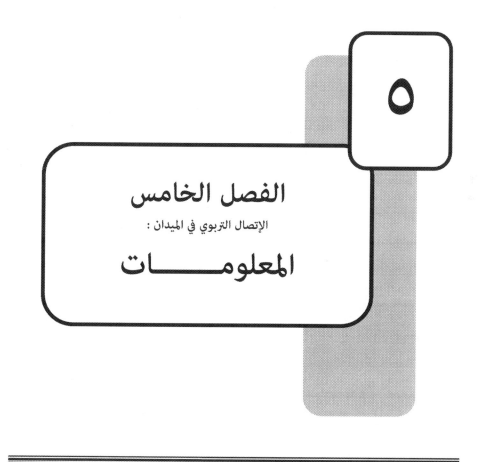

٥

الفصل الخامس

الإتصال التربوي في الميدان :

المعلومـــــات

مقدمة

مفاهيم أولية

- البيانات
- المعلومات
- سرية البيانات والمعلومات
- أمنية البيانات والمعلومات
- النظام
- النظام المفتوح والنظام المغلق
- نظم المعلومات
- منحى النظم
- التفكير النظمي
- النظم الخبيرة

الاتصال التربوي ونظم المعلومات

أنماط المعلومات التربوية

تكنولوجيا المعلومات التربوية

- جمع البيانات
- معالجة البيانات
- توثيق البيانات
- تحديث البيانات

واقع تكنولوجيا المعلومات في المؤسسات التربوية العربية

مؤشرات ومقترحات

الفصل الخامس

الاتصال التربوي في الميدان :

المعلومــــــــــات

مقدمة :

يعد حقل المعلومات التربوية أحد الحقول الأساسية التي يمارس الاتصال التربوي بواسطتها نشاطه ، إلى جانب حقول الإعلام والتعليم والاتصالات الإدارية والعلاقات العامة . ذلك أن المعلومات تعد مادة الاعلام التربوي والأساس الذي تستند إليه العملية الاتصالية برمتها . لقد أشرنا في الفصل السابق إلى أن الإعلام المؤثر هو الإعلام المستند إلى المعلومات والحقائق ، وأن مهمته هي نشرها وإذاعتها والتعريف بها . أما علم المعلومات فيهتم بجمع المعلومات ومعالجتها وخزنها ومن ثم توزيعها . والمهمة الأخيرة هي مهمة الاعلام واطلاع الجمهور على ما يتوفر من المعلومات التي جري تخزينها ، وكلاهما يدخلان ضمن الميدان الأوسع ، وهو الاتصال التربوي .

لقد قفز ميدان المعلومات خلال أقل من ٤٠ عاما الأولى من النصف الثاني من القرن العشرين ، ليكون الميدان القائد للميادين الأخرى في الحياة المعاصرة . مما جعل الكثير من الباحثين يصفون عصرنا بأنه " عصر المعلومات " . فقد شهد العالم بعد الحرب العالمية الثانية انفجارا غير مسبوق في حجم المعلومات المتداولة في جميع حقول الحياة ، وتطورا كبيرا في طبيعة التكنولوجيا التي تتعامل معها ، كانت له آثاره الكبيرة على الحياة المعاصرة . بل لقد أصبح حجم تبادل المعلومات ومستوى التكنولوجيا المعتمدة في استخدامها وتداولها ، معيارا رئيسا في تقويم مدى تقدم الأمم وتمدنها . ويكفي ، لكي ندرك حجم وخطورة هذا القطاع الحيوي في حياتنا اليوم ، أن نعرف أن حجم رؤوس الأموال المستثمرة في حقل المعلومات عالميا يتقدم على حجم ما يستثمر في تجارة الأسلحة

وصفقاتها الخيالية ، وأن ما نسبته حوالي ٦٠ % من حجم قوة العمل العالمية ، يعمل في قطاع إنتاج وصناعة المعلومات وتوزيعها ، غالبيتهم العظمى في الدول الصناعية المتقدمة علميا .

أما من الناحية الإدارية الميدانية لعمل المؤسسة التربوية ، أيا كان مستواها أو حقل اختصاصها ، فان المعلومات تشكل عصب الوظائف الإدارية الأربع الأساسية في إدارة العمل ، ونقصد بها التخطيط والتنظيم والرقابة واتخاذ القرار. إذ لا يمكن أن تنجح أية عملية تخطيطية ، في أية مؤسسة كانت وعلى أي مستوى ، بدون وجود حقائق مفحوصة تعتمد المعلومات الدقيقة والإحصاءات المستقاة من مصادر معتمدة وموثوق بها . كما لا تستطيع الإدارة أن تنهض بمهمة التنظيم بدون معلومات إدارية ، وسياقات عمل تراكمت عبر خبرات عديدة في المؤسسة نفسها ، أو عبر تجارب المؤسسات الأخرى الرديفة لها . وهذه جميعها معلومات تتطلبها هذه الوظيفة. وفي ميدان الرقابة ، فان الأمر لا يختلف كثيرا عما قلناه بشأن الوظيفتين الأخريين ، فالعمل الرقابي يستند إلى معلومات تتعلق بتفاصيل الميدان الذي تعمل فيه المؤسسة ، وعلى مقارنة المخرجات مع المدخلات وتحديد مواطن الخلل ، بناء على تحليل ما يتوفر من معلومات عن مفاصل العمل المختلفة . وأخيرا فان من الواضح أن أي قرار تتخذه الإدارة العليا في أية مؤسسة ، بحاجة إلى قدر كاف من المعلومات الدقيقة ، التي تساعد صاحب القرار على اتخاذه ، أو اختيار البديل الأكثر ملاءمة من بين بدائل عديدة تعرض عليه . وهكذا يكون من غير الممكن تصور نجاح أية مؤسسة في أداء وظائفها ، وبخاصة المؤسسة التربوية ، بدون الاعتماد على قاعدة كافية من المعلومات وجاهزة وقت الطلب .

مفاهيم أولية :

لكي نفهم بصورة دقيقة المقصود بالمعلومات وتداولها ، والآليات المتعلقة بذلك، وعلاقة المعلومات بالاتصال التربوي ، لابد من المرور بعدد من المفاهيم المتصلة بالموضوع،

وبخاصة لغير المختصين في هذا الحقل الحيوي ، بغية شرحها وتوضيحها بصورة مختصرة قدر تعلق الأمر بموضوع الكتاب :

- **البيانات :**

يقصد بالبيانات أية رموز أو حروف أو كلمات أو أصوات أو إشارات أو أرقام أو صور أو تكوينات غير مفسرة . أي أنها ما تزال في حالتها الأولية الخام قبل أن تخضع للربط والتفسير، من خلال وضعها في سياق يحمل معنى محددا . وعلى ذلك فإننا حين نتحدث عن جدول مليء بالأرقام مثلا ، فإن الجدول هنا يضم بيانات مجردة لا يحمل أي منها لوحده أي معنى ، بدون أن توضع هذه البيانات مع بعضها في سياق يعبر عن فكرة أو مقارنة أو ناتج ما . فالرقم المجرد أو مجموعة الأرقام أو الحروف أو الألوان ، وحتى الكلمات والصور ، لا تعطي أي معنى محدد ، بدون أن نعرف من خلال السياق الذي ينتظمها ، أو الطريقة التي تعرض بها ، ما ترمز إليه .

- **المعلومات :**

المعلومات هي بيانات مفسرة . أي بيانات معروضة بطريقة تجعل المتلقي قادرا على استخلاص معنى محدد منها . فوضع الكلمات أو الصور أو الأصوات أو الألوان مثلا ، في سياق فيه نوع من الترابط المقصود يعطي معنى محددا ، هو تحويل للبيانات إلى معلومات . وبمجرد أن نضع هذه البيانات بطريقة أخرى وتسلسل مغاير يختلف معناها ، فنكون بذلك قد استخدمنا البيانات نفسها في إيجاد معلومات ومعان متباينة .

• سرية البيانات و المعلومات :

يقصد بسرية المعلومات والبيانات ، أن تكون غير مكشوفة إلا للمعنيين بها والمخولين بتداولها ، من خلال المحافظة عليها من الاستراق أو التحريف المقصود أو العبث أو الإتلاف، وإبعادها عن متناول الاستخدام الخاطئ للحاسوب ، وكذلك عن قراصنة الحاسوب الذين أصبحوا يشكلون خطرا كبيرا على مصالح الشركات والمؤسسات التي تحتفظ على الحاسوب بملفات ووثائق تتوخى المحافظة على سريتها . وينطبق هذا الأمر على قطاعات واسعة من المؤسسات الاقتصادية والشركات التجارية والبنوك والمؤسسات الأمنية وغيرها . والمؤسسة التربوية هي الأخرى ، تحتفظ بكثير من الوثائق والموازنات المالية والدرجات الامتحانية ، والمعلومات المتعلقة بالعاملين لديها ، مما لا يصح تداوله على الصعيد العام ، مما يتطلب اتخاذ الإجراءات التي تضمن توفر السرية المطلوبة فيها .

• أمنية البيانات و المعلومات :

لكي نحمي البيانات والمعلومات من الاستراق أو أية اختراقات متوقعة ونحقق سريتها، يمكننا اتخاذ واحد أو أكثر من الإجراءات التي تساعدنا على ذلك . ومن هذه الإجراءات وضع كلمة سر(pass word) ، أو أكثر من كلمة سر واحدة ، لا يستطيع أي مستخدم للبرنامج الذي يتضمن البيانات أو المعلومات المراد المحافظة على سريتها ، من الاطلاع عليها بدون استعمالها . كما يمكن وضع صورة لبصمة إصبع المستخدم المخول بالدخول إلى البرنامج المقصود ، أو صوته ، أو صورته ، أو صورة بؤبؤ العين ، إلى غير ذلك من الاستحكامات التي تشكل مغاليق يصعب اختراقها من قبل أشخاص آخرين غير المستخدم المسموح له بذلك . وعلى ذلك فان أمنية البيانات والمعلومات هنا تعني الإجراءات المتخذة للمحافظة على سريتها . وتلجأ بعض المؤسسات والأشخاص إلى تغيير هذه الإجراءات وتنويعها من وقت لآخر، لضمان حماية أعلى ضد محاولات الخرق ، التي كثيرا ما تنجح في الوصول إلى الملفات والوثائق المحفوظة والإساءة إليها .

- **النظام :**

هو مركب متكامل ، يتضمن مجموعة من المستلزمات والفعاليات التي ينتظمها سياق ومنطق اشتغال خاص به . ويأخذ بنظر الاعتبار مدخلات هذا المركب وعملياته ومخرجاته ، بحيث يحقق تسلسلا في اتخاذ الخطوات ، وتفاعلا بين العناصر المكونة للمركب (النظام) . كما يعطي تغذية راجعة ، بحسب ما تتيحه بيئة النظام من إمكانات . فلو بحثنا في آلية اشتغال النشاط الاتصالي مثلا ، لوجدنا أنه يعمل بموجب منطق معين ، في بيئات يمكن تحديد خصائصها ، ويأخذ بنظر الاعتبار عناصر الاتصال ومدخلاته البشرية والمادية ، بغية الوصول إلى نتائج نهائية تشكل تغذية راجعة للقائم بالاتصال ، يبني عليها التعديلات الضرورية لمواصلة العملية الاتصالية بكفاءة أعلى .

وأفضل مثال على ذلك أجسام الكائنات الحية ، التي يعمل كل منها طبقا لآليات غاية في التعقيد والتشابك . وتتفاعل مكوناتها المادية وغير المادية في بيئة ما ، لتعطي ناتجا ما ، يسهم في إنتاجه نظام الجسم بأسره . بل إن المخلوقات الحية لها أنظمة فرعية ، كالقلب والدورة الدموية ، والجهاز الهضمي ، و العصبي ، والعضلي ، والدماغ ، والهيكل العظمي وغيرها ، تتفاعل فيما بينها لتكون النظام الكلي للكائن الحي ، كما هو الحال مع الإنسان والحيوانات المختلفة . ومنها ما يختلف عن ذلك من حيث تركيبة النظام والعناصر المكونة له ، كالنباتات مثلا ، لكنه يتطابق من حيث الخصائص مع الأنظمة المفتوحة.

- **النظام المفتوح والنظام المغلق :**

إن من صفات النظام ، التكامل ، والانسجام ، والتطور المستمر، والتفاعل بين العناصر المكونة له ، وبينه كنظام كلي وبين الأنظمة الأخرى . وهذا النوع من الأنظمة يسمى " الأنظمة المفتوحة " ، أي المنفتحة على الأنظمة الأخرى والمتفاعلة معها ، ولها القدرة على التغير طبقا لما تفرضه المؤثرات الداخلية والخارجية . وسمة الأنظمة الاتصالية ، ومنها تلك الخاصة بالمعلومات ، أنها تتضمن خصائص الأنظمة المفتوحة بكل عناصرها .

أما الأنظمة المغلقة ، فكل منها يعمل بمفرده لأداء مهمة محددة ، وليست له القدرة الذاتيـة عـلى التطور طبقا لما تفرضه عليه المتغيرات الداخلية والخارجية ، كما هو الحال مع المعدات والأجهزة المصنوعة ، كالسيارة والجهاز الالكتروني وغيرهما .

- **نظم المعلومات :**

تحتاج المؤسسة التربوية إلى كم كبير ومتنوع من المعلومات الخاضـعة للتحـديث الـدائم، الجـاهزة عند الطلب ،المصنفة حسب احتياجات المؤسسة التربوية والمتعاملين معهـا . ولـكي يتحقـق ذلـك لابـد مـن نظـم وآليـات خاصـة تـنظم إدارة هـذه المعلومـات وخزنهـا واسـترجاعها ، بحسـب مسـتويات الإدارة ، والمستخدمين الآخـرين مـن المتعـاملين مـع المؤسسـة التربويـة ، وحسـب ظـروف العمـل ، وتبعـا لطبيعـة المعلومات المطلوبة . وهذه النظم والآليات هي ما نسميه نظم المعلومات .

وعلى الرغم مـن أن المعلومـات وآليـات تـداولها كانـت موجـودة بأشـكال متعـددة عـبر التـاريخ ، كالفهرسة والمعاجم والخرائط التي تعد أنماطا من أنظمة المعلومات التي تقدمت على ما سبقها من وسائل تداول المعلومات بين بني الإنسان ، علاوة على وسائل الاتصال الناقلـة للمعلومـات ، ومنهـا الوسـائل التـي استخدمت في حقل التربية والتعليم ، والتي كانت سائدة بأشكال متعددة ، بحسب طبيعة كل حقبـة مـن الحقـب التاريخيـة . إلا أن تعبـيرات مثـل "نظـم المعلومـات " و" تكنولوجيـا المعلومـات " ، لم تسـتخدم اصـطلاحيا ، إلا بعـد ظهـور الحاسـوب وتطـور تكنولوجيـا المعلومـات والاتصـالات ، واسـتخدام الحاسـوب والانترنت وسائل أساسية لخزن المعلومات ومعالجتها واسترجاعها .

- **منحى النظم :**

يمكننا تعريف المنحى النظامي أو منحى النظم ، بأنه اتجاه معاصر في التخطيط وإدارة العمليـات ، من شأنه استخدام جملة من العناصر والنظم المتفاعلة لتحقيق غرض

محدد أو أكثر . وهو اتجاه يؤكد على صفة التفاعل الداخلي بين العناصر المكونة للنظام ، والتفاعـل الخارجي مع عناصر البيئة المحيطة ومفرداتها ومتغيراتها ، وصفة التطور والتناسق في الحركة والتوجهات .

ويعد ظهور منحى النظم تتويجا لنتائج البحوث العلمية في ميادين تطبيقية مختلفة ، كشفت عـن مدى الترابط الوثيق بين عناصر الأنظمة المختلفة ، كل على حـدة ، وبين النظم المختلفـة نفسـها كـذلك . وأثبتت أن النظرة الشمولية التي ترصد التفاعل بـين عناصر النظام الواحد أو بـين الأنظمة المختلفـة ، وتأخذه بنظر الاعتبار عند دراسة التغذية الراجعة التي تترشح عن اشتغال أي نظام ، هي النظرة الأصوب والأقرب إلى مجريات النشاط المعلوماتي والاتصالي من الناحية الفعلية .

وبقدر تعلق الأمر بحقل التربية والتعليم ، فان منحى الـنظم يشـكل حجـر الزاويـة في التخطيط التربوي وإدارة النشاط الاتصالي التربوي على المستويات كافة ، الاعلامية منها والمعلوماتيـة والتعليميـة والإدارية ، وفي تحليل مدخلات النظم التربوية الرئيسة ، و النظم الأخرى التي تتفرع عنها .

 • **التفكير النظمي :**

تأسيسا على ما ورد آنفا في معنى النظام والمنحى النظامي أو النظمـي ، فـان التفكير النظمـي هـو ذلك التفكير الذي يأخذ بنظر الاعتبار خصائص منحى النظم من حيـث تعـدد أسباب الظاهرة الواحـدة . ويؤكد على ضرورة النظر في جميع عناصر النظام ، والعوامل الداخليـة والخارجيـة المـؤثرة فيهـا ، ومـدى تفاعلها ، وسير عملياتها وفق ما هو مخطط له ، أخـذا بنظر الاعتبار مـا يرشـح مـن نـواتج عرضية أثنـاء التطبيق ، ومخرجات تفترق عما هو مخطط له أصلا .

إن التفكير النظمي في ميدان التربية والتعليم يركز على الفعل الإنساني القائم على الاحتكام إلى التخطيط والمبني على معايير علمية موضوعية ، وليست كيفية أو اعتباطية أو

اجتهادية . ويستند إلى النظرة الشمولية المعمقة في دراسة أية ظاهرة تنشأ في محيط العمل التربوي . والنشاط الاتصالي التربوي واحدة من هذه الظواهر. ولذلك فهو يؤكد على ضرورة اكتساب القائمين على النشاط التربوي في مختلف مرافقه ومستوياته مهارات تتفق مع خصائص ومتطلبات المنحى النظمي في الفهم والتطبيق .

- **النظم الخبيرة :**

مع تقدم التكنولوجيا ، وتطور استخدامات الحاسوب وتطبيقاته ، وتوسع حقل المعلومات وتشعبه ، والحاجة المتزايدة لخزن الخبرات النادرة للعلماء ، وإغنائها بما يحصل من تطورات لاحقة في ميدان تخصصها على مستوى العالم ، والنزوع لأنسنة التكنولوجيا، وتسخيرها لأقصى مدى ممكن في خدمة الإنسان ، جرى الحديث في السنوات الأخيرة عن ما يعرف بالذكاء الاصطناعي ، والآفاق الممكنة لجعل الآلة منفذة لرغبات مستخدمها و توجيهاته بصورة مباشرة أو غير مباشرة ، ذاتية أو شبه ذاتية .

إن الواقع الميداني يكشف لنا عن تجارب كثيرة حققت نجاحا واضحا على هذا الطريق . ومن ذلك تصميم النظم الخبيرة ، التي تعتمد على برامج متكاملة لمكننة العمليات التقليدية ، وحشد الخبرات البشرية النادرة في تشغيلها ، بما يجعلها قادرة على محاكاة الفعل الإنساني في اتخاذ القرارات بناء على المعطيات المتوفرة ، أو تقديم بدائل مقترحة لها . وهي بذلك تتفوق على الإنسان الاعتيادي في قدرتها على الإحاطة بخبرات شاملة ومتنوعة وتفصيلية عالية المستوى .

لقد ترسخت اليوم تطبيقات كثيرة للنظم الخبيرة ، كما هو الحال في تحريك ما يعرف بالمخلوقات الاصطناعية (روبوت robot) لأداء مهام يصعب على الإنسان القيام بها، وخاصة في التجارب المختبرية التي تنطوي على قدر من الصعوبة أو الخطورة ككشف الألغام، والتحليق في بعض الرحلات الفضائية ، و إدارة المؤسسات الضخمة ومنها بعض العمليات

التي تقوم بها المؤسسات التربوية والمراكز البحثية التابعة لها ، وفي المختبرات العلمية وغيرها .
وهو ما يمكن أن يحقق كذلك اختصارا في الجهود والوقت والتكاليف .

الاتصال التربوي و نظم المعلومات :

إن الهدف الأساس من استخدام نظم المعلومات على مستوى المؤسسة التربوية ، هو توفير
المعلومات المطلوبة للإدارات العليا والمتوسطة والدنيا ، لتساعدها في أداء واجباتها ، بناء على أساس من
المعرفة المتراكمة ، ورفع درجة التفاعل بين العاملين في المؤسسة التربوية إلى أقصى مستوياتها الممكنة ،
وإسنادها في تنظيم علاقتها بجمهور المؤسسة التربوية . إن ذلك يدعم تنفيذ برامجها وخططها ، ويوفر
قاعدة المعلومات الأساسية لمتخذ القرار، لتمكينه من اتخاذ القرارات المناسبة حيال ما يعترض عمل
المؤسسة التربوية من مشكلات ، وما يواجهها من ضرورات التطوير والتحديث في بنية العمل وطبيعة
مخرجاته .

أما على مستوى الجمهور ، كالطلبة وأولياء أمورهم ، والمؤسسات الاجتماعية المساندة للمؤسسة
التربوية ، فان نظم المعلومات تساعد هذه الأطراف في توثيق الصلة بالمؤسسة التربوية ، والحصول على
أفضل الخدمات والمعلومات التي تلبي رغباتها وتجيب عن تساؤلاتها .

أما فيما يتعلق بالنشاط التعليمي ، طبقا لمعنى التعليم الذي اعتمدناه في هذا الكتاب ، فان
المعلومات تشكل حجر الزاوية في أهداف العملية التعليمية التعلمية التي يسعى المعلم إلى تحقيقها ،
وصولا إلى الأهداف الكبرى التي تسعى المؤسسة التربوية برمتها ، والمجتمع كله كذلك ، إلى إحرازها .

إذا كان الأمر كذلك ، فان علاقة المعلومات بالنشاط الاتصالي التربوي تبدو واضحة وأساسية . ذلك
أن المعلومات هي الأساس الذي لا غنى عنه في صياغة آلاف الرسائل المتبادلة على مدار الوقت بين
أصحاب القرار ومن يعمل بمعيتهم في المؤسسة التربوية ، وبين العاملين أنفسهم ، وبين المؤسسة وجمهورها
من كل الفئات . كما إن خزين المعلومات

الغزير والمنظم يعد المعين الذي لا يستغنى عنه ، والمتوفر عند الطلب ، وبالصورة التي تحتاجها هذه الأطراف جميعا في كل الأوقات ، ولمختلف الأغراض . بل إن من الصعب تصور كيفية حدوث النشاط الاتصالي بدون محتوى ، أي معلومات ، تقوم بتداولها أطراف عملية الاتصال ، باستخدام لغة ووسائل مشتركة ، وطبقا لصيغ وآليات متعارف عليها بينهم. وهو أمر لا يخص المؤسسة التربوية وحدها ، بل كذلك مؤسسات المجتمع الأخرى التي يكون جزء من نشاطها الاتصالي متجها نحو تحقيق مقاصد تربوية .

وعلى هذا الأساس ، لابد من أن تكون المعلومات التي تتداولها المؤسسة التربوية ومن يتعامل معها ، مختارة على نحو مقصود ، ومخزونة على نحو منظم يسهل استرجاعها والإفادة منها وقت الحاجة . ولكي يتحقق ذلك ، لا بد من تحديد ماهية المعلومات المطلوبة ، وتخطيط عملية جمعها ومعالجتها حسب الاحتياجات المتوقعة ، وتوثيقها ، وتوفير الإمكانات اللازمة ، من مصادر وخبرات فنية وغطاء مالي ، لتنميتها وتحديثها بصورة مستمرة .

أنماط المعلومات التربوية :

يصعب وضع إطار جامع مانع يحتوي جميع ما يحتاجه النشاط الاتصالي التربوي من أنماط البيانات والمعلومات . ويعود السبب في ذلك إلى تشعب الحقول التي يخوض فيها النشاط التربوي أصلا ، وتعدد الأغراض التي يسعى إلى تحقيقها ، فضلا عن تنوع الفئات العمرية والاجتماعية التي يتعامل معها . ويتأتى ذلك من طبيعة المهمة التربوية نفسها ، وتشعب اختصاصاتها واهتماماتها واتجاهاتها .

على أننا نحاول هنا أن نجتهد في تحديد أهم هذه الأنماط بشكل عام ، بالصورة التي تمكن المهتمين بهذا الحقل من الإحاطة بها ، وإضافة ما يتصل بها ضمن دائرة اهتمامهم وتخصصهم ، بغية أخذها بنظر الاعتبار عند التخطيط لهذا الحقل الحيوي من حقول الاتصال التربوي ، والتعامل مع مفرداته اليومية . وهنا ينبغي التأكيد على أن مفهوم البيانات والمعلومات لا يقصد به الوثائق المطبوعة فقط ، وإنما كما بينا سابقا ، كل ما يخزن منها على شكل مطبوعات أو أشرطة صوتية أو صورية أو أقراص بمختلف أنواعها ، أو

نماذج عينية أو شهادات موثقة لأشخاص... إلى غير ذلك من وسائل الخزن والتوثيق . وعلى ذلك يمكن إدراج أهم البيانات والمعلومات التي تحتاجها المؤسسة التربوية على النحو الآتي :

- **تاريخ المؤسسة :**

ويضم هذا النوع من البيانات والمعلومات أية مطبوعات أو صور أو تسجيلات صوتية أو أفلام ، أو أية مواد عينية توثق لمراحل تاريخية محددة من تاريخ المؤسسة التربوية ، والاستحداثات التي طرأت على بنيتها ، والتوسعات التي شهدتها على مستوى الهيكل الإداري، والمسؤوليات التي اضطلعت بها ، والأهداف التي عملت على تحقيقها ، والميزانيات وطرائق وأنظمة العمل وغيرها ، منظمة حسب السنوات أو حقول التخصص ...إلى غير ذلك مما يحتفظ به من تاريخ المؤسسة . هذا فضلا عن الواقع الحالي للمؤسسة بجميع ما يتعلق بذلك من تفاصيل ، إضافة لموقعها الجغرافي الحالي ، وعنوان موقعها على الانترنت ، ووسائل الاتصال بها وبأقسامها المختلفة من قبل الأشخاص والمؤسسات الأخرى من داخل البلد وخارجه .

- **قوانين المؤسسة وتشريعاتها :**

وتضم هذه الفئة من البيانات والمعلومات جميع ما يتعلق بقوانين المؤسسة المستندة إلى الدستور المعمول به ، والتعليمات التفصيلة الخاصة بتطبيق هذه القوانين . كما تضم التشريعات الأساسية والقرارات التي تأسست عليها أو نشأت عنها ، والتزامات الأطراف المختلفة تجاهها ، ومواصفات السلم التعليمي المعتمد في المؤسسة ، ومستويات الهيكل الإداري والمؤهلات المطلوبة لتسنم مواقع العمل في مختلف مفاصله ، والصلاحيات الممنوحة لكل مستوى إداري ، وقوانين الحوافز والترقية والتقاعد والامتيازات والعقوبات وكيفية تطبيقها ...الخ

- **مشاريع المؤسسة :**

ويضم هذا النوع من البيانات والمعلومات ما يتصل بمشروعات المؤسسة ، والأهداف التي أقيمت من أجلها ، وما حققته من نتائج ، وأهم الأشخاص الذين تميزت جهودهم في تخطيطها وتنفيذها ، وأهم الوقائع والتجارب التي شهدتها هذه المشاريع ، وما رافقها من معوقات وكيف تم تذليلها . كما يضم نماذج من المخططات التي أنشئت بموجبها ، والجهات التي تعاونت معها في إقامتها ، والنفقات التي صرفت عليها ، والبحوث والتقارير التي أجريت قبل إقامة المشروع وأثناءه ، وبعد الانتهاء من إنشائه ، و التي وثقت سير عمل هذه المشاريع في جميع مراحلها ، والدروس المستفادة من إنشائها وتطبيقها... إلى غير ذلك من المعلومات التي تمثل خبرات وجهودا متراكمة لصالح المؤسسة التربوية ، يمكن الإفادة منها لاحقا ، ولا ينبغي التفريط بها بمجرد الانتهاء من العمل في هذه المشاريع .

- **الدوائر والمدارس والجامعات التابعة للمؤسسة :**

وتضم البيانات والمعلومات في هذا الإطار ما يتعلق بالدوائر التعليمية في المناطق ، والعاملين على إدارة شؤونها ، وما يتبع هذه الدوائر من مدارس ، ومواقعها ، وجداول إجمالية وتفصيلية بأعداد العاملين والطلبة فيها ، ومواصفاتهم ، والجداول الدراسية ، وتوقيتات الدوام اليومية والأسبوعية والسنوية . هذا علاوة على ما تضمه هذه الدوائر والمدارس أو المعاهد والجامعات من مرافق ملحقة بها ، كالمكتبات والمختبرات والوحدات البحثية أو التطبيقية ، ومواقعها الجغرافية والالكترونية ، ومستويات الدراسة في كل منها ، والتخصصات ، والمواد الدراسية ... إلى غير ذلك مما تحتاجه الإدارات العليا والعاملون في المؤسسة التربوية والمتعاملون معها من خارجها من المؤسسات الاجتماعية والطلبة وأولياء أمورهم .

- ● **المراكز المتخصصة :**

وتضم ما يتصل بمراكز البحث والتدريب والتطوير المهني والمرافق الخدمية والمطابع والمعامل وغيرها مما يتصل بالنشاط التربوي للمؤسسة ، علاوة على أهداف هذه المراكز والتشكيلات الإدارية وخططها وطاقاتها الإنتاجية ، وما ينبغي أن يعرفه عنها أصحاب القرار و المتعاملون معها ، وعلاقتها بالتشكيلات الأخرى داخل المؤسسة وخارجها ، وما يتوفر لديها من إمكانات بشرية وميدانية ، فضلا عن مواقعها وكيفية الاتصال بها .

- ● **الجهات الساندة :**

من المعلوم أن أية مؤسسة تربوية لا يمكن لها أن تقوم بواجباتها على الوجه الأكمل ، إلا بالتعاون مع طيف واسع من المؤسسات الاجتماعية والأفراد ، وهو تعاون يحقق مصالح مشتركة لجميع هذه الأطراف . لذلك من الضروري أن تحتفظ المؤسسة التربوية بجميع ما يمكن الإفادة منه من معلومات عن هذه المؤسسات أو الجهات الساندة لها في عملها ، من قبيل حقل التخصص ، والميادين التي يمكن أن تقدم مثل هذه المؤسسات خدماتها فيها ، وكلف التعاون معها ، وأفضليتها على غيرها في مجال عملها ، والأشخاص الذين سيتم التعاون معهم ...إلى غير ذلك .

- ● **المناهج الدراسية :**

ربما تكون المناهج الدراسية وآليات إقرارها ، واللجان التي تتولى وضعها وتدقيقها وتصنيفها ، وتقسيم المناهج بحسب المراحل العمرية والمواد الدراسية وتوزيع أهدافها بما يناسب هذه الفئات والتقسيمات ، من أولويات أية مؤسسة تربوية تعليمية . ولذلك فان من الضروري توفر معلومات كافية عن هذه المناهج وكلف إنتاج الكتب الدراسية والمواد والوسائل المصاحبة لها والجهات العلمية والفنية ، والمطابع التي تتعامل معها المؤسسة في توفير هذه المستلزمات الدراسية . وتحتفظ المؤسسات التربوية عادة بنسخ من هذه المناهج

وأدلة المعلمين والمطبوعات المساعدة ، كما تقدم في موقعها على الانترنت خلاصة لما تتضمنه هـذه المناهج من مفردات دراسية ، وبخاصة للمتقدمين للدراسة في مدارسها أو المعاهد والجامعات التابعة لها .

● **الامتحانات :**

تحكم الامتحانات عادة نظم امتحانية تتبارى المؤسسات التعليمية في إعلانها علـى جمهورهـا مـن الطلبة وأولياء أمورهم بخاصة ، وبيان مدى دقتها وقدرتها على قياس قدرات الطالب المختلفة . وعلى ذلك فان المؤسسات التربوية والتعليمية تعنى كثيرا بهذا الجانب من نشاطها ، لأنه يعد أحد المعايير الأساسية في الحكم على مدى جدية التعليم فيها . ومن هنا تتأتى ضرورة وضع التشريعات والتعليمات الامتحانيـة ، ومواعيد الامتحانات في المستويات الدراسية المختلفة و الشهادات الممنوحة للمتخرجين ومستوياتها وغير ذلك ، بصورة يسهل الرجوع إليها عبر وسائل الاتصال مـع المؤسسة. هذا إضافة إلى النتائج الامتحانيـة المتحققة، ونسب النجاح بحسب التخصصات والمستويات الدراسية والمـواد ، وبحسب متغيرات عديـدة كالجنس والفئة العمرية ومستوى البيئة الاجتماعية والاقتصادية ، مقارنة بالسنوات السابقة أو بالمؤسسات المشابهة للمؤسسة قيد البحث .

● **التسجيل :**

من المعلوم أن أية مؤسسة تعليمية تستند أساسا إلى وجود نشاط تعليمي لـه أطر تنظمه ، ومواعيد يلتزم بها . ومن هذه الأطر يمكننا أن نعرف كيف تعمل هذه المؤسسة أو تلك، وكيف تتميز هذه المؤسسة عن غيرها في دقة تنظيمها لمواعيدها الدراسية ومدى الالتزام بهذه المواعيد ، وكفايتها لتغطية الحاجات الدراسية لمنتسبيها من الطلبة . وهي جزء من المعلومات الأساسية التي ينبغي أن تكون تحت أيدي العاملين في المؤسسة ومتاحة للمتعاملين معها مـن مختلف الفئات . ويتضمن هذا الحقـل آليـات التسجيل وأجوره وتعليمات القبول

والانتقال بين الأقسام والتخصصات والميزانيات وعدد الساعات الدراسية في كل تخصص وفي كل مستوى دراسي ...الخ

● **الموازنات المالية :**

وتتعلق البيانات والمعلومات التي نحتاجها هنا بأهم النفقات وأبواب الصرف والرواتب التي تتضمنها الميزانيات الرئيسة والفرعية للمؤسسة التربوية ، وكذلك قوائم تفصيلية بأسماء العاملين واستحقاقاتهم ، وسلم رواتبهم ، والترفيعات والعلاوات والمكافآت التي يستحقونها، ومواعيدها . هذا علاوة على ممتلكات المؤسسة من الأبنية والأثاث والمواد العينية والكتب ، والأجهزة وملحقاتها ، والتجهيزات المدرسية ، والتي تشكل رأس المال الثابت للمؤسسة . ويحتفظ بهذه البيانات في صيغة جداول وأشكال بيانية مقارنة حسب السنوات أو حسب نسبتها من الميزانية العامة ، أو بأية صيغة أخرى تحقق الغرض المتوقع ، مع توقعات النمو المستقبلية ، بموجب الخطط الموضوعة من قبل المؤسسة للتوسع والتطوير، تبعا للتطورات التي يشهدها المجتمع ككل .

● **المخاطبات :**

وتضم هذه الفئة جميع المخاطبات التي تجريها المؤسسة التربوية على مختلف المستويات ، سواء داخل المؤسسة نفسها أو بين المؤسسة التربوية والجهات الأخرى . إن ذلك يعكس الحركة اليومية لإنتاج المؤسسة ، كما يعكس المواقف والمعالجات والقرارات المتخذة على مستوى العمل الميداني اليومي ، والذي يمكن أن يشكل معينا جيدا لدراسة فكر المؤسسة وفلسفتها في العمل ومدى التزامها بالقوانين والتعليمات المتخذة بشأن القضايا المختلفة المتصلة بعملها وبعلاقتها بالأطراف الأخرى المتعاونة معها . وعلى ذلك تسعى بعض المؤسسات التربوية وغير التربوية إلى اطلاع الإدارة العليا والعاملين بمستويات إدارية معينة على حركة المخاطبات الإدارية اليومية للمؤسسة ، للوقوف على مجريات العمل اليومي،

وكذلك لتعميق منهج المؤسسة في إدارة أعمالها ، وإشراك هذه المستويات الإدارية في الرؤية التي تحكم عمل المؤسسة ، وتحدد المواقف من القضايا المطروحة عليها .

● **التغذية الراجعة :**

تخضع اهتمامات المؤسسة التربوية وحركة عملها اليومية والإستراتيجية إلى ردود أفعال مختلفة من المهتمين من المؤسسات الاجتماعية ذات الصلة بها ، ومن قبل وسائل الأعلام المختلفة وأولياء الأمور ، فضلا عن العاملين في المؤسسة التربوية نفسها . كما يمكن أن تظهر مثل هذه المواقف وردود الأفعال من خلال بحوث علمية تعرض في المؤتمرات العلمية أو المجلات العلمية المتخصصة . وتلجأ المؤسسات التربوية عادة إلى متابعة ما يرد في هذه البحوث ، وما ينشر من مواقف الجمهور تجاه عملها ، وما تتناوله الصحف ووسائل الإعلام الأخرى من أفكار وشكاوى وظواهر ميدانية ، لتستخلص منها ما يمكن أن يفيد متخذ القرار، والقائمين على عمل المؤسسة ، بوصفها تغذية راجعة تخدم كثيرا في تصويب عمل المؤسسة وتعديل اتجاهاتها ، ولفت نظرها إلى كيفية تطبيق قراراتها وتوجهاتها في الميدان ، وما يعترض ذلك التطبيق من مشكلات ميدانية .

● **المستحدثات :**

إن العمل التربوي عمل متعدد الاهتمامات ، ويستند إلى التطور العلمي المتجدد كل يوم . كما انه يغطي مساحة واسعة من الانشغال الاجتماعي في أي مجتمع ، مما يتطلب على الدوام متابعة ما يحدث بشأنه من تطورات ومستحدثات على مستوى العالم ، من خلال متابعة وسائل الاتصال العالمية ومنها شبكة الانترنت .

وتعمل المؤسسات التربوية على استخلاص الاتجاهات الحديثة والمستجدات المتصلة بمشاريعها واتجاهات عملها ، والمؤسسات الرديفة في العالم والاتجاهات الحديثة التي تتبناها ، وكيف تدير هذه المؤسسات التربوية أعمالها . وذلك للإفادة من هذه المعلومات في

معالجة المشكلات التي تعترض عملها ، و تطوير رؤيتها المستقبلية عند التخطيط لمشروعاتها الجديدة . وهو ما يتطلب توثيق هذه المستجدات ، وتنظيمها حسب طبيعتها وحسب حقول اختصاصاتها ، تمهيدا لتوفير خلاصات عنها لأصحاب القرار والمعنيين بها .

- ● **الخطط المستقبلية :**

إن العمل التربوي عمل يتطلب التخطيط على المستويات الثلاثة ، القريب المدى والمتوسط والبعيد . وهناك حاجة دائمة لأصحاب القرار ومن يشاركهم الرأي فيه أن تكون هذه الخطط قيد الدرس الدائم والتطوير ، وإطلاع المختصين والمؤسسات الساندة عليها ، لضبط التوجهات المستقبلية للمؤسسة التربوية ، والارتقاء بمستويات عملها لمواجهة الحاجات المتزايدة للمجتمع وزيادة الطلب على التعليم ، فضلا عن السعي الدائم نحو التحديث والتطوير .

وهذه الخطط ينبغي توفيرها بأشكال متنوعة ، تبعا للفئة المستفيدة منها ومستوى مسؤولياتها الإدارية ونوع تخصصها ، لكي تساعد كلا من هذه الفئات على إدراك دورها في تعديل أو إنجاح الخطة التي تختص بعملها . ويتطلب ذلك بطبيعة الحال وضع تصورات لحجم الإنفاق المطلوب ، وحجم الأيدي العاملة ، ونوعية الخبرات المطلوبة ، إلى غير ذلك من متطلبات متوقعة .

إن أنماط البيانات والمعلومات التي تحتاجها أية مؤسسة تربوية تتحدد في النهاية تبعا لحاجاتها وأغراضها . ولا شك أن المؤسسات التربوية متباينة الاهتمامات والتطلعات . وهي في النهاية مختلفة في نوع ما تحتاجه من وثائق لأغراض الحفظ والمراجعة لاحقا . غير أن ما اجتهدنا في ذكره في النقاط أعلاه ، يشكل من وجهة نظرنا القاسم المشترك للمعلومات التي يتطلب توفرها في المؤسسة التربوية للأغراض المختلفة . ويمكن أن تتفرع عن عناوين الموضوعات المذكورة أنماط أخرى من البيانات والمعلومـات ، إذا مـا وجـدت المؤسسة حاجة لذلك .

من ناحية أخرى فأن من الواضح أن من الصعب أن تتولى دائرة أو تشكيل واحد في المؤسسة التربوية ، وزارة كانت أو هيئة أو جامعة أو مدرسة أو غير ذلك ، حفظ جميع هذه الأنواع من البيانات والمعلومات لوحدها ، وإدامتها وتنميتها بصورة مستمرة . وقد أكدنا في وقت سابق أن المهم ليس وجود تشكيل إداري محدد في المؤسسة التربوية ، معني حصرا بالمعلومات التربوية ، على أهمية هذا الأمر ، إنما المهم حقا هو توفر الوعي بأهمية توفر مثل هذه المعلومات ، على مستوى المؤسسة ، إدارات وعاملين ، وضرورة الاهتمام بتنظيمها وإدامتها ، و الحرص على تنميتها ، والتأكد من توفر الفرصة دائما للاطلاع عليها من قبل متخذي القرار والعاملين وجمهور المؤسسة ، كل حسب ما يخصه منها ، وبالصورة التي تستجيب لحاجاته . وفي هذه الحال يمكن لدوائر متعددة في المؤسسة التربوية ، أن تقوم بمهام لها صلة بالمعلومات ، وان تتضافر جهودها جميعا للقيام بتفعيل دور المعلومات في حياة المؤسسة . ولكي يصبح الأمر كذلك ، فان من الضروري أن تتولى مثل هذه التشكيلات مهام متعددة لتأمين البيانات والمعلومات المطلوبة عند الطلب ، وحسب حاجة كل من المستخدمين . بعد ذلك تتولى وسائل الإعلام التربوي مهمة نشرها وتوزيعها بالصيغ التي تراها مناسبة ، وعبر القنوات المتاحة لها . وسنتناول هذه الأنشطة بالتسلسل بصورة مختصرة ، لتوضيح المهام والكيفيات التي بموجبها يتم تفعيل كل منها .

تكنولوجيا المعلومات التربوية :

يقصد بتكنولوجيا المعلومات هنا ، جميع الآليات والطرائق والإجراءات والوسائل التقنية المستخدمة في جمع البيانات والمعلومات التربوية ، وتحليلها ومعالجتها وتوثيقها وتسهيل استرجاعها ، وكذلك آليات الاتصال المتبعة في تداولها . ويمكن استعراض أهم المهام المتعلقة بتكنولوجيا المعلومات على مستوى المؤسسة التربوية ، والتي تشكل مادة الاتصال التربوي ومحور نشاطه ، على النحو الآتي :

- **جمع البيانات :**

يتطلب جمع البيانات ذات الصلة بالنشاط التربوي أن يجري تحديد نوع البيانات المطلوبة أولا ، ثم تحديد المصادر التي تستقى منها هذه البيانات . أما نوع البيانات والمعلومات فقد تحدثنا عنه سابقا في هذا الفصل ، وأما مصادرها فيمكن أن نحددها على النحو الآتي :

○ **الوثائق :**

ويتضمن هذا المصدر جميع الوثائق المطبوعة والصوتية والصورية ، التي يمكن الوصول إليها من منشورات الجهات الرسمية وغير الرسمية على اختلاف اختصاصاتها ومواقعها ، والخرائط والإحصاءات ، والصحف والمجلات العلمية والعامة ، والسجلات الرسمية المعتمدة ، والكتب ومطبوعات المؤتمرات ، والمواد التي تبثها وسائل الأعلام المختلفة. كما يتضمن أية وثائق غير منشورة من قبيل المخاطبات والرسائل والمذكرات وما إليها . وهنا لابد من التفريق بين المعلومات المستقاة من المصادر الأساسية (الأصلية) , وتلك التي تؤخذ من المصادر الثانوية (أي التي نقلت عن المصادر الأصلية) ، والحرص قدر الإمكان على اعتماد المصادر الأساسية ، توخيا للدقة ، ومنعا للوقوع في أخطاء النقل غير الدقيق للبيانات والمعلومات المنقولة .

○ **الميدان :**

يشكل الواقع الميداني معينا ثرا لكثير من المعلومات التي قد لا نستطيع العثور عليها في الوثائق المتوفرة . وهو ما يتطلب معاينة الواقع ، والبحث عن المعلومات التي يعكسها هذا الواقع كما هي. ولذلك تلجأ المؤسسات التربوية إلى تنظيم زيارات ميدانية لعدد من العاملين أو القيادات الإدارية إلى الموقع الميدانية ، للوقوف ميدانيا على حقيقة تلك المعلومات . يضاف إلى ذلك أن التقارير التي ترد إلى المؤسسة التربوية وصناع القرار فيها كثيرا ما تحمل تأثيرات من قام بكتابتها ، كما تعكس مدى قدرته على عرض وتفسير الظواهر الميدانية بصورة محايدة وموضوعية . إن وقوف المسؤول التربوي على حقائق الميدان من وقت لآخر

يعد ضروريا ، إذا كان يتسم بالحرص على تلمس حقائق الميدان بشكل موضوعي علـى الأرض ، و بدون رتوش .

○ **الانترنت:**

اتسمت العقود المتأخرة بقدرة كبيرة على تقصي المعلومات باتجاهيها العمودي (عبر التاريخ)، والأفقي (عبر الجغرافية)، من خلال الشبكة الدولية للاتصالات والمعلومات (انترنت) . وعن طريقها يمكن للمؤسسة التربوية أن تتابع ما يجري في العالم في اللحظة الراهنة ، ومـا تـراكم عبـر التـاريخ بخصوص مـا تبحث عنه من موضوعات ، مقابل كلف زهيدة نسبيا ، وفي وقت قياسي ، ودون جهود تذكر . كما يمكن لها الدخول إلى قواعد كثيرة للمعلومات ذات صلـة باهتماماتها في مختلف الحقـول . ولذلك فان ربط المؤسسة التربوية بمنظومة الانترنت بات أمرا أساسيا وحيويا في معرفة اتجاهات العالم بشـأن القضايا التربوية والاتجاهات السائدة في العالم إزاءها . إن ذلك يساعد كثيرا في ردم الهوة مع ما حققه العالم مـن تقدم في ميدان عمل المؤسسة قيد البحث ، وفي تطوير نشاطها والارتقاء بعملها بصورة دائمة .

○ **التجارب والبحوث العلمية :**

تعمد بعض المؤسسات التربوية إلى استحداث وحدات بحثية خاصة بها لتقصي المعلومات وتدقيقها . إذ كثيرا ما تحتاج المؤسسة التربوية إلى معلومات إضافية بشأن ظاهرة ما أو الحصول على معلومات أكثر دقة من المعلومات التي وصلتها عـن طريق الوسائل التي ذكرناها ، ممـا يتطلب إجراء تجربة عمليـة والوقوف على نتائجها . وهو ما يحصل عند تطبيق تجربة جديدة لتدريس مـادة دراسية مـا ، أو حوسـبة مقرر دراسي لأول مرة ، أو اختبار نمط جديد من أنماط التعليم . وهنا تعمد المؤسسة إلى إقامـة التجربـة ، ومتابعة خطوات تنفيذها ، ودراسة نتائجها طبقا لسياقات علمية معروفة ، ثم استنباط النتائج ، وتحديـد الموقف منها ، باتجاه تعميمها أو الانصراف عنها .

ويتطلب البحث العلمي الإحاطة الكاملة بأصوله ومناهجه وطرائق اختيار عيناته وتطبيق أدواته ، إذا ما أريد الخروج بنتائج دقيقة يركن إلى صحتها ودقتها العلمية وموضوعيتها . وما يهمنا من ذلك هنا هو أدوات جمع البيانات التي ستخضع في المراحل النهائية من البحث إلى التحليل والتفسير واستخلاص النتائج النهائية ، والتي يتم في ضوئها اتخاذ إجراءات إدارية ، أو تعديل مسارات تربوية قائمة فعلا . و استكمالا للفائدة ، ربما يكون من المناسب أن نتعرض في هذا السياق إلى ذكر أهم الأدوات التي يستخدمها البحث العلمي في تقصي المعلومات ، ولكن باختصار، لأنها ليست مدار بحثنا الأساس هنا . ويمكن للقارئ الكريم الاطلاع التفصيلي على هذه الأدوات في مراجع البحث العلمي بشكل عام ، وبحوث الاتصال والتربية بصورة خاصة :

❖ **الملاحظة** : وهي ما يؤشره الباحث من انطباعات ومجريات ومعلومات من خلال معايشته للواقع ومراقبته له ، وربما مشاركته في العمل بصورة مباشرة ، مما يساعد في كشف تفاصيل العمل الدقيقة ، والتي لا تظهر للناظر إليها من بعيد .

❖ **المقابلة** : وهي حوار مفتوح أو مقنن (أي مقيد بمجموعة محددة سلفا من الأسئلة الموضوعة بعناية) يقيمه الباحث بصورة مباشرة مع الأفراد الذين يقصدهم، للحصول منهم على إجابات تعينه في الوصول إلى المعلومات التي يبحث عنها .

❖ **الاستبيان** : مجموعة من الأسئلة المصممة بعناية ، ووفق شروط علمية تضمن توفر الصدق والثبات فيها ، للحصول على إجابات دقيقة حول قضايا محددة . وتوجه هذه الأسئلة إلى فئة محددة ذات مواصفات معلومة ، ويتوقع منها أن تجيب بقدر مقبول من الموضوعية والصراحة .

❖ **مراجعة الوثائق** : تتطلب بعض البحوث العودة إلى ما يتوفر من سجلات ووثائق ومذكرات ومخاطبات سابقة في موقع البحث أو خارجه، للوقوف على بيانات موثقة، تعين الباحث في رصد الظواهر التي يبحث عنها أو في تفسيرها أو التحقق منها .

❖ **تحليل المضمون** : وهـو أداة شـائعة في البحـوث الاجتماعيـة ، والاتصاليـة منهـا بصـورة خاصـة ، تستخدم لفحص النصوص والصور والأصوات الثابتة والمتحركة وتحليلها ، باستخدام وحـدات قيـاس معروفة أو مبتكرة ، لإظهار الاتجاهات التي تحكمها ، أو الأفكار التـي تعكسـها ، بمـا يسـاعد علـى تحديد هذه الأفكار والاتجاهات وما يتصل بها.

❖ **قياس الأثر** : أداة شائعة في البحوث التجريبية وشبه التجريبية ، تتسـم بدقـة إجراءاتهـا وضبط متغيراتها . وتستخدم لتحديد الآثار الناتجة عن تطبيق تجربة ما أو طريقة أو إستراتيجية تدريسيـة ما ، وما إلى ذلك . وتقاس الآثار الناتجة بموجب معايير متفق عليها واختبارات تقيس مـا تـم اكتسابه من معارف أو مهارات أو اتجاهات. وهي اختبارات تتطلب قدرا عاليا مـن الدقـة وضبط مستويات الصدق والثبات المعروفة في مناهج البحث العلمي .

وينبغي التأكيد هنا ، ونحن نتحدث عن وسائل جمع المعلومات ومصادرها ، بـأن المعلومـات التـي نحصل عليها عبر هذه القنوات ، بحاجـة دائمـا إلى فحـص و تـدقيق ، لأنهـا نتـائج يمكـن أن يتسـلل إليهـا الضعف ، بسبب عدم ضبط متغير مـا ، أو بسـبب جمعهـا في ظـرف غـير ملائـم . ولذلك فان الباحثين المتمرسين يعمدون إلى استخدام عدة أدوات بحثية والقيام بمقارنة نتائجهـا ، لتفسـير الظاهـرة الواحـدة أو تأكيد وجودها ، توخيا للدقة . ذلك أن الخطأ الذي يمكن أن ينشأ من اتخاذ قرار خاطئ بسبب معلومـات خاطئة أصلا ، تصعب معالجته عادة في حقل التربية والتعليم . بل ربما يكون علاج الخطأ في ميدان التربيـة والتعليم أصعب بكثير من الحقول الأخرى ، في كثير من الأحيان ، بسبب طبيعـة الحقـل التربـوي نفسـه ، الذي ينعكس الخطأ فيه في صورة سلوك يكتسبه الجمهور ، وبخاصة الطلبة ، يصـعب تغيـيره إلا بعـد بـذل جهود مضاعفة لمعالجة ذلك الخطأ ، وتقديم خسائر بقدر التأخر في المعالجة .

● **معالجة البيانات :**

تتطلب عملية حفظ المعلومات ، لغرض الإفادة القصوى منها لاحقا من قبل المستخدم ، أن تكون المعلومات التي يتم جمعها منظمة بطريقة تتناسب مع قدرات المستخدم وظروفه وحاجاته . وأن يكون استرجاع هذه المعلومات عند الحاجة إليها ، متاحا بأيسرـ الطرق وأسرعها . وأن تقدم لمستخدميها مـن متخذي القرار والعاملين والجهات الساندة للمؤسسة التربوية والطلبة وذويهم ، بحسب حاجة كـل طـرف من هذه الأطراف .

إن متخذ القرار ، وينطبق ذلك عـلى عمـوم الإدارات العليـا في المؤسسـة التربويـة ، غالبـا مـا يكـون بحاجة إلى معلومات إجمالية وليست تفصيلية ، تعينـه عـلى اتخـاذ القـرار المناسـب مـن بـين جملـة مـن القرارات البديلة المطروحة عليه . أما الإدارات الوسطية فتكون بحاجة لتفاصيل أكثر تمكنها من المناورة مع متغيرات الميدان ، واتخاذ الخطوات الإجرائية التي تراها صحيحة ، في الوقت المناسب على مستوى الميـدان . أما الإدارات الدنيا التي تعنى بالتفاصيل الفنية التخصصية الدقيقة ، فهي تبحـث عـن معلومـات مختلفـة تتناسب ومهمتها المتخصصة . وهكذا الحـال مـع الفئـات الأخـرى التـي تحجب عنهـا بعـض المعلومـات لخصوصيتها أو لتحفظ المؤسسة على إطلاقها لسبب ما ، في حين يتاح لها الاطلاع على معلومات أخرى ذات صلة باهتماماتها .

وهنا يأتي دور الإعلام التربوي لتنفيذ الخطوة اللاحقة ، وهي القيام بنشر هذه المعلومـات وتنظيم تداولها ، باستخدام الوسائل الاتصالية المتاحة لديه ، داخـل المؤسسة وخارجها . وهـو بـذلك يكمـل دورة النشاط الاتصالي بتنفيذ خطوته هذه ، المعنية بالنشر والتوزيع وإذاعة المعلومات والإبلاغ بها ، كما أشرنا في الفصل الخاص بتطبيقات الإعلام التربوي .

لقد اتسعت تطبيقات معالجة البيانات والمعلومات بعد ظهـور الحاسـوب وتقنيات الاتصال عـن طريق شبكة الانترنت . وظهـرت آلاف النظم المعلوماتية واللغات والبرامج المحوسبة خصيصا لأغـراض محددة ، وقواعد البيانات بالغة السعة والتعقيد ، والتي تساعد المستخدم على الربط التشعبي ، والانتقـال بين المواقع المعلوماتية والفهارس والموسوعات

والكشافات ، بل ومع الهاتف و الصحف ومحطات الإذاعة والتلفزيون وغيرها بسهولة وسرعة بالغتين ، وبتوفر مهارات لا يتطلب تعلمها الكثير من الجهد أو الوقت أو المال .

إن التحولات الكبيرة التي شهدها قطاع المعلومات في العقود الأخيرة ساعد في تشجيع المؤسسات التربوية ، شأنها شأن المؤسسات الاجتماعية الأخرى ، على الأخذ بالاتجاهات الحديثة في استخدام نظم المعلومات المحوسبة ، وتوفير إمكانات الربط مع مختلف أطراف النشاط التربوي داخل المؤسسة وخارجها ، بما يؤمن أفضل الأجواء وأسرعها لتداول المعلومات ومعالجة المتغيرات اليومية للعمل آنيا ، بحكم ما وفرته تكنولوجيا المعلومات والاتصال من قدرة على المواكبة الآنية ، والتشارك في المعلومـات ، والتحرك السريع لحل المشكلات التي تعترض العمل أولا بأول .

• توثيق البيانات :

إن عملية توثيق البيانات تتداخل على نحو كبير مع معالجة هذه البيانات . ذلك أن أنظمة المعلومات تحقق الغرضين معا . بمعنى آخر فان أنظمة المعلومات تؤمن خزن المعلومات المصنفة على النحو المطلوب من قبل فئات المستخدمين المختلفة ، وكذلك إمكانية ربطها على شبكة الانترنت في الوقت نفسه . ويمكن خزن هذه البيانات بأشكال عدة لتكون في متناول مستخدميها عند الطلب .

ومن الأشكال الحديثة الشائعة ، وحدات الذاكرة الثابتة والمتغيرة في أجهزة الحاسوب ، وأقراص الحاسوب على اختلاف أنواعها والتي اتسعت طاقاتها التخزينية لتضم مكتبات بأكملها وأفلاما ووثائق صوتية وصورية ، تمثل موسوعات محمولة يمكن استخدامها لمختلف الأغراض ، إلى غير ذلك من وسائل وتقنيات . كما يمكن اعتبار المواقع الالكترونية والبريد الالكتروني وما يتيحه من غرف الاتصال والمؤتمرات وسائل متقدمة لحفظ المعلومات وتداولها في الوقت نفسه .

أما ما يتصل بأوعية المعلومات الأخرى غير الحاسوب وشبكة الانترنت ، فتضم جميع الوسائل التي يمكن أن تخزن فيها المعلومات ، كالسجلات والمجلات والكتب والأنظمة المكتبية والفهارس والمعاجم والخرائط ، إضافة إلى المطبوعات التعريفية والأشرطة الصوتية والصورية ... إلى غير ذلك من وسائل ربما يكون بعضها قديما وتقليديا ، إلا أنه يمكن استخدامه بكفاءة عالية إذا أحسن توظيفه . بل إن المتاحف والمعارض والمكتبات هي الأخرى ، تعد من وسائل خزن المعلومات وعرضها في الوقت ذاته .

● **تحديث البيانات :**

إن مقدار التقدم الذي يمكن أن تحرزه أية مؤسسة من المؤسسات الاجتماعية التي يتطلب عملها التعامل مع كم كبير من المعلومات ، كما هي الحال مع المؤسسة التربوية ، بات مرهونا بقدرة تلك المؤسسة على تحديث خزينها من البيانات و المعلومات ، وتحديث النظم و الآليات التقنية التي يتم فيها التعامل مع هذا الخزين المتنامي . هذا فضلا عن تطوير كفايات العاملين المسؤولين عن عمليات جمع البيانات وتحليلها وتنظيمها وتوثيقها ومتابعة تحديثها بصورة مستمرة .

إن التفجر المعرفي الهائل الذي تفرضه طبيعة العصر الراهن ، والتطور الحاصل في مختلف ميادين الحياة ، ينعكس بأشكال ومستويات عدة على النشاط التربوي . وتبعا لذلك ، ينعكس على النشاط الاتصالي التربوي أيضا . وما لم تستطع المؤسسة التربوية النهوض بمهمة الارتقاء بقدرات العاملين في تشكيلاتها الإدارية ذات الصلة بالمعلومات والاتصال ، ورفدهم بالطاقات الجديدة والمدربة على ما يستجد من خبرات في هذا الميدان الدائم التطور ، وتحديث ما لديها من معلومات ، وتوسيع قواعد البيانات التي تعتمدها ، وتطوير ما تعتمده هي من نظم معلوماتية ، وتقتنيه من تقنيات حديثة في هذا الحقل ، فان النشاط الاتصالي سيعاني من مشكلات حاكمة ، من شأنها أن تقود النشاط التربوي برمته إلى الفشل .

واقع تكنولوجيا المعلومات في المؤسسات التربوية العربية :

إن نظرة فاحصة لواقع استخدام تكنولوجيا المعلومات في المؤسسات التربوية العربية ، ومدى توفر شروط البيئة المعلوماتية المناسبة فيها لممارسة النشاط الاتصالي التربوي بصورته الصحيحة ، التي تخدم الواقع التربوي وتسهم في تطويره ، تكشف الحاجة الماسة إلى مراجعة هذا الواقع بمختلف مفاصله ، بسبب الهوة الشاسعة التي باتت تفصل بين المؤسسات التربوية العربية وقريناتها في دول العالم المتقدمة صناعيا ، بل وفي بعض الدول النامية أيضا .

ومما يجعل الأمر أكثر تعقيدا ، ولا نقول غرابة لأن جل أسباب هذا التأخر باتت واضحة للعيان ، هو توفر القاعدة المادية المطلوبة لإنشاء بنية تحتية سليمة للتكنولوجيا المعلوماتية في بعض هذه البلدان ، بسبب ما تمتلكه من موارد وقدرات اقتصادية . كما إن القاعدة البشرية اللازمة لاستخدامها وإدارتها متوفرة إلى حد مقبول كذلك . ولننظر في ميزانيات بعض البلاد العربية ، ولنر كم هي نسبة ما خصص لبناء منظومات المعلومات التربوية فيها . ولنحص عدد المتخرجين من أبناء هذه البلدان في تخصصات تكنولوجيا المعلومات والتخصصات القريبة منها ، ولنحص كم هي نسبة المشتغلين منهم في حقل تخصصهم . عند ذاك سنجد أن بناء قاعدة متينة للمعلومات التربوية ، علاوة على الميادين الاجتماعية الأخرى ليس أمرا مستحيلا ، إنما هو بحاجة إلى قرار واع ومسؤول ، وبخاصة إذا جرى التعاون بين هذه البلدان والبلدان التي لديها تجربة عميقة في هذا الحقل ، لتحقيق هذا الغرض .

على أن هناك جهودا لا ينبغي إغفالها في بعض مؤسساتنا التربوية العربية ، على طريق اعتماد تكنولوجيا المعلومات في تسيير شؤون الميدان التربوي ، سواء على مستوى القطاع الحكومي أو القطاع الخاص تبشر بالخير. ومن ذلك، التوسع في الدراسات الجامعية في هذا الحقل المعرفي ، سواء من خلال فتح أقسام أو كليات جديدة لتخريج ملاكات وخبرات متخصصة في ميدان تكنولوجيا المعلومات ، أو التوسع في ما هو موجود منها محليا ، أو ابتعاث أعداد غير قليلة من أبناء هذه البلدان لإكمال دراستهم في بلدان

أخرى . يضاف إلى ذلك ما نشهده في بعض البلدان العربية من تطبيقات للتكنولوجيا المعلوماتية في القطاع الإداري التربوي ، كاستخدام أنظمة المعلومات والاتصالات بين حلقـات الهـرم الإداري ، وكذلك في المجال التعليمي ، من خلال حوسبة المناهج الدراسية ، وإدماج استخدام تكنولوجيا الاتصال والمعلومـات ، ومنها شبكة الانترنت ، في التعليم الجامعي وفي مراحل التعليم الأخرى .

ولعل القول بأن المشكلة الحقيقية في تأخر المؤسسات التربوية في البلدان العربيـة في استخدام تكنولوجيا المعلومات ، هي مشكلة بنيوية مركبة ، هو قول يحمل كثيرا من الصـواب . بمعنى أن المشكلة هنا لا تتعلق بالمنظومة الهندسية المطلوب توفيرها لاستخدام تكنولوجيا المعلومـات فحسب ، ولا بمـدى توفر الخبرات والمهارات المطلوبة للنهـوض بمثل هـذه التقنيـات ، إنمـا كذلك ، وهو الأهم ، تلك البيئـة السائدة في المؤسسة التربوية ، الرافضة ، أو لنقل غير المقتنعة ، بتبني التوجه الحديث ، علـى النحو الـذي بات يشكل عصب الحياة في عالمنا المعاصر، في استثمار تكنولوجيا المعلومات ، وإدماجها في تفاصيل العمل التربوي بحقليه الإداري والتعليمي .

مؤشرات ومقترحات :

بصرف النظر عن الأرقـام والبيانات الإحصائية التـي تـؤشر المـديات المحزنـة لتأخر المؤسسات التربوية العربية في توظيف تكنولوجيا المعلومات ، فإنها تؤكد أنه ما يـزال أمامنا شـوط طويل ينبغـي أن نقطعه للوصول إلى الاستخدام السـليم لهـذه التكنولوجيا في مؤسساتنا التربوية ، الرسمية منها وغـير الرسمية ، وأن توفر المستلزمات المادية والبشرية ليس عائقا مستحيل الاختراق ، إذا توفرت الإرادة الجدية لإحداث التغيير المطلوب . ونحاول هنا أن نجتهد في تحديد أهم نقـاط الضعف في هذا الجانب ، والتي لابد من لفت نظر صناع القرار إليها ، ووضع بعض المقترحات تمهيدا لمعالجتها ، بما ينعكس ايجابيا علـى عمل مؤسساتنا التربوية ، وعلى المجتمع بأسره في نهاية الأمر. وهي من وجهة نظرنا عوامل أساسية في

التأخر الذي تعاني منه هذه المؤسسات في ميدان توظيف المعلومات واستثمار أنظمتها وتقنياتها الحديثة . ويمكن إجمال أهم هذه النقاط على النحو الآتي :

• **عدم اعتماد أنظمة معلومات متطورة :**

ما تزال معظم مؤسساتنا التربوية تعتمد العمل اليدوي في مختلف مراحل تداول المعلومات ، أو أنظمة معلومات بحاجة إلى تحديث وتطوير، بحيث تستجيب للاحتياجات المتنامية في حقل التربية والتعليم ، من حيث السعة والتنوع . لقد تطورت أنظمة المعلومات وآليات تداولها في العالم على نحو كبير، يمكن معه اعتماد مثل هذه الأنظمة من قبل مؤسساتنا التربوية كما هـي ، أو تعديل ما تـراه بحاجة إلى تعديل استجابة لخصوصياتها الوطنية والاجتماعية . ويصح ذلك بطبيعة الحال على المستويين الإداري والتعليمي .

وعلى هذا الأساس ، لا بد لمؤسساتنا التربوية من أن تأخذ بالتطور الذي صار يعم العالم في ميدان المعلومات ، وأن تسعى إلى تحويل نشاطها المعلوماتي من عمل يدوي يكتنفه البطء والارتباك وعدم الدقة ، إلى نشاط آلي الكتروني منظم ، يتناسب مع أهمية العمل التربوي وخطورته في حياة المجتمع وتقدمه . هذا فضلا عن ضرورة اعتماد آلية دائمة لمتابعة التغيرات والمستجدات في هذا الميدان ، وإدخالها إلى ساحة العمل أولا بأول ، لضمان عدم تراكم التأخر ، واتساع الفجوة من جديد ، بين ما هو كائن وما ينبغي أن يكون في هذا الإطار .

• **ضعف التأهيل والتدريب :**

إن التطورات الكبيرة والسريعة التي شهدها قطاع المعلومات ويشهدها باستمرار، تحتم إتباع منهجية علمية دائمة لتدريب العاملين في هذا القطاع ، بغية اطلاعهم على آخر ما يستجد في ميدان المعلومات من الناحيتين النظرية والتطبيقية . والملاحظ أن مثل هذه المنهجية غير موجودة في معظم الأحيان ، أو أنها في الأقل غير كافية لمواجهة الاحتياجات المتجددة

والسريعة في هذا الإطار . كما إنها لا ترتبط في كثير من الحالات بمحفزات مهنية تدعم هذا التوجـه وترفع من شأنه .

وإذا ما أضفنا إلى ذلك حقيقة أن كثيرا من العاملين في قطاع المعلومات في المؤسسات التربوية هـم من غير المتخصصين أصلا ، فسنجد أن المشكلة بحاجة إلى دراسة معمقة ، تضع هذا القطاع عـلى الطريـق الصحيح ، ليكون حقا في خدمة الأهداف النهائية للمؤسسة التربوية . وفي هذا الإطار لابد مـن استثمار الطاقات الشابة التي تقوم الجامعات والمعاهد العلمية المتخصصة بتكنولوجيا المعلومات بضخها إلى ساحة العمل وتقوم بتزويدها بما يتعلق بالنشاط التربوي من خصوصيات وزجهم في العمل ، ومتابعة نشاطهم بصورة دائمة، ومنحهم ما يقتضي من حوافز مادية ومعنوية ، ترفع من دافعيتهم ، وتزيد مـن إنتـاجيتهم وإبداعهم .

- **عدم توفر القاعدة المادية المطلوبة :**

تحتاج أنظمة المعلومات إلى توفر مفردات مادية كثيرة ، تتأسس بوجودها بيئة صـالحة لتشكيل أنظمة معلوماتية متطورة . فتوفر شبكات الاتصال ووسائلها المتنوعـة ، وربطها بالأقمار الاصطناعية ، وبشبكة الاتصالات والمعلومات الدولية ، علاوة على تـوفر قـدر معين مـن البنية الصناعية لإنتاج بعض مستلزمات هذه البنية المادية ... كل ذلك إنما يتطلب وجود مصـادر تمويل كافيـة تـؤمن متطلبـات هـذه البنية واحتياجاتها . وهو أمر قد تعجز عنه بعض البلدان العربية بسبب وضعها الاقتصادي ، وعدم اعتبـار تكنولوجيا المعلومات ضمن أولوياتها العليا .

وهنا لا بد من أن يأخذ العمل العربي المشترك ومؤسساته التي ضعف دورهـا إلى حـد كبـير في السنوات الأخيرة دوره في هذا الإطار. كما يمكن الاستعانة ببعض المنظمات الدولية التربويـة ، أو الشركات المتخصصة التي لديها خبرة في هذا المجال . وقد سعت بعض

البلدان إلى إشراك القطاع الخاص المحلي في تمويل مشروعات طموحة مـن هـذا النـوع ، وثبت نجاحها في ذلك إلى حد كبير .

- **عدم الاستثمار الأمثل لأنظمة المعلومات المتوفرة :**

في البلدان العربية التي وضعت فيها بعض أنظمة المعلومات في خدمة المؤسسـة التربويـة، نلاحـظ عـدم توظيف هذه الأنظمة بالصورة المطلوبة ، لأسباب تتعلق بعدم ربط منظومتها المعلوماتية بالشبكات الوطنية والإقليمية والدولية ذات الصلة بميدان عملها ، علاوة على عـدم تـوفير مواقـع كافيـة أو مستوفية للمعلومات المطلوبة لهذه المؤسسات . وهناك حالات يقتصر فيها استخدام هـذه الأنظمة عـلى القيادات الإدارية العليا أو الوسطى فحسب ، دون أن تتحول المعلومات إلى قاعـدة معرفية يشترك فيها العاملون الآخرون ممن لهم صلة بهذا الحقل، فضلا عـن عـدم تمكـن مؤسسـات المجتمع الأخرى وجمهور الطلبة وذووهم من الإفادة من خدمات هذه الأنظمة . وهناك مؤسسات تقتصر ـ في استخدامها لهذه الأنظمـة على قضايا محددة دون أن تديم تغذيتها بالبيانات والمعلومـات عـن حقـول العمل الأخرى مما يضعف دورها و يحجم الإفادة منها . وتشهد بعض البلدان العربية أيضا تطبيق مثل هذه الأنظمة عـلى مسـتوى تجريبي في بعض التشكيلات الإدارية أو المدارس أو الجامعات تمهيدا لنشرها على نطاق أوسع . ولا بد هنا من التنبيه إلى ضرورة دعم هذه التجارب بجهد بحثي كـاف ، بغيـة الـدخول إلى مراحل التوسع بثقة ، وبدون أخطاء قد تتسبب في مرحلة لاحقة ، في تراجعات غير متوقعة .

- **عزل منظومة المعلومات عن فعاليات الاتصال التربوي الأخرى :**

قلنا إن المعلومات تشكل عصب النشاط الاتصالي ، سواء في حقل التربية أو في حقول النشاط الاجتماعي الأخرى . وإذا كنا حقا نـدرك قيمة النشاط الاتصالي التربوي، ونقدر دوره في قيادة العمل التربوي وزيادة فاعليته ، ونسعى إلى تفعيله وإنجاحه بالمستوى

الذي تحدثنا عنه في الفصول السابقة ، فان من الضروري النظر إلى التشكيلات الإدارية المعنية بالمعلومات ، على أنها جزء يتكامل مع الإعلام التربوي والتعليم ، لتكتمل تركيبة الاتصال التربوي بصورتها المثالية . ذلك أن مما أضعف النشاط الاتصالي التربوي ، و أفقد قطاع التربية والتعليم كثيرا من حيويته ، تلك النظرة التجزيئية لفروع هذا النشاط ، وعدم إدراك طبيعته البنيوية . وقد تحدثنا في فصل سابق كيف يشكو الإعلاميون التربويون من سياسة الدوائر المغلقة التي تتبع في بعض المؤسسات التربوية ، وعدم التنسيق مع الدوائر المعلوماتية في المؤسسة التربوية ، والتي ترى أن هذه المعلومات هي من نتاجاتها ، ولذلك تفرض عليها طوقا يصعب اختراقه ، إلا بالرجوع أحيانا إلى الإدارة العليا لحسم الأمور .

● **نظرة بعض القيادات التربوية للمعلومات :**

على الرغم من أن جميع القيادات التربوية لا تغفل أهمية المعلومات ودورها في تنشيط العمل التربوي على المستويين الإداري والتعليمي ، إلا أن المعاينة المتفحصة للواقع ، تشير إلى تفاوت كبير في مستويات الاهتمام لدى هذه القيادات بتفاصيل متطلبات هذا الحقل الحيوي ، من النواحي البشرية والمادية والتنظيمية . لذلك نجد أن الاهتمام والمتابعة اليومية من قبلهم لتفاصيل هذا النشاط تتفاوت هي الأخرى تبعا لذلك . وهو ما ينعكس بالضرورة على مقدار اهتمام القيادات الأدنى منها بمجريات العمل في حقل المعلومات ، ومقدار اهتمامها بالمشكلات التي تعترض النهوض بهذا القطاع الحيوي . ناهيك عن ما يتسبب فيه ذلك من آثار تنعكس على حماسة وجدية العاملين الآخرين في المؤسسة التربوية على المستويين الفني والإجرائي اليومي ، وعلى طبيعة التعامل مع المؤسسات الاجتماعية الأخرى المساندة لها ، فضلا عن جمهور المؤسسة من المعلمين والطلبة وأولياء أمورهم .

إن الخلاصة التي يمكن أن نخرج بها من جملة الملاحظات الأساسية التي أشرنا إليها هنا ، هي أن أصحاب القرار في المؤسسات التربوية العربية مدعوون بإلحاح إلى مراجعة واقع قطاع المعلومات ومنظوماته وتقنياته في المؤسسات التي يقومون على إدارة

شؤونها ، وما ينفق على هذا النشاط من مبالغ ، وما يلقاه من رعاية واهتمام ، إذا ما أرادوا حقا الارتقاء بمستوى عمل مؤسساتهم تلك .

إن ما حققناه في بلداننا العربية حتى اليوم على طريق استثمار العلوم الحديثة وتطبيقاتها في حقل التربية والتعليم ، إنما يؤشر خللا كبيرا لابد من معالجته ، ليس في ميدان المعلومات فحسب ، وإنما في مجمل النشاط الاتصالي التربوي . وإن أي تأخر في معالجة هذا الخلل الحضاري ، إنما يمنع على مؤسساتنا التربوية فرصا مهمة للتقدم وتحقيق ما هو أفضل ، ويزيد من اتساع الهوة بيننا وبين العالم المتقدم علميا . ومعلوم أن التأخر في الميدان التربوي ينعكس سلبا على مجمل حركة المجتمع ، ومـن شـأنه أن يجـر إلى تأخر شامل ومتراكم ومركب في مجمل قطاعاته الأخرى . وهي مسؤولية ربما تقع مهمة التصدي لها عـلى أصحاب القرار السياسي قبل أصحاب القرار التربوي .

٦

الفصل السادس

الإتصال التربوي في الميدان :

التعليـــم

مقدمة

الاتصال وأطراف الموقف التعليمي

- المعلم
- المنهاج
- الطالب
- الأطراف الساندة

وسائل الاتصال التعليمية

- الرموز والإشارات والإيماءات
- اللغة المنطوقة
- المطبوعات
- النماذج الطبيعية والاصطناعية
- اللوحات
- الشفافيات وأجهزة العرض الصوري
- الصحافة المدرسية ووسائل الاتصال المقروءة
- الإذاعة المدرسية والوسائل السمعية الأخرى
- الوسائل السمعبصرية
- الحاسوب والانترنت
- السفرات والزيارات
- المعارض والمتاحف
- المكتبات
- المسرح المدرسي
- مراكز مصادر التعلم
- الاجتماعات واللقاءات

تطوير الاتصال التعليمي

الفصل السادس

الإتصال التربوي في الميدان :

التعليـــــــــم

مقدمة :

أشرنا في الفصل الأول إلى أن ما نقصده بمعنى التعليم لأغراض هذا الكتاب ، هو تلك العملية المقصودة التي تتحقق فيها أهداف واضحة ومحددة ، لمنهاج دراسي معلوم ، داخل غرفة الدرس أو خارجه ، تحت إشراف مؤسسة تعليمية . وهو نشاط يشترك فيه معلم، فردا كان أو أكثر ، وطالب ، فردا أو أكثر ، وينتج عنه تعلم من شأنه أن يغير في سلوك المتعلم ، ويسهم في بناء شخصيته من النواحي العقلية والانفعالية والمهارية ، وينعكس على المجتمع وتقدمه وتطوره بصورة ايجابية . وقد ميزنا في ذلك بين التربية والتعليم معتبرين أن التربية هي العملية الأشمل التي ينشأ عنها بناء شخصية الفرد والمجتمع ، وتسهم فيها الأسرة والمسجد وأجهزة الاعلام وجميع المؤسسات الاجتماعية الأخرى .

وعلى أساس هذا الفهم فان ما سنسعى إلى تناوله في هذا الفصل ، هو ما يتعلق بالاتصال التربوي في ميدان التعليم الذي تديره المؤسسات التعليمية حصرا ، عبر المدارس والمعاهد والجامعات وما إليها، وعلى مستوى إدارة عملية التعليم والتعلم في هذه المؤسسات، وكذلك على مستوى المواقف التعليمية التعلمية ، سواء أكان هذا التعليم يجري داخل حجر الدراسة، أم عن بعد عبر وسائل الاتصال المختلفة . وهو ما يكمل الصورة الشاملة للاتصال التربوي ومفهومه الذي تناولناه في الفصول النظرية الثلاثة الأولى من هذا الكتاب ، وبعد أن تناولنا ميادينه الأخرى في الفصلين السابقين الخاصين بحقل الاعلام ، وحقل المعلومات.

وقبل أن ندخل في تفاصيل العملية الاتصالية في التعليم ، لا بد من التأكيد على أن التعليم والتعلم لا يمكن أن يتحققا دون نشاط اتصالي . وإذا كان التعليم يسعى إلى تحقيق

أهداف المناهج الدراسية بمعناها الشمولي ، الذي يتجاوز حدود الكتاب المدرسي إلى كل ما من شأنه تحقق أهداف المنهاج من معلومات وأنشطة ومهارات وفعاليات ، داخل وخارج المدرسة أو الجامعة ، فأن هدف الاتصال أن يجعل ذلك ممكنا بأفضل صورة . بمعنى أن ما يسعى إليه رجال التعليم من تعلم فعال يكون فيه الطالب مشاركا في صنع الموقف التعليمي التعلمي ، ويكون فيه المعلم مديرا مباشرا أو غير مباشر لهذا الموقف ، مهمته الإشراف والمحاورة والإرشاد والتوجيه وليس التلقين والهيمنة والتسلط ، إنما يمكن تحقيقه بفهمنا لنظرية الاتصال ، ومعرفتنا لميادين تطبيقه ونماذج ذلك التطبيق وآلياته. وهو ما يجعل الاتصال روح التعليم وسر حيويته .

لقد نظر علماء الاتصال إلى التعليم ، كما أشرنا آنفا، على أنه جزء من النشاط الاتصالي، لأنه يتم بواسطته تبادل المعلومات والمعارف، وتنتقل عن طريقه المشاعر والاتجاهات والمهارات ، ويتحقق به التفاهم والتشارك والتفاعل بين طرفي العملية الاتصالية . ومن جانب آخر ينظر علماء التربية إلى النشاط الاتصالي على أنه جزء من العملية التعليمية ، لكونه يحقق الربط بين أجزائها طبقا لمتطلبات الموقف التعليمي التعلمي وما يقتضيه من تفاعل بين المعلم والطلبة . هذا التداخل بين حدود المفهومين يعكس مدى الترابط بينهما على نحو عضوي ، ومدى أهمية أن يحيط القائمون على المؤسسة التعليمية بما يتعلق بالاتصال وتطبيقاته في التعليم والتعلم ، وهي تطبيقات تشمل الدروس المنهجية ، والأنشطة المصاحبة الصفية وغير الصفية ، التي تتآزر جميعا لتحقيق الأهداف النهائية للمنهاج الدراسي .

واستنادا إلى ما سبق فإننا سنجتهد بالقول بأن مهمة المؤسسة التعليمية الأساسية هي تحقيق بيئة ملائمة لتشكيل موقف تعليمي تعلمي فاعل ، من شأنه أن يحقق أهداف المنهاج بمعناه الشمولي الذي سبق أن تحدثنا عنه. ولا يعني ذلك ما يتصل بالدرس والتدريس حصرا ، إنما يمتد ليشمل كل ما يحيط بذلك من أنشطة وفعاليات وعلاقات تشكل البيئة الحاضنة للموقف التعليمي ، داخل المدرسة أو الجامعة أو خارجهما ، والتي تيسر تنفيذه ، وتعينه على تحقيق أهدافه المعرفية والوجدانية والمهارية . ولذلك سنتناول الموقف

التعليمي التعلمي بذاته من الداخل ، ثم ما يتصل به من بيئة محيطة وأنشطة لا صفية ، ووسائل تستخدم في تنفيذها .

الاتصال وأطراف الموقف التعليمي :

لو أجرينا مطابقة بين الموقف الاتصالي و الموقف التعليمي من الناحية البنائية، لوجدنا أنهما متشابهان إلى حد كبير . فالموقف التعليمي يعتمد وجود معلم (قائم بالاتصال أو مرسل) لديه منهاج معين (رسالة) و أدوات مختارة كالسبورة أو النماذج أو الحاسوب أو غيرها (وسائل اتصال) يستعين بها لإيصال رسالته وتبادل الأفكار مع الطالب (المتلقي أو المرسل إليه) . وتحيط بهذا الموقف التعليمي بيئة تتصف بمجموعة من الخصائص ، وهي البيئة التعليمية التي تقابلها في الموقف الاتصالي (بيئة الاتصال) . وترشح عن الموقف التعليمي مجموعة من المؤشرات (تغذية راجعة) تساعد في مراجعة أدوار جميع العناصر المكونة للموقف التعليمي (عناصر العملية الاتصالية) بغية تطويرها .

لنأخذ كلا من الأطراف المعنية بتشكيل بنية الموقف التعليمي بصورة مباشرة أو غير مباشرة ، ولننظر فيها بصورة أكثر عمقا من زاوية علم الاتصال :

• المعلم :

لما كان المعلم ، وهو هنا يقوم مقام القائم بالاتصال ، هو المسؤول عن وضع المنهاج في بعض الحالات ، أو في الأقل عن إعادة تنظيمه وعرضه ، بما يتناسب مع قدرات الطلبة والوسائل المتاحة لديه ، وطبيعة الأهداف المراد تحقيقها ، فان من الضرورة بمكان أن يتمكن من مهارات بناء الرسالة ، وكيفية عرض محتواها ، واستخدام الوسائل التي تتوفر في البيئة المحلية ، أو لأغراض التعليم عن بعد ، بما يحقق ذلك . بل إن المعلم المتمرس الذي يمتلك مهارات اتصالية عالية ، يعرف كيف يرفع من دافعية طلبته نحو التعلم ، وكيف يديم هذه الدافعية طيلة الموقف التعليمي . كما يعرف كيف يوظف عناصر البيئة ، ويخفف من تأثيرات

مصادر التشويش على وصول رسائله إلى المتلقي ، أي الطالب . هذا فضلا عن المهارات التي تعينه في فحص ردود أفعال طلبته وتحديد اتجاهاتها أولا بأول ، وتعديل رسائله ، أو تغيير وسائله حسب مقتضيات الحال . وهذه جميعا خبرات ومهارات اتصالية وتعليمية في الوقت نفسه .

وعلى هذا الأساس فان المعلم بحاجة إلى الإحاطة الشاملة بنظريات الاتصال ونماذجه، وخواص الحواس الخمس في التلقي ، وكيفية تصميم وإنتاج أو اختيار الوسيلة التعليمية ، أو مجموعة الوسائل المناسبة ، التي يسعى من خلال استعمالها إلى الوصول إلى المتلقي والتأثير فيه ، طبقا لمتطلبات الأهداف التعليمية الموضوعة . هذا فضلا عن ضرورة إتقانه لمجموعة من المهارات الاتصالية ، للقيام بدوره على النحو الأمثل ، كإدارة الحوار ، ومهارات استخدام الوسيلة الاتصالية بكفاءة عالية ، والإصغاء للطلبة ، واستخلاص المؤشرات من ردود أفعالهم وطرائق تفكيرهم ، واستثمار عناصر التشويق وآلياته المختلفة في بناء موقف تعليمي يفضي إلى التفاهم بين الطرفين ، ويتصف من الناحيتين الاتصالية والتعليمية بالتفاعل المثمر.

أما من حيث اختيار الطرائق والاستراتيجيات ، فان امتلاك المعلم لكفايات تصميم الموقف التعليمي تتطلب قبل كل شيء معرفته بآليات تصميم التدريس من جهة ، وبنماذج الاتصال من جهة أخرى ، بغية صياغة الموقف التعليمي طبقا لما يتوفر لديه من مدخلات ، وما ينبغي تحقيقه من أهداف . عندها سيدرك المعلم أن لكل نموذج اتصالي تطبيقاته وفوائده ونقاط ضعفه . فنموذج الاتصال الأحادي مثلا يخدم الموقف التعليمي الذي يصعب فيه تحقيق استراتيجيات الحوار ، أو العصف الذهني ، كما يحدث مثلا عند مخاطبة عدد كبير من الطلبة بصورة مباشرة في قاعة كبيرة أو ملعب رياضي أو ساحة مدرسية ، أو عبر الإذاعة والتلفزيون . غير أن هذا النموذج لا يخدم التعلم الفعال ، إذ تضعف فيه مشاركة الطالب ، و يصعب قياس مدى التعلم الفوري لديه ، وبالتالي يصعب تعديل الرسالة آنيا إلا لمن اختزنت لديه خبرة طويلة من المعلمين مع مواقف تعليمية من هذا النوع .

وما يصح عن ضرورة إحاطة المعلم بنموذج الاتصال الأحادي ، يمكن تطبيقه على النماذج الاتصالية الأخرى . فالنموذج الاتصالي ثنائي الاتجاه مثلا ، يساعد في المواقف التعليمية التي تتطلب حل المشكلات وتبادل الخبرات . وفي الجانب الآخر تتطلب من المعلم إتقان مهارات الحوار ، والتحلي بالقدرة على احترام أفكار الطلبة ورغباتهم ، والقدرة على إثارة الأفكار التي تستدعي المناقشة ، واستدراج الطالب غير الراغب في المشاركة إلى الإسهام فيها . وهو نموذج اتصالي يصلح للمواقف التعليمية التي يكون فيها عدد الطلبة محدودا بحيث يمكن إجراء الحوار مع الطلبة أو بين الطلبة أنفسهم . وقد يكون ذلك عبر مواقف تعليمية يكون فيها الاتصال مباشرا ، كما هو الحال داخل الحجرة الدراسية ، أو عبر وسائل الاتصال التي تسمح بالاتصال الثنائي ، كالتلفزيون التفاعلي أو الانترنت مثلا .

إن على المعلم أن يضع هذه الاعتبارات في الحسبان كذلك ، وهو يصمم برمجية تعليمية لأغراض التعلم الذاتي . فقد لاحظنا عبر سنوات طويلة من التعامل مع المعلمين الدارسين ، أن من لم تتراكم لديه الخبرة بنماذج الاتصال التفاعلية ، وكيفية تشكيلها والإفادة منها ، يغفل هذا الجانب عند تصميم البرمجيات التعليمية ، وكأن مجرد وجود برمجية للاستخدام الذاتي من قبل الطالب ، يكفي لتحقيق تعلم فاعل ومؤثر . وهو تصور أثبتت التجربة العملية أنه غير صحيح .

إن الحديث عن المعلم بوصفه أحد العناصر الأساسية في العملية التعليمية ، يجرنا إلى الحديث عن التواصل الذي ينشأ بين المعلمين أنفسهم على صعيد المدرسة أو الجامعة الواحدة ، أو على مستوى منطقة تعليمية كاملة ، وربما على مستوى العالم عبر وسائل الاتصال التفاعلية المعاصرة وأهمها شبكة الانترنت ، التي صارت تتشكل عبرها مجموعات تخصص بين المعلمين عبر العالم ، يتبادلون عن طريقها الخبرة ويتحاورون في شؤون تخصصهم والمشكلات التي يواجهونها في تدريس المواد التي تعهد إليهم .

إن هذا النمط من التواصل، يعد من أهم روافد التطوير الذي يحدث في المواقف التعليمية، من خلال تعرف المعلمين أساليب بعضهم البعض، وكيفية إدارتهم المواقف التعليمية في الظروف المختلفة . وليس من شك في أن ذلك يسهم بشكل أو بآخر في تبادل

الخبرات والمعارف والمهارات ، وتطوير المواقف تجاه الآليات المستخدمة في التعليم ، وجعل المستحدث من الطرائق والأساليب موضع تداول وتبلور مستمرين . وهو ما يعكس جانبا من جوانب الاتصال التربوي التي تؤثر في المواقف التعليمية التعلمية ، والتي يتطلب الاهتمام بها من قبل المشرفين على تأهيل وتدريب المعلمين .

إن خلاصة القول هنا أن المعلم الذي يعي أن دوره في الموقف التعليمي هو دور القائم بالاتصال في العملية الاتصالية ، ويمتلك مهارات التعليم والاتصال الناجح ، هو أقدر على تشكيل موقف تعليمي تعلمي يتسم بالتفاعلية ، وأقدر على تحقيق المخرجات التعليمية المخطط لها سلفا .

● المنهاج :

المنهاج مركب معقد ومتشعب يتشكل من جملة مكونات . فهو حقائق ومفاهيم وأفكار ومواقف واتجاهات ومهارات وخبرات عديدة ومتنوعة ، تصاغ بطريقة ما وأسلوب ما ، وبلغة مناسبة ، وطبقا لتسلسل مناسب يستجيب لحاجات الطلبة الذين وضع من أجلهم على اختلاف ميولهم و خبراتهم السابقة وقدراتهم . ويتطلب تطبيقه استخدام جملة من الوسائل القادرة على نقل محتواه على نحو فاعل ومؤثر في من أعد لهم .

والمنهاج من الزاوية الاتصالية ، هو الرسالة بعناصرها المختلفة ، اللغة ، والأسلوب ، والأهداف ، والمحتوى ، والتي يسعى القائم بالاتصال إلى توجيهها إلى المتلقي ، مضافا إليها ما يساعد القائم بالاتصال على تحقيق هذه الرسالة لأهدافها ، من استراتيجيات ووسائل و طرائق . ومن هنا فان الإلمام الكافي بما يقتضي توفره لإعداد رسالة بالمواصفات التي تحدثنا عنها سابقا ، هو ضرورة تعليمية واتصالية في الوقت ذاته ، لابد للقائمين على وضع المناهج الدراسية ، والمعلمين كذلك ، من الإحاطة بأبعادها وإتقان مهاراتها .

وإذا ما أخذنا إمكانات الإفادة من تكنولوجيا الاتصال المعاصرة ، وبخاصة منها شبكة الانترنت ، سنعرف مدى استفادة واضعي المناهج من هذه الشبكة وما هو مخزون فيها من معارف وتجارب وخبرات عالمية ، ومدى استفادة الطلبة من هذا الخزين المعرفي الغزير في تطوير معارفهم وخبراتهم . وفي ذلك بالتأكيد دعم للمواقف التعليمية وتطوير لمفهوم المنهاج الذي يصبح والحالة هذه واسع الحدود ، متنوع الخبرات ، متطور التجارب، متسما بالشمول والحداثة .

● **الطالب :**

هو المتلقي أو المرسل إليه ، الذي يعمل كل من المعلم وواضع المنهاج على مخاطبته والتأثير فيه ، باتجاه معين ، و في زمن محدد ، وكيفية مرسومة ، بغية تحقيق أهداف مقصودة .

أما التلقي فيمكن أن يكون من قبل فرد واحد ، كما يحدث في مواقف تعليمية محددة كالتدريس الخصوصي ، أو في التعلم الفردي . وقد يكون التلقي من قبل مجموعة أفراد ، كما هو الحال مع التعلم الجماعي داخل الصف أو خارجه . وقد يكون من قبل جمهور كبير ، كما هو الحال في التعليم الجماهيري ، الذي يجري عن طريق وسائل الاتصال الجماهيرية . وهنا يتحقق الاتصال الفردي والجماعي والجماهيري . وهي أنماط اتصالية وتعليمية في الوقت نفسه .

من ناحية ثانية فان التلقي يمكن أن يتم وجها لوجه ، كما يحدث في التعليم داخل حجرة الدرس مثلا . وعندها يكون الاتصال مباشرا . وقد يتم الاتصال عن بعد ، كما يتم في التعليم المبرمج، والتعليم عن طريق الإذاعة والتلفزيون والانترنت. وهو ما يسمى الاتصال غير المباشر. وقد يتم الجمع بين الاتصال الفردي والاتصال الجماعي ، أو الجمع بين نماذج الاتصال المباشر ونماذج الاتصال غير المباشر، إذا ما استخدمت تكنولوجيا الاتصال

التفاعلية عن بعد ، كشبكة الانترنت والتلفزيون التفاعلي والألعاب الالكترونية عبر الانترنت ، وغيرها .

وكما أشرنا إلى أهمية التواصل الذي يحدث بين المعلمين في تطوير المواقف التعليمية ، فان من المفيد جدا أن تكون هناك أشكال من التواصل بين الطلبة أنفسهم أيضا ، سواء على مستوى الصف أو المدرسة ، أو على مستوى المنطقة أو العالم ، عبر الوسائل التي أشرنا إليها ، وبخاصة منها غرف المحادثة والبريد الالكتروني وغيرها . إن من شأن ذلك الإسهام في تعزيز التعلم وتطوير خبرات ومعلومات الطلبة المشاركين وتعديل اتجاهاتهم ، وترسيخ قيم التعلم التعاوني بينهم . هذا فضلا عما ينشأ عن ذلك من تفاهم وتعارف ومد للجسور الاجتماعية ، بوصفها نواتج عرضية لهذا النوع من التواصل . وجميع ذلك يدخل في إطار الاتصال التربوي في حقل التعليم والتعلم ، وهو ما تطلق عليه تسمية الاتصال التعليمي .

● **الأطراف الساندة :**

ونحن نتحدث عن أطراف الموقف التعليمي التعلمي الأساسيين ، المعلم والمنهاج الدراسي والطالب ، لا ينبغي لنا أن نغفل أدوار الأطراف الأخرى التي تسهم بقدر أو بآخر في إسناد المعلم والطالب في تطبيق المنهاج الدراسي ودعمهما في تحقيق أهدافه . وتضم هذه الأطراف مدير المدرسة ، أو رئيس الجامعة أو المعهد العلمي ، والعاملين بمعيتهم من الملاكات الإدارية والفنية والخدمية . كما تضم أسر الطلبة ، وشبكة واسعة من العلاقات السائدة في محيطهم الاجتماعي ، وكذلك الجهات الساندة الأخرى من الدوائر والمؤسسات الاجتماعية الأخرى ذات الصلة بالتحصيل العلمي الذي تسعى هذه المؤسسات العلمية إلى تحقيقه. وهذه الأطراف بمجموعها تشكل العنصر البشري في البيئة التعليمية والاتصالية في الوقت ذاته ، الحاضنة للمواقف التعليمية .

إن مهمة الإدارة المدرسية ، أو الجامعية ، بكل مستوياتها ، وبجميع تخصصاتها ، أن تسعى بكل جهدها إلى تفعيل النشاط الاتصالي الذي يضمن توفر الدعم الدائم للمواقف

التعليمية التعلمية . فعلى الرغم من أن الإدارة المدرسية ليست من الأطراف الأساسية في الموقف التعليمي التعلمي ، إلا أنها تعد مسؤولة مسؤولية مباشرة عن تحقيق أفضل مستوى دراسي ، والوصول إلى تحقيق أفضل ما يمكن من مخرجات العملية التعليمية . وواضح أن ذلك إنما يتحقق من خلال جملة المهام التي تقوم بها الإدارة المدرسية ، أو الإدارة الجامعية ، والعاملون فيهما ، بما في ذلك أعضاء الهيئات التدريسية ، وفي مقدمة هذه المهام إسنادهم للمواقف التعليمية وتوفير المناخ الملائم لنجاحها .

إن توفير الدعم المطلوب للجهود التعليمية التي تبذلها المدرسة أو الجامعة ، وتحقيق المستوى العلمي الذي تسعى إليه المؤسسة التعليمية ، إنما يتطلب نشاطا اتصاليا واسعا تقوده المؤسسة التعليمية لفتح قنوات الاتصال مع الطلبة أنفسهم أولا ، وإشراك ذوي الطلبة في متابعة أبنائهم ، وتوفير البيئة الصالحة للدراسة في البيت تحقيقا لمتطلبات الموقف التعليمي . كما إن ذلك يتطلب إدامة الصلة بالأطراف الفاعلة في البيئة الاجتماعية المحيطة، كالمؤسسات والجمعيات العلمية والثقافية والدينية والإعلامية ، وتوجيه هذه الصلات بما يحقق الغرض من النشاط الاتصالي هذا ، وهو دعم الجهود العلمية التي يسعى إليها أصلا الموقف التعليمي التعلمي .

وبناء على ما تقدم فإن المحور الأساس للعمل التعليمي ، والذي يمكن أن يحقق هدف المؤسسة في الارتقاء بالتحصيل ، وإحراز أهداف المنهاج الأخرى ، هو الموقف التعليمي الناجح . وجميع المهام التي تؤديها المؤسسة التعليمية ومن يساندها في ذلك، والتي تدور حول هذا المحور ، إنما تتطلب تفعيل نشاطها الاتصالي على كل الأصعدة ، وفتح قنوات الحوار دعما للتعلم .

وسائل الاتصال التعليمية :

لكي يتمكن أطراف العملية التعليمية داخل المؤسسة التعليمية ، من تفعيل نشاطهم الاتصالي بما يحقق الدعم الذي اشرنا إليه لمخرجات التعليم والتعلم ، فإنهم بحاجة إلى جملة من الوسائل الاتصالية التي تعينهم في مهمتهم هذه . وقبل تعداد أهم هذه الوسائل

والحديث عن كل منها على حدة ، لابد من الإشارة إلى أن ما نقصده بهذه الوسائل تلك التي تستخدم داخل بنية الموقف التعليمي التعلمي ، و تلك التي تستخدم خارجه ، أي في أنشطة لا صفية ، أو أنشطة لا تعد من بنية الموقف التعليمي ، لكن من شأنها تحقيق أهداف المنهاج الدراسي ، بالمعنى الواسع للمنهاج .

● **الرموز والإشارات والإيماءات :**

وهي جميعا وسائل يستعين بها المعلم في إيصال ما يريد إيصاله من مفاهيم ومعلومات وخبرات ومشاعر ومهارات إلى الطالب . بالمقابل فان الطالب أيضا يستعين بها في التعبير عن أفكاره أو استفساراته ، في خطابه الموجه إلى المعلم أو إلى زملائه أثناء التحاور معهم ، بشرط أن تكون هذه الرموز والإشارات والإيماءات متعارفا على معانيها ودلالاتها ، بحيث تشكل جزءا من لغة التفاهم بينهم . فالأعداد والألوان والأصوات المبهمة يمكن أن تكون رموزا تحمل معاني شتى بحسب مستخدميها . وهي قادرة في حال فهمها من الأطراف الأخرى ، على نقل ما يدور في مخيلة مستخدمها إلى المتلقي. ومثل ذلك الإشارات ، كعلامات المرور والعلامات التجارية ، والإيماءات أو ما يسمى " لغة الجسد " كهز الرأس بالقبول أو الرفض والتصفيق ، وحركات الجسد المركبة التي غالبا ما تستخدم في المسرح التعليمي ، وغيرها كثير.

إن من الصعب تصور إمكانية قيام نشاط اتصالي تعليمي بدون الإفادة من الرموز اللفظية وغير اللفظية ، والإشارات والإيماءات في تداول المعاني بين المعلم وطلبته ، أو بين الطلبة أنفسهم . بل إن المعلم أحيانا ليعجز عن إيصال ما يدور في خلده ، وكذلك الطالب ، بدون استخدامها . إذ إنها قد تختصر معنى يصعب التعبير عنه بيسر ، أو أنها تجسد فكرة أو إحساسا يتسم بالتجريد ويصعب توضيحه بدونها . فهي بذلك أقدر على تحويل المجرد إلى محسوس يمكن إدراكه مما يسهل عملية التعلم ويساعد على الاحتفاظ بما تم تعلمه لفترة أطول في الذاكرة ، هذا فضلا عن إمكانية استخدامها بوصفها جزءا من عناصر التشويق .

وقد يكون من الضروري التنويه هنا إلى أن هذه الرموز والإشارات والإيماءات جميعا إنما تكتسب مدلولاتها الاصطلاحية من العرف السائد بين أبناء مجتمع واحد ، ومن خلال التكرار في الاستخدام ، حتى تصبح شائعة في المحيط الذي استخدمت فيه . وعليه ينبغي إدراك أنها قد لا تكون كذلك في وقت آخر ، أو مكان آخر ، أو مع أناس آخرين .

إن المعلم المتمرس يستطيع الإفادة كثيرا من هذا النوع من الوسائل الاتصالية داخل الموقف التعليمي ، في إضفاء الحيوية والتشويق على طريقة عرضه للمادة التعليمية التي يرغب بإيصالها إلى طلبته ، والتواصل معهم على سبيل المثال عبر توزيع نظره على الجميع ، بما يشعرهم بأنهم موضع اهتمامه باستمرار ، والتحرك داخل حجرة الدرس بالشكل المعقول ، واستخدام الحركات والإشارات ، والتمثيل أحيانا بقدر ما يدعو الموقف التعليمي إلى ذلك .

كما يستطيع بالمقابل أن يلتقط ردود أفعال طلبته مما يبدونه من علامات أو حركات تعكس تقبلهم لما يدور في الدرس ، أو شرودهم الذهني أو مللهم من الدرس ، مما يعينه على تعديل النموذج الاتصالي الذي يعتمده آنيا ، ورفده بما يمكن من عناصر التشويق ليجعله أكثر نشاطا وحيوية وتفاعلا .

● **اللغة المنطوقة :**

تعد اللغة المنطوقة الوسيلة الاتصالية الأساسية حتى الآن المستخدمة في إيصال المعاني والخبرات المعرفية والوجدانية والمهارية في معظم المواقف التعليمية . وقد اعتمد عليها التعليم منذ عرف الإنسان تشكيل الكلمات من الأصوات ، ووضعها في سياق ذي معنى فنشأت اللغة المنطوقة . ذلك أنها أيسر وسيلة متاحة في تأمين الاتصال بين طرفي العملية التعليمية وأقلها كلفة .

وينصح المعلم عند استخدام اللغة المنطوقة أن يتبسط في صياغة تراكيبها ، ويبتعد عن مفرداتها الغريبة والصعبة ، وأن يؤكد على وضوح معانيها لمستمعيها ، ومناسبتها لقدراتهم

اللغوية والعمرية ، وعدم الإسهاب في الكلام ، وعدم تكرار ما هو غير ضروري ، تفاديا للملل الذي قد يصيب مستمعيه . وهو ما يتسبب في تشتيت أذهانهم وإضعاف قدراتهم على التواصل معه بانتباه ، وأخيرا عدم حصول التعلم كما يجب . كما ينصح بمراعاة طبيعة الوسيلة التي يستخدمها في إيصال خطابه المسموع، والتأكيد على قصر العبارات المستخدمة ودقة اختيار مفرداتها ، وأن تكون فصيحة مبسطة قدر المستطاع ، لا لهجة دارجة.

كما يحسن بالمعلم استخدام صوته بصورة تعكس تفاعله مع المعاني التي يتداولها مع طلبته ، والابتعاد عن الرتابة في الإلقاء ، أو البطء الشديد أو السرعة في الكلام و عرض المعلومات ، أو التحدث بصوت عال أو منخفض لوقت طويل دون مبرر، مما يتعبه هو قبل طلبته ، بعد درس طويل أو عدة دروس ، و يوقع طلبته في الملل ، ثم عدم الانتباه .

على أن المغالاة في استخدام هذه الوسيلة ، أي الخطاب السمعي ، قد أوقع الاتصال في الموقف التعليمي في المشافهة ، التي لا تضمن دوام الانتباه من قبل المتلقي . كما لا تضمن استقرار ما يتعلمه الطالب في الذاكرة طويلة المدى ، إلا بنسبة تقدر بحوالي ١٠% مما يجري تعلمه وقت الدرس . وهو ما سبق أن بيناه تفصيلا .

● **المطبوعات :**

ما تزال المطبوعات أهم وسيلة من الوسائل الاتصالية التربوية المستخدمة في حقل التعليم ، على الرغم من التوسع الكبير في استخدام الوسائل السمعية والبصرية الحديثة . وتضم المطبوعات طيفا واسعا من النشريات التي يستخدمها المعلم داخل الصف ، أو من قبل الطالب خارج المدرسة ، كالكتاب المدرسي والكتب الأخرى ذات الصلة بالمنهاج الدراسي، والكتيبات المساعدة والأدلة والكراسات التطبيقية التي تستخدم في الدروس العملية ، والخرائط والصور والجداول والأشكال البيانية والتخطيطات وغيرها . كما تضم أوراق العمل وأوراق الاختبارات ووسائل الإيضاح المطبوعة بمختلف أنواعها ، وتلك التي

تشكل جزءا من الحقائب التعليمية ، أو المرفقات مع الكتاب والملازم التعليمية في التعليم المبرمج ، والتي تستخدم من قبل الطالب في المواقف التعلمية الذاتية ، وغير ذلك من مطبوعات تعليمية .

لقد تطورت المطبوعات المستخدمة في التعليم والتعلم في المؤسسات التعليمية العربية بصورة واضحة عبر العقود الماضية . فقد ارتقت في تصاميمها ، وتوزيع مساحات النص ، وتنويع الخطوط والألوان على صفحاتها . كما تطورت كثيرا من حيث تنظيم محتواها ، وتيسير لغتها ، وزيادة مساحات الصور التوضيحية والمخططات وغيرها ، بما يجعلها أكثر تيسيرا للتعلم ، وأكثر تنشيطا للدافعية . لقد تطورت قدرات القائمين على تصميم المطبوعات وطباعتها، حتى أن بعض المؤسسات التعليمية صارت لها مطابعها الخاصة لتأمين متطلباتها من المطبوعات المختلفة . ومنها ما دخلته التكنولوجيا المعاصرة ، وصار الحاسوب الأداة الأساسية في توفير المطبوعات المستخدمة فيها . بل إن بعض المعلمين يشركون طلبتهم في إنتاج مثل هذه المطبوعات ، وبخاصة البسيطة منها ، مما يعزز مبدأ المشاركة والتعليم المتفاعل ، ويرفع من دافعية التعلم لدى الطلبة .

أما خارج الموقف التعليمي ، فالمطبوعات كثيرا ما تستخدم في تبادل الخطابات بين الإدارة المدرسية أو المعلمين مع الجهات ذات الصلة بالعملية التعليمية من خارج المدرسة ، ومع أولياء أمور الطلبة والإدارات التربوية العليا ، وفي الإعلان عن أنشطة المدرسة أو الجامعة . كما تضم العديد من الوثائق والسجلات المطبوعة ، والتقارير الخاصة بعمل المدرسة وشؤون الطلبة ، والتي تحتفظ بها الإدارة أو المعلمون والمشرفون التربويون ، وتشكل ذاكرة المؤسسة التربوية التي ترجع إليها في كثير من تفاصيل عملها اليومي . وهو ما سيجد القارئ الكريم إشارة تفصيلية إليه في الفصل السابع .

● **النماذج الطبيعية والاصطناعية :**

وتضم جميع المجسمات الجبسية والخشبية و الطينية والبلاستيكية و المعدنية التي تنتج أو تجلب مما هو متوفر في البيئة المحلية ، إلى حجرة الدراسة لأغراض تعليمية . وقد تنتج هذه المجسمات بالحجم الطبيعي، أو بحجم أصغر أو أكبر، بحسب أغراض استخدامها وظروف خزنها ونقلها . وتعتمد النماذج على فكرة محاكاة أشكال الأجسام أو أجزائها ، عن طريق تصنيعها أو استخدام نماذج حقيقية منها، كما يحصل مثلا في تدريس أعضاء جسم الإنسان أو أجزاء النبات أو الأجرام السماوية ، أو أنواع الرمال أو الصخور في الطبيعة . كما تستخدم لتجسيد المفاهيم مثلما يحصل في تدريس الأشكال الهندسية المجسمة كالمكعب والكرة والاسطوانة على سبيل المثال .

وتكمن أهمية استخدام النماذج من الناحية الاتصالية التعليمية ، في أنها تقترب من الخبرة المباشرة ، فتيسر على المعلم توضيح المعاني المقصودة وتقريبها إلى أذهان طلبته ، بجهد أقل ، وكفاءة أعلى ، من خلال مخاطبته لهم عبر حاستين في الوقت نفسه ، أي من خلال الشرح والمشاهدة . كما إنها من جهة ثانية تعين الطالب على التقاط المعنى المقصود بيسر، والاحتفاظ بالمعلومة في ذاكرته طويلة المدى . هذا فضلا عن أن مشاهدة هذه النماذج ، وربما تحسسها عن قرب ، يعطي الطالب الإحساس بالواقعية ، وبالتالي المتعة في التعلم، والتفاعل مع المعلم فيما يسعى إليه من تحقيق الأهداف التعليمية . علاوة على ذلك ، فان النماذج كثيرا ما تستخدم في إكساب الطلبة مهارات عملية مختلفة ، كما يحصل مثلا في تركيب أجزاء محرك السيارة في التعليم الصناعي ، أو فحص أنواع من الصخور المعدنية أو عينة من الدم في المختبر .

إن إشراك الطلبة في إنتاج أو استخدام أو إحضار النماذج المصنعة أو الحقيقية ، يعد من العوامل التي تعزز نجاح المعلم في استخدام هذه الوسائل ، بوصفها وسائل اتصالية فاعلة ، من شأنها أن تسهم في تشكيل موقف اتصالي ناجح ، يتسم بالمشاركة والتفاعل بين طرفي العملية الاتصالية التعليمية ، المعلم والطالب . كما إنه يسهم في توسيع مدارك ومهارات الطالب من خلال البحث والتجربة العملية . ولطالما تذكرنا بكثير من الإكبار

معلمينا الأوائل الذين كانوا يكلفوننا أيام الدراسة بجلب فئران لأغراض التشريح ، أو طيور لأغراض التحنيط ، أو نماذج من الحشرات أو أوراق الأشجار من البيئة المحلية ، وتجفيفها وعمل لوحات مزججة تعلق على جدران المدرسة ، لننظر إليها بعد ذلك بكثير من الرضا عن ما أحرزناه من تقدير الآخرين لنا .

ولا شك أن بيئة تعليمية ينشط فيها هذا النمط من الحيوية في الاتصال ، تكون أقدر على تحقيق أهدافها من تلك البيئة التقليدية الخاملة، التي يتم فيها التلقي بصورة سلبية ، قوامها أن يتلقي الطالب الرسائل من المعلم بوصفه المصدر الوحيد للمعرفة ، دون تفاعل معه ، ودون أن يكترث المعلم بما آلت إليه جهوده ، وما تولد لدى الطالب من أفكار وتشكل لديه من مفاهيم وردود أفعال .

- **اللوحات :**

ربما تكون اللوحة أو السبورة من أقدم أنواع الوسائل الاتصالية التعليمية . لكنها مع ذلك ما تزال مستخدمة على نطاق واسع في المدارس والجامعات ، حتى في البلدان المتقدمة علميا ، على الرغم من دخول تقنيات كثيرة أخرى غيرها إلى غرفة الدرس . ويعود السبب في ذلك إلى سهولة استخدامها ورخص ثمنها وتوفرها في البيئات المختلفة ، وكونها ما تزال مفيدة في تحقيق بعض أهداف المواقف التعليمية المباشرة ، التي يصعب تحقيقها حتى عن طريق وسيلة أخرى . فأن تسأل طالبك أن يتقدم من آخر قاعة الدرس إلى مقدمتها ، مخترقا صفوف زملائه من الطلبة ليكتب جملة على السبورة ، ويشرح لزملائه كيفية كتابة حروفها وكيفية إعرابها ، إنما يتضمن جملة من الأهداف التعليمية التي يصعب تحققيها عن طريق وسيلة أخرى ربما تكون أحدث منها .

واللوحات اليوم أنواع عدة، فمن اللوحة الخشبية التقليدية، إلى اللوحة الوبرية والزجاجية والمغناطيسية والالكترونية، إلى لوحات متعددة الوجوه ومتحركة باتجاهات متعددة حسب الطلب. وكل من هذه اللوحات لها استخداماتها والأهداف التي يمكن

الاستعانة بها لتحقيقها . بمعنى آخر فهي جميعا ما تزال قيد الاستخدام ، وما يزال لها دورها الاتصالي الذي نحتاج إلى تفعيله في كثير من المواقف التعليمية ، وبخاصة في البلدان التي يصعب فيها اعتماد غيرها من التقنيات والوسائل الاتصالية التعليمية الحديثة ، لأسباب كثيرة .

إن سهولة استخدام اللوحات تعد أحد أسباب انتشارها ، إذ إنها لا تتطلب عند استخدامها أية مهارات صعبة . لذلك فهي واسعة الاستخدام في الصفوف الدراسية أو الدورات التدريبية التي تعقدها المؤسسة التربوية للعاملين فيها وغير ذلك من الاستخدامات . غير أن ذلك لا يعني في النهاية جودة الاستخدام . ذلك أنها كثيرا ما تستخدم بطريقة غير منظمة ، بحيث تكتب عليها البيانات أو تعلق عليها الخرائط والأشكال والصور مرة واحدة وبطريقة غير منظمة ، من شأنها أن تشتت المتلقي وتفقده القدرة على التركيز على ما ينبغي التركيز عليه مما هو معروض عليها . وكثيرا ما تترك بيانات وصور على اللوحة لا ترتبط مع أجزاء الدرس اللاحقة ، ومع ما يقوم المدرس بشرحه ، مما يشكل عنصر إلهاء وتشتيت أيضا بسبب تعرض المتلقي إلى رسائل متقاطعة بين البصر والسمع . وهو ما يقود في النهاية طبعا إلى عدم حصول التعلم .

● **الشفافيات وأجهزة العرض الصوري :**

تتميز الشفافيات التي يستخدم في عرضها جهاز العارض فوق الرأس (overhead projector) بأنها وسيلة سهلة الاستخدام ، وأن كلفة جهاز العرض والأدوات ونوع الورق الجلاتيني الشفاف الذي يستخدم في إنتاجها منخفضة نسبيا . كما إن طريقة عرض الشفافية تحمل قدرا جيدا من التشويق ، ويمكن أن تعرض محتوياتها بالأبيض والأسود أو بالألوان على شاشة كبيرة أو جدار. وتستطيع أن تغير بيئة التلقي على نحو كبير ، يسهم في إثارة الانتباه ، والتركيز على نقاط محددة ، هي تلك التي يريد القائم بالاتصال التركيز عليها.

والشفافيات نمط من الوسائل الاتصالية التي تستخدم على نحو واسع في المؤسسات التعليمية بمختلف أنماطها ومراحلها . كما تصلح للاستخدام في قاعات الدرس الكبيرة والصغيرة على حد سواء ، وبخاصة في المحاضرات والمؤتمرات التي تقام في قاعات ذات جمهور واسع . يضاف إلى ذلك أنها تستعمل عند عرض البيانات والأشكال الجاهزة مسبقا، أو تلك التي يقوم القائم بالاتصال ، معلما كان أو مسؤولا إداريا أو محاضرا ، بكتابتها أو رسمها أثناء العرض . كما يمكن عرض الأشكال والأجسام على شاشة جهاز العرض الخاص بها ، بالإفادة من المصدر الضوئي للجهاز ، لتظهر بصورة مكبرة تفاصيل تلك الأجسام للمتلقين ، ولكن باللونين الأبيض والأسود فقط .

وعلى الرغم من أن المهارات المطلوبة لإنتاج الشفافيات ليست من المهارات الصعبة أو التي تتطلب مرانا طويلا من قبل المعلمين ، إلا أن استخدام هذا النوع من الوسائل الاتصالية التعليمية يعاني من سلبيات كثيرة ، تشبه تلك التي تواجه المعلمين في استخدام السبورات الصفية بصورة غير منظمة ، والتي أشرنا إليها عند الحديث عن اللوحات . كما إن حشو الشفافيات ببيانات كثيرة ، وبخاصة منها تلك المكتوبة يدويا بخط غير واضح ، تعد من السلبيات الشائعة في استخدام الشفافيات . يضاف إلى ذلك عدم مراعاة نقاط التركيز واتجاهات النظر عند المتلقي أثناء تلقيه للمعلومات ، وهو ينظر إلى شاشة العرض والى المعلم في الوقت نفسه .

والحديث عن الشفافيات يتصل بالحديث عن أجهزة العرض الصوري المختلفة كعارض الشرائح (slide projector) بدون صوت ، وأجهزة العرض السينمائي للعرض الصامت للصور الثابتة والمتحركة ، وما يشبهها في الوظيفة التعليمية ، وما يتصل بها من ملحقات .

- **الصحافة المدرسية ووسائل الاتصال المقروءة :**

تعد الصحافة المدرسية بصورة أساسية ، واحدة من وسائل الاتصال التعليمي غير الصفية التي تحظى بإقبال كبير من قبل الطلبة ، لما تتيحه لهم من فرص المشاركة الفاعلة ، في نشاط ينطوي على تنافس مثمر مع زملائهم داخل المدرسة ، وربما مع أقرانهم الآخرين كذلك خارج المدرسة أو الجامعة . كما إنها تمنح الطلبة الحرية للتعبير عن أفكارهم وتطلعاتهم وتفجير طاقاتهم والإفصاح عن مواهبهم وتجريبها وصقلها تحت إشراف أساتذتهم وبمشاركة أقرانهم . وهي فرصة أيضا للمعلمين لزج الطلبة في أنشطة إضافية تثري معارفهم ، وتطور من خبراتهم ومهاراتهم ، وتبني لديهم الإحساس بالذات ، واحترام الرأي الآخر ، والدخول في محاورات علمية وفكرية واجتماعية ذات جدوى تربوية مدروسة ، من شأنها أن تعزز ما تعلموه في دروسهم الصفية ، وتسهم كثيرا في تحقيق أهداف المنهاج بمفهومه التربوي الواسع .

و تعد الصحافة المدرسية نمطا من أنماط الصحافة المتخصصة ، أولا بحكم توجهها إلى فئة متجانسة هي جمهور الطلبة بشكل أساس ، وثانيا بحكم طبيعة موضوعاتها التي تنضوي في الغالب تحت عناوين تربوية وتعليمية ، وثالثا لأن أهدافها محددة ومرتبطة بالمنهاج الدراسي في إطاره الواسع . ويمكن أن تكون الصحافة المدرسية بأشكال عدة ، فهناك النشرات الجدارية التي يقوم الطلبة بإشراف معلميهم ، بإعداد موضوعاتها وتصميم أبوابها والتشارك فيما بينهم في جمع الصور الضرورية لدعم موضوعاتها ، وكتابتها ، وإضافة الخطوط والرسوم إليها ، بما يجعلها صحفا حائطية جذابة ، تقرأ في أوقات فراغ الطلبة بين الحصص الدراسية ، أو للمشاركة في المسابقات العلمية التي تقيمها مجموعة من المدارس أو الجامعات ضمن رقعة جغرافية محددة .

كما يمكن أن تأخذ الصحافة المدرسية شكل المجلة أو الجريدة أو المطبوع الدوري المبسط ، وأن تتضمن موضوعات متنوعة كالأخبار والتحقيقات والمعلومات الإحصائية وأنشطة المدرسة أو الجامعة ...إلى غير ذلك من أبواب . وهنا يتعلم الطلبة مهارات عديدة

تتعلق بإعداد مثل هذه الأنماط الكتابية ، والقيام ببعض الفعاليات الميدانية كتسجيل اللقاءات أو تصوير بعض المواقع ، وتضمينها في النشرة الجدارية .

ومع تقدم التكنولوجيا الاتصالية ، وحيثما توفرت الإمكانات المادية ، نجد أن هناك صحافة الكترونية تتبناها وتشرف عليها مدارس أو جامعات . وهذه الصحافة لها مواقعها على شبكة الانترنت . ويفتح بعضها صفحاته لمشاركة الطلبة وأولياء أمورهم والمعلمين من مدارس أو جامعات أخرى في العالم . كما يوفر بعضها الفرصة لتأسيس نواد على الهواء وغرف للمحادثة وتبادل الأفكار والتعليق على ما هو منشور في الصحيفة أو الموقع الصحفي ، وهو ما صار يعرف بصحائف الحوار .

إن هذه الأنواع وغيرها من الصحافة المدرسية ، يتطلب العمل فيها في مختلف مراحله ، مهارات متخصصة من جانب المعلمين القائمين عليها ، كي يتمكنوا من نقل هذه المهارات إلى طلابهم ، ومساعدتهم عبر التجربة والتطبيق العملي على تطويرها . فالكتابة والتصوير والخط والزخرفة والتصميم والتلوين ، إضافة إلى الطباعة على الحاسوب وغيرها ، كلها مهارات يتم التعرف إليها والتدريب على إتقانها ، تحقيقا لأهداف مهمة للمنهاج الدراسي ، وفي بيئة مفعمة بالنشاط والتنافس الايجابي والتعلم التعاوني .

● **الإذاعة المدرسية والوسائل السمعية الأخرى :**

استخدمت الإذاعة في المدارس والجامعات لأغراض تربوية وتعليمية شتى ، وبخاصة في المناسبات التي تحتفل فيها المدرسة أو الجامعة بتخرج طلبتها ، أو عند إقامة استعراضاتها الرياضية الموسمية والسنوية ، أو في احتفالية رفع العلم الصباحية ، أو في أية مناسبة فنية أو وطنية أو اجتماعية أخرى تعنى بها المدرسة أو الجامعة . كما تستخدم الإذاعة المدرسية في الأيام الاعتيادية لإعلام الطلبة والعاملين في المدرسة والجامعة بآخر المستجدات أو التوجيهات التي تصدر عن الإدارة أو ترد إليها من الإدارة العليا .

وعلى الرغم من أن مهمة الإذاعة قد تبدو غير تعليمية بصورة مباشرة ، إلا أنها يمكن أن تحقـق أهداف المنهاج البعيدة ، ومنها التعلم التعاوني بين الطلبة ، والتفاعـل بين المعلمين كمجموعـة مـن جهـة وطلبتهم من جهة أخرى ، على نحو يحشد طاقات الجميع في عمل واحد يصعب تحقيقـه داخل حجرة الدراسة . كما إن هذا النمط من النشاط الاتصالي الـذي يتسـم بالتشويق والإثارة مـن جانب الطلبـة ، وبخاصة عند مساهمتهم النشطة في فعاليات الإذاعة ، يكسبهم ، كما هو الحال مـع الصحافة المدرسية ، معارف ومهارات عديدة من خلال البحث والتقصي عن الموضوعات المناسبة التي يتقبلها مستمعو إذاعتهم ، وكذلك من خلال ممارسة العمل الإذاعي في جميع مراحـل الإنتاج الإذاعي المعروفـة ، إعـدادا وتقديما وتنظيما وإخراجا.

أما من الناحية التعليمية المباشرة ، فقد استخدمت الإذاعة المدرسية في حالات كثيرة في إدارة الدروس الميدانية ، التي تتطلب انتشار الطلبة على مساحة واسعة ، يكون من الضروري معهـا أن يتـابع المعلم طلبته عبر الاتصال الإذاعي ، على موجة متوسطة بتردد معين ، أو موجة (FM) خاصة بها ، لتوجيه الطلبة ومتابعة نشاطهم ميدانيا . ويحصل ذلك في بعض الدروس الميدانية في تخصص الزراعة مثلا أو الآثار أو علوم الحياة وغيرها .

ولا بد هنا من الانتباه إلى ضرورة أن يكون المعلمون ممن يمتلكون المعارف والمهارات اللازمة لإدارة وإدامة العمل في هذه الإذاعات ، وممن يحرصـون عـلى اكتشـاف مواهـب طلبتهم وتوظيفها , وتـدريب طلبتهم على إتقان الخبرات اللازمة لعملها .

إن الإذاعة المدرسية يمكن أن تكون على مستوى المدرسة أو الجامعة أو جزء منها ، أو على مستوى مجموعة من المدارس أو الجامعات . كما يمكن أن ينتشر نطاق بثها على مستوى المنطقة التعليمية أو على مستوى الإقليم أو البلد كاملا . بل إن بعض الإذاعات التي حظيت بدعم مادي عال ، توفرت لها الفرصة أن تبث عبر الأقمار الاصطناعية ، أو عبر شبكة الانترنت ، لتقدم بـرامج تعليميـة متقدمـة تسـتند إلى المنهاج الدراسي لأغراض التعليم عن بعد، أو برامج إثرائية عامة لعموم المستمعين تتضمن أغان وأعمالا درامية و أحاديث تربوية ، وما

إلى ذلك . وكلما اتسع نطاق الاستماع إلى الإذاعة ، كان تأمين الجانب الفني الهندسي بطبيعة الحال أكثر كلفة وتعقيدا .

إن الحديث عن الإذاعة يشمل بطبيعة الحال جميـع الأجهـزة الصوتية وملحقاتها التي تستخدم كوسائل اتصالية سمعية في العملية التعليمية . ومن أمثلة هذه الأجهزة المسجل الصوتي ومكبرات الصوت والاسطوانات والأشرطة والأقراص الصوتية والهاتف المحمول والآلات الموسيقية وغيرها ، والتي يمكن أن تستخدم بمفردها كوسيلة تعليمية في موقف ما ، أو أن تستخدم داخل برنامج أو مادة إذاعية ، بوصفها وسيلة مكملة .

* **الوسائل السمعبصرية :**

تضم الوسائل السمعبصرية السينما والتلفزيون والفيديو وأجهزة العرض المزدوج للشرائح ( ) double head slide projector التي تستخدم معها الأشرطة الصوتية المصاحبة للصورة ، إلى غير ذلك من وسائل تعليمية تجمع بين الصوت والصورة ، وما يتصل بهذه الأجهزة من عـدد ومواد ومستلزمات . إن الحديث يطول عن هذه الوسائل ، والتجارب التي وظفتها في الحقل التعليمي . إذ إنها استخدمت في مختلف البلدان على نطاق واسع ومتعدد الأغراض في حقل التعليم ، وتفاوتت نتائجها بين تجربة وأخرى .

لقد استخدم التلفزيون بأشكاله المختلفة ، المغلق والمسجل والمفتوح والحي ، بحسب حاجات الميدان التعليمي في كل بيئة ومجتمع . كما أسست محطات تلفزيونية خاصة ببث المواد والبرامج التعليمية التي تعتمد بصورة كاملة على المنهاج الدراسي ، وتلك التي من شأنها إثراء معلومات وخبرات الطالب . هذا إلى جانب المواد التلفزيونية الأخرى كالدراما والأفلام التسجيلية ، التي تسهم في تعزيز توجهات المحطة التلفزيونية ، لما لهذه الوسائل، في حال استخدامها بصورة صحيحة ، من أثر على التعليم والتعلم . وقد تفاوتت نتائج هذه التجارب في البث على مستوى البلدان المختلفة .

إن بعض تجارب التلفزيون التربوي (ETV) في العالم تعثرت في التطبيق ، وعانـت مـن مشكلات حاكمة تتعلق بارتفاع كلف التأسيس والإنتاج ، أو بسبب ضعف التـدريب ، أو لأسباب تتصل بضعف التنظيم والتنسيق بين مجموعة المدارس التي تتسلم البث الحي وتنظم برنامجها اليومي الـدراسي بحسـب البث التلفزيوني . وهكذا انهارت كتجارب تطويرية في حقل التعليم وعدت تجارب فاشلة ، ليس بسبب ضعف التلفزيون نفسه كوسيلة اتصالية تعليمية ، ولكن لأسباب أخرى تقع خارج التلفزيون . بينما نجد في الطرف الآخر من المشهد التعليمي ، أن هناك بعض الباحثين ممن سجل لصالح التلفزيون في بلـدان أخرى نجاحات باهرة في القدرة على دعم المواقف التعليمية ، والارتقاء بمستوى التشويق الذي يحققه للمتعلمين ، على الرغم من كونه وسيلة اتصال باتجاه واحد ، وأن الطالب يمارس تلقيا سلبيا أمام التلفزيون ، وبخاصة إذا كان التعلم ذاتيا .

أما الوسائل السمعبصرية الأخرى كتلك الـذي ذكرناهـا ، فـما تـزال تسـتخدم بصـورة أو بـأخرى في الحقل التعليمي إلى جانب التلفزيون ، الذي اتجه إلى اعتماد مبدأ البث المغلق داخل المدرسة أو الجامعـة ، أو البث المفتوح دون ارتباط مباشر مع المدارس والجامعات ، أي بتسلم البث فرديا مـن قبـل الطلبـة ، ومتابعة البرامج التلفزيونية للمحطة التعليمية بوصفها جزءا مكملا لمنهاج أوسع .

على أن ظهور الحاسوب وانتشاره بسرعة في ميدان التعليم ، بسبب ما يتمتع به من خصائص ، قـد قلص كثيرا من مساحة الاهتمام والاستخدام التي احتلتها الوسائل السمعبصرية ، لكنه لم يلغها تماما . وغالبا ما تستخدم هذه الوسائل في الوقت الحاضر في المواقف التعليمية الصفية ، أو كوسائل مكملة داخل الأعمال التعليمية المحوسبة . بينما انسحب التلفزيون في كثير مـن الحـالات مخليا السـاحة للحاسـوب ، وانصرف إلى البرامج التربوية الإثرائية والعامة ، وتلك البرامج المعنية بالأطفال ، أو تلك التي تخاطب الآبـاء والأمهات والمجتمع بشكل عام ، باتجاه توفير بيئة أكثر ملاءمة للعملية التعليمية .

● **الحاسوب والانترنت :**

مع ظهور الحاسوب ، صرنا في ميدان الاتصال التعليمي أمام وسيلة فاقت ما سبقها من الوسائل الاتصالية التعليمية قدرة وتشويقا وتأثيرا في المتعلمين . فهي وسيلة مركبة ، بمعنى أنها توظف وسائل عدة في عملها . وهي وسيلة لا تستخدم الصوت والصورة واللون والحركة حسب ، وهي العناصر التي توفرت من قبل في الوسائل السمعبصرية ، إنما تمتلك قدرة تشكيل بيئة اتصالية تعليمية فائقة النشاط ، من شأنها ، عند استخدامها بالصورة الصحيحة ، أن تحقق التعليم الفعال ، وأن تحقق أهدافا أعلى من تلك التي نستطيع تحقيقها باستخدام بقية الوسائل . وهي أهداف تتصل بالقدرات التحليلية والتركيبية والتقويمية للمتعلمين ، وتعنى بحل المشكلات ومهارات التفكير الإبداعي لدى الأفراد .

أما من الناحية الاتصالية ، فان الحاسوب وسيلة تجمع بين الخطاب الفردي والجماعي ، وبين الخطاب المباشر وغير المباشر ، وبين الاتصال الفوري والمؤجل . بمعنى أنه وسيلة تصلح لبيئات اتصالية متباينة . لذلك فهو يصلح لمواقف تعليمية متعددة الأنماط والأغراض والاستراتيجيات والوسائل ، سواء كان ذلك داخل قاعة الدرس ، أو عن بعد. كما تستطيع الجمع بين الاثنين في موقف تعليمي واحد ، من خلال توظيف نماذج اتصالية مختلفة في الوقت نفسه .

يضاف إلى ذلك أن الاستخدامات التقنية المتجددة للحاسوب في إنتاج الصوت والصورة ، وتنظيم الإضاءة ، وتحريك الأجسام ، وبناء التشكيلات والتراكيب الصورية، والتفنن في استخدامات الخطوط والألوان ، والقدرة على إعادة بناء المشاهد الواقعية حسب الحاجة ، وخلق الواقع الموهوم (virtual reality) على نحو بالغ المرونة والتنوع . كل ذلك يدخل اليوم في صلب عملية الإنتاج الإذاعي والتلفزيوني والسينمائي وحتى المسرحي . وهو يعكس حالة من التآزر بين خصائص هذه الوسائل وتأثيراتها ، بغية تشكيل البيئة الاتصالية التعليمية الأمثل ، تلك البيئة القادرة على تحقيق أعلى مستوى من التفاعل بين المعلم والمتعلم، وبما يحقق أعلى مستوى من المخرجات التعليمية كما ونوعا .

إن الصفات الاتصالية والتعليمية التي ذكرناها بصدد الحاسوب ، وغيرها من الصفات التي تتصل بقدرته على خزن البيانات وتنظيمها وتسهيل استرجاعها ، علاوة على ما اكتسبه هذا الجهاز من قدرات إضافية، بربطه بوسائل الاتصال الأخرى وشبكة الانترنت، قد جعلت استخدام الحاسوب مظهرا من مظاهر التقدم في ميدان التعليم . كما يعكس في الوقت ذاته ما يتحقق من تطور في النشاط الاتصالي التعليمي . وصار استخدامه معيارا من حيث الكم والكيف ، لقياس مدى التطور الذي تحرزه المدرسة أو الجامعة في عملهما بصورة عامة .

لقد أشارت معظم الدراسات التي تناولت تأثير الحاسوب في حقل التعليم والتعلم في مختلف المجتمعات ، إلى أن وجود الحاسوب قد ساعد المعلم على إعادة تنظيم وقته المخصص لمهنته لصالح التفاعل مع الطلبة ، وانجاز قدر أكبر من الأعمال ذات الصلة بمهنته ، بصورة أسرع وأدق وأكثر أمانا ، بما يتيح له الوقت الكافي للتفرغ إلى مهام أخرى، كالتطوير الذاتي وإثراء معلوماته وتطوير مهاراته وخبراته .

وعندما يكون الحديث عن الانترنت ، فانه يمكن التطرق إلى كثير من استخدامات هذه الشبكة العملاقة لأغراض التطوير الذاتي للطالب والمعلم معا ، وفي مجال البحث العلمي كذلك . فهي تؤمن بيئة تعليمية تعلمية تستطيع استدعاء كل ما يتوفر عبر العالم من معلومات إلى القاعة الدراسية . وكذلك توفير نمط اتصالي غير مباشر، يعين في تشكيل مواقف للتعلم الذاتي والفردي والجماعي عن بعد . وباستخدام هذه القدرة الاتصالية المتقدمة نشأت الجامعات المفتوحة والمكتبات الالكترونية والجامعات الافتراضية . هذا إلى جانب توفير شبكة من الاتصال الدائم بالصوت والصورة ، لتمكين المستخدمين من الحوار الآني ، وتبادل الخبرات والوثائق بمختلف أنواعها آنيا أيضا .

إن استخدام الحاسوب وشبكة الانترنت وتطبيقاتهما في التعليم ، وبخاصة خلال العقدين الماضيين، يتطلب استفاضة في الحديث عن التجارب التي شهدتها الأنظمة التعليمية ومؤسساتها عبر العالم بعد ظهور هذه التقنية المتقدمة ، والدراسات الكثيرة التي رصدت مدى النجاح ونقاط الخلل في اعتمادها في التربية والتعليم . ويمكن للقارئ الكريم الإحاطة

بهذا الموضوع بصورة أكثر تفصيلا بالعودة إلى كتابنا (الحاسوب في التعليم) الصادر عام ٢٠٠٧ .

● **السفرات والزيارات :**

تطرقنا في مناسبة سابقة إلى أن وسائل الاتصال ، ومنها وسائل الاتصال التعليمية ، قد تكون مادية ، كما هو الحال مع الأجهزة والمعدات والنماذج وما إليها . وقد تكون غـير مادية ، كالإيمـاءات والنظرات والأصوات وما شابهها . والسفرات والزيارات هي من تلك الوسائـل غـير الماديـة التي تـؤدي دورا مهـما في جعل التعلم عملية ممتعة . فعلى الرغم مـن جانـب المتعة في هذه الوسائل ، والـذي قـد يبـدو الهـدف الأساس من إقامتها ، إلا أن المعلم المتمـرس ، يستطيـع أن يجعـل مـن السفرة المدرسية أو الزيارة التي ينظمها مع طلبته ، موقفا تعليميا بالغ الفائدة ، دون أن يقلل ذلك من مقدار المتعة التي تحققها . ويمكن أن يحدث ذلك إذا ما جرى اختيار الموقع الذي يقصده مـع طلبتـه بعنايـة ، وأن يضـع ابتـداء جملة مـن الأهداف التعليمية التي يتوقع تحقيقها من تنظيم هذا النشاط ، وبخاصة إذا ما كانت الرحلـة إلى موقع يرتبط بصورة مباشرة بالمنهاج الدراسي ، كما يحدث مثلا عند زيارة الطلبة بصحبة مدرس مادة التـاريخ إلى موقع آثاري ، أو عندما يصطحب مدرس التربية الرياضية طلبته إلى ملعب لكرة القدم .

أما السفرات الترويحية التي تنظمها المؤسسات التعليمية ، والتي تنظم دون أن تكون لهـا أهـداف تعليمية ترتبط بالمنهاج الدراسي بصورة مبـاشرة ، فإنها تحقـق متعـة كبيـرة للطلبة ، ومـن شـأنها تنشـيط طاقاتهم الفكرية والذوقية والبدنية . كما تسهم في توسيع مداركهم وخبراتهم الحياتية ، وتوفر لهـم فرصـة أكبر للتقارب الاجتماعـي فيمـا بيـنهم ، ومـع مدرسـيهم ، وتسـاعد في تـوفير بيئـة تتسـم بالألفة والمـودة والاستقرار النفسي . وكل ذلك ينعكس إيجابا على دافعيتهم نحو التـعلم ، ومـدى تفاعلهـم مـع زملائهـم ، وبالتالي مع المؤسسة التعليمية نفسها .

● المعارض والمتاحف :

إن المهمة الأساسية لهذين النوعين من الوسائل الاتصالية هي العرض . غير أن طبيعة ما يعرض في كل منهما هي التي تميز أحدهما عن الآخر . وتعد هاتان الوسيلتان من وسائل النشر والتعريف ، أي من الوسائل الاعلامية ، غير أنهما تستخدمان في التعليم كذلك على نحو واسع ، ولأغراض عدة .

إن المعارض التي تقيمها المؤسسات التعليمية لعرض نتاجات طلبتها من النشرات الجدارية ، أو الأشغال اليدوية ، أو الأعمال الفنية ، أو الأجهزة المنتجة في ورش العمل في مدارسهم وجامعاتهم ، يمكن أن تكون مواقع تعليمية مهمة ، يستفيد منها المعلمون والطلبة من المدارس أو المناطق الأخرى . وبهذا ينتقل أثر التعلم عبر المكان والزمان ، وتتعمق فرص تبادل الخبرات ، وتنفتح آفاق التعاون والحث على تطوير القدرات ، والتنافس نحو تقديم الأفضل . وهذه المعارض يمكن أن تكون دائمة أو مؤقتة ، ثابتة أو متحركة تتنقل بين المدن و المناطق التعليمية .

أما المتاحف التي تمثل سجلا تاريخيا موثقا بنماذج من مفردات الحياة في الزمن الماضي في ميادينها المختلفة ، فإنها بحق مصادر مهمة لاكتساب المعرفة بخصوص طرائق عيش الناس وعاداتهم وتقاليدهم وتراثهم ، إلى غير ذلك مما توثقه أزياؤهم ومفردات أثاثهم وأدوات عملهم ، وما يحتفظ به المتحف من قطع آثارية . كما إنها تولد الإحساس بقيمة الماضي وما حفل به من العطاء الإنساني ، وكيفية مواجهة الأسلاف للمشكلات الحياتية في الأزمان المتعاقبة والظروف المختلفة . بل إنها تولد الإحساس العميق بما استطاع الإنسان تحقيقه في الزمن الحاضر كذلك ، من خلال استشعار الفارق بين أنماط العيش عبر المراحل التاريخية .

وهذه المعارض يمكن أن تكون تعليمية تؤرخ لمراحل معينة من تاريخ المؤسسة التعليمية، أو أن تكون متاحف عامة يزورها الطلبة تحت إشراف معلميهم لتحقيق أهداف تعليمية وترويحية مقصودة . وفي الحالتين فهي مواقع للمعرفة وانتقال الخبرات عبر الزمن،

فضلا عن أنها تعمق في نفوس زوارها مشاعر الاعتزاز بما صنعه الأولون عبر التاريخ ، والاحترام لتجاربهم التي أسست للحياة التي نحياها اليوم .

وإذا كانت المعارض وسيلة اتصال تعليمية تعنى بالتعريف بما ينتجه الحاضر، فان المتاحف هي الأخرى وسيلة اتصال تعليمية ، لكنها تعنى بالتعريف بما أنتجه الماضي . وإن امتداد المعرفة ، أفقيا عبر الجغرافية ، وعموديا عبر التاريخ على هذا النحو ، إنما يمنح مختلف مكونات الخبرة التعليمية للمتعلم ، عمقا ونضجا وتنوعا وشمولا لا تعوض عنه الوسائل الأخرى ، مهما بلغت من القدرة على تصوير الحاضر والماضي ، أو نقل المعلومات عنهما إلى المتعلم بصورة غير مباشرة .

● المكتبات :

قد تكون المكتبات أكثر أنواع الوسائل الاتصالية التعليمية تماسا مباشرا مع المواقف التعليمية ، وأكثرها غزارة من حيث حجم المعارف التي تحتويها. فالكتب والصحف والمجلات والدورات العلمية ، إضافة إلى الأشرطة والأقراص والوثائق الصوتية والصورية التي تضمها المكتبات ، تمثل الخزين المعرفي لجل ما أنتجه الإنسان من عطاء معرفي .

وتؤدي المكتبات المدرسية دورا بارزا في دعم جهود المنهاج الدراسي و توفير المعارف اللازمة للطلبة ، إلى جانب كونها العون الأساس للمعلمين والطلبة في إجراء بحوثهم وتطوير قدراتهم المعرفية وتحديثها . وتسعى كثير من المدارس والجامعات إلى توظيف وجود المكتبة لديها في إجراء مختلف الأنشطة العلمية والثقافية ، كإقامة المباريات الثقافية بين طلبتها على سبيل المثال ، تعزيزا لدور المكتبة في الحياة الدراسية وفي تعميق الاتجاه نحو المعرفة والتقصي عنها ، وفي جعل المكتبة مركز إشعاع علمي وثقافي وفكري مفيد وممتع . وهي بتنوعها بين مكتبات للأطفال وأخرى للكبار، ومكتبات متخصصة في حقول محددة، أو تخصصات معينة ، إنما توفر تنوعا كبيرا يستجيب لاحتياجات المعلمين والطلبة واهتماماتهم العلمية والعامة على اختلاف اتجاهاتها .

ولا يقتصر الحديث هنا بطبيعة الحال على المكتبات المدرسية أو الجامعية التي تقدم خدماتها موقعيا، إنما يمتد تعريف المكتبات ليشمل المكتبات العامة التي تفتح أبوابها للزائرين عامة، وتلك المكتبات العالمية التي تنشر كتبها وموجوداتها على مواقع شبكة الانترنت ، وأخيرا تلك المكتبات الالكترونية التي لا وجود لها في الواقع خارج شبكة الإنترنت.

- ### المسرح المدرسي :

يعد المسرح المدرسي من أهم الوسائل الاتصالية التعليمية التي تتسم بقدر عال من التشويق ، وتحظى بإقبال واسع من الطلبة ، على الرغم مما يتطلبه العمل فيها من مهارات متخصصة ، ومن جهد وكلف وزمن لإنتاج الأعمال الدرامية ذات المحتوى المعرفي والقيمي . وهو ما لا يتاح لكثير من المدارس والجامعات ، ذلك أن توفير مسرح تعليمي يتطلب إلى جانب تلك العوامل ، إلى مساحة كافية من الأرض يقام عليها المسرح ، والى تجهيزات عديدة لتأثيثه وإدامته ، والى مستلزمات كثيرة تتعلق بالملابس والإكسسوارات والماكياج وما إليها . ونتيجة للحاجة إلى المسرح المدرسي ، وعدم القدرة على توفيره من قبل المؤسسات التعليمية. فقد أقدمت بعض هذه المؤسسات على عمل مسارح متنقلة ، وأخرى بسيطة ومؤقتة ، لتقديم أعمالها المسرحية عليها .

لقد تعددت أنواع المسارح المدرسية ، فبعضها اتجه نحو مسرح الدمى أو ما يعرف بمسرح العرائس تعويضا عن عدم وجود ممثلين كافين للقيام بالأدوار المطلوبة ، أو لتفضيل هذا النوع من المسارح من قبل الطلبة ، وبخاصة منهم الأطفال. وبعض هذه المسارح ، وبخاصة في الكليات الفنية ، يتخذ شكل المدرج الذي يرتفع أو ينخفض عن مستوى خشبة المسرح ، أو نمط المسرح الدائري ، أو على الهواء الطلق ، أو غير ذلك من الأنماط .

إن أكثر ما استخدمت المسارح المدرسية لخدمته هو دروس التاريخ وما تضمنه من وقائع وشخصيات ومواقف تاريخية لقادة عظام، والدروس الأدبية التي تعرض لحياة

الشعراء والأدباء وما يضمه هذا الحقل من قصص وروايات تغري المتلقين بالمشاهدة، والدروس الدينية التي تضم هي الأخرى مواقف ومواعظ وأحداثا تترك أثرها في نفوس الطلبة عند مشاهدتها . غير أن ذلك لا يمنع من استخدامها في خدمة مواد أو أهداف دراسية أخرى ، إذا توفرت الخبرات الفنية اللازمة لتقديم المعرفة العلمية بصورة جذابة، وتمتلك عناصر المسرح الأساسية ، من حبكة قصصية وشخصيات وحوار وصراع درامي.

على أن المسرح المدرسي لا تقتصر فائدته على تقديم الأعمال التمثيلية ، إنما كثيرا ما يستخدم لتقديم الفعاليات الفنية ، وإقامة المهرجانات والاحتفالات المدرسية عليه ، وعقد حلقات النقاش والمؤتمرات ، والاحتفال بتخرج الدورات المتعاقبة من الطلبة ، إلى غير ذلك من استخدامات .

• مراكز مصادر التعلم :

يقصد بمراكز مصادر التعلم (resource centers) تلك المواقع التي توفر فيها المدرسة الوسائل التعليمية المطلوبة للمواد الدراسية المختلفة في المنهاج الدراسي، من أجهزة عرض ومطبوعات وأقراص وأشرطة صوتية وصورية ونماذج وغيرها ، علاوة على مواد أولية خام وعدد وأجهزة لإنتاج الوسائل التعليمية . بمعنى أنها تحتوي على كل ما يساعد في إنتاج وسائل اتصال تعليمية لمختلف المواد والتخصصات ولكل المستويات .

وتعد مراكز مصادر التعلم اتجاها حديثا يكمن هدفه الأساس في توفير بيئة تفاعلية ملائمة يسودها جو من الاتصال النشط متعدد الاتجاهات ، لاختيار وتصنيع وإنتاج الوسائل التعليمية . ويشترك في العمل فيها المعلمون والطلبة في جو من التعاون الذي ينعكس ايجابيا على تفاعل الطلبة مع ما ينتجونه من وسائل من جهة ، وتعاون المعلمين فيما بينهم في إنتاج أعمال مشتركة . هذا فضلا عن تبادل الخبرات وتطوير المهارات لكل المشاركين ، وإطلاق قدراتهم وتوظيفها في خدمة المواقف التعليمية المختلفة . بمعنى آخر فان الهدف الأساس من إقامة مراكز مصادر التعلم هو توفير بيئة تعليمية تفاعلية تمنح الطالب

فرصة للتعلم عبر اختيار الوسائل التعليمية التي تدعم أهداف المنهاج ، أوالمشاركة في تصميمها وتصنيعها .

لقد انتشرت هذه المراكز في العقود الثلاثة الماضية على نحو واسع في الغرب، وانتقلت بعض تطبيقاتها إلى عدد قليل من البلدان العربية كذلك . وقد اعتمدت المؤسسات التعليمية على مصادر متعددة في توفير مستلزمات هذه المراكز، ومنها مفردات البيئة المحلية الطبيعية والمصنعة ، والمطبوعات الزائدة عن الحاجة التي يجلبها الطلبة والمعلمون لتوفير الصور والموضوعات منها لعمل النشرات الجدارية أو الإعلانات التي تعلق في ساحة المدرسة وفي أروقتها ، وما إلى ذلك . هذا فضلا عما توفره المؤسسة التعليمية من خلال خططها لشراء المواد ، أو من تبرعات الجهات الساندة للمدرسة أو الجامعة .

● **الاجتماعات واللقاءات :**

ويشمل النمط الأول منها جميع أنواع الاتصالات المباشرة التي يعقدها المعلمون مع طلبتهم ، أو بينهم وبين إدارة المؤسسة التعليمية ، أو تلك التي تتم مع المجتمع المحلي والتي تتم على شكل لقاءات فردية ، أو اجتماعات عامة ، أو ندوات موسعة ، أو مؤتمرات ، وما إلى ذلك ، لأغراض دعم مخرجات عملية التعليم والتعلم .

أما النمط الثاني فهو الاتصالات غير المباشرة التي تتم بين هذه الأطراف عن طريق الهاتف أو غرف المحادثة والمؤتمرات الإلكترونية أو عبر مواقع شبكة الانترنت ، وما إلى ذلك من كيفيات الاتصال .

وترتكز نتائج هذه الاجتماعات واللقاءات ، ونجاحها في دعم عملية التعليم والتعلم، على مدى ما يبذله القائمون على هذه الأنشطة الاتصالية في المؤسسة التعليمية من جهد في التخطيط لها ، وتوفير أجواء الحوار والتفاهم مع الأطراف الأخرى . وهذه الأنشطة دون شك، تتطلب مهارات ينبغي إعداد القائمين بها عليها، وتدريبهم على كيفية تنظيمها، وإدارتها، وتوثيق نتائجها ، ومتابعة تنفيذ التوصيات أو النتائج التي تتمخض عنها .

إن الواقع يشير إلى أن كثيرا من الوقت المخصص لهذه الأنشطة الاتصالية ، وتحديدا ما يتصل منها بالإدارة ، إنما يعاني من كثير من الترهل ، وضياع الجهد والوقت ، دون فوائد تذكر . وهو ما يتطلب إعادة النظر في مدى جدواها ، وكيفية تطويرها ، لتكون بالفعل في خدمة العملية التعليمية التعلمية . ذلك أن عدم الالتزام بمواعيد الاجتماعات المعلنة أو توقيتاتها الدورية من قبل القائمين عليها ، يضعف الالتزام بحضورها من قبل الأطراف المشاركة وبخاصة من خارج المؤسسة التعليمية. كما إن عدم توثيق ما تخرج به هذه اللقاءات والاجتماعات من توصيات ، وعدم متابعتها لاحقا بصورة جادة ودقيقة ، يضعف الترابط والتواصل بينها ، ويؤذي مصداقيتها ، وفي النهاية ، يقطع الاتصال بين الأطراف المختلفة المشاركة فيها .

هذه هي أهم الوسائل الاتصالية التي تتحكم في النشاط الاتصالي الذي يرتكز إليه الموقف التعليمي التعلمي ، سواء كان ذلك داخل القاعة الدراسية أو خارجها . وعلى الرغم من أن هناك جهودا كبيرة تبذل في بلادنا العربية للتوسع في استخدام الوسائل الاتصالية في التعليم وتحديث تقنياتها وتطبيقاتها، وعلى الرغم مما تبذله المؤسسات التربوية والتعليمية في مجال تدريب المعلمين على استخدام هذه الوسائل ، إلا أن معاينة الواقع الميداني ، تشير إلى أن هناك حاجة ماسة إلى التوسع في تطوير المعارف والمهارات الأساسية لاستخدام هذه الوسائل. إن ذلك لا يتم على مستوى المعلمين فقط ، وإنما على مستوى جميع أعضاء الفريق المعني بصورة مباشرة أو شبه مباشرة بالمواقف التعليمية التعلمية ، من الذين يضعون المناهج الدراسية ويتولون تطبيقها ، ومن يشرف على الفعاليات الاتصالية المرافقة للموقف التعليمي الصفي واللاصفي من المشرفين التربويين والإدارات المدرسية ومصممي الوسائل ومنتجيها وغيرهم .

تطوير الاتصال التعليمي :

ولكي نقف على أهم النقاط التي يمكن أخذها بنظر الاعتبار لتفعيل النشاط الاتصالي في عملية التعليم والتعلم ، نقترح الاهتمام بالملاحظات الآتية :

- تدريب المعلمين على مهارات الاتصال المطلوبة في مرحلة ما قبل المباشرة بالموقف التعليمي ، وتلك التي عليه إتقانها لاستخدامها أثناء الموقف التعليمي ، سواء داخل الغرفة الدراسية أو خارجها ، علاوة على المهارات المطلوبة لأغراض المتابعة بعد انتهاء الموقف التعليمي .

- توفير فرص التعرف إلى أهمية الاتصال التعليمي وضروراته وكيفية دمج نماذجه في آليات بناء الموقف التعليمي التعلمي وإدارته ، للخروج بأفضل نتائج ممكنة . وهو ما يتطلب الارتقاء بالمناهج الدراسية في مؤسسات إعداد المعلمين ، والدورات التدريبية أثناء الخدمة ، بغية رفع كفايات المعلمين ومهاراتهم بصورة خاصة ، وعموم المشتغلين في حقل التعليم والتعلم بصورة عامة ، لمواكبة التطورات السريعة التي يشهدها هذا الميدان ، تمهيدا لقيادة عملية التطوير التي تسعى إليها المؤسسات التعليمية في هذا الإطار .

- توفير فرص التواصل بين قطاعات العمل التعليمي والتربوي المختلفة داخل المؤسسة التعلمية وخارجها ، وفتح قنوات الاتصال بينها ، بما يخدم إنضاج التصورات والتوجهات بين أطراف عملية التعليم والتعلم ، والتشارك فيما بينهم في ما يطرأ من تطورات في هذا الحقل .

- السعي إلى تأسيس مراكز مصادر التعلم بالصورة التي تشهدها البلدان المتقدمة علميا ، والتي أشرنا إلى أهميتها آنفا ، بغية توفير البيئة المناسبة للتفاعل الاتصالي التعليمي في انجح صورها ، ليس على أساس الموقف التعليمي التعلمي الواحد ، إنما على مستوى المدرسة والمنطقة التعليمية أيضا .

- اعتماد التقنيات الحديثة في إنتاج الوسائل الاتصالية ، أخذا بنظر الاعتبار أكثرها خدمة للموقف التعليمي ، وأنجحها مراعاة لشروط ومعايير الوسيلة التعليمية . وليكن المعيار الأساس في ذلك هو مدى قدرة الوسيلة على تفعيل الاتصال والتعليم الفاعلين في الموقف التعليمي المقصود .

- تدريب وتأهيل ملاكات متخصصة للقيام على الأنشطة الاتصالية التعليمية ، كالعاملين في الصحافة المدرسية ، والإذاعة المدرسية والتلفزيون والمسرح ومختبرات الحاسوب وما إليها ، والإفادة من خريجي التخصصات الفنية والتقنية ، وعدم الاقتصار على توظيف خريجي الكليات التربوية في هذا الحقل . ذلك أن العمل التعليمي هو نتاج جملة من التخصصات التي تتضافر لتحقيق هذا الغرض على وفق طريقة عمل فريق العمل المتكامل .

- ربط المدارس والجامعات والمؤسسات التعليمية بشبكة الانترنت ، وتوفير فرص الاشتراك في المواقع التعليمية المعتمدة عالميا والتي تثبت كفاءتها ، وحث المعلمين والمهتمين على متابعتها والإفادة منها ، وتطوير خبراتهم من خلال ذلك .

- تشجيع واضعي المناهج الدراسية والمعلمين والمشرفين التربويين والعاملين في إنتاج الوسائل الاتصالية التي أشرنا إليها ، على المشاركة في المنتديات العلمية والمهنية المتخصصة والمتاحة في مواقع عديدة على شبكة الانترنت ، كل حسب ميدان عمله واهتماماته .

- تنويع أشكال الاتصال التعليمي والحث الدائم على استخدام الوسائل الاتصالية الحديثة وتوفير مستلزماتها وعدم الاقتصار على الوسائل التقليدية . سواء في بناء المناهج الدراسية أو بناء المواقف التعليمية وإدارتها .

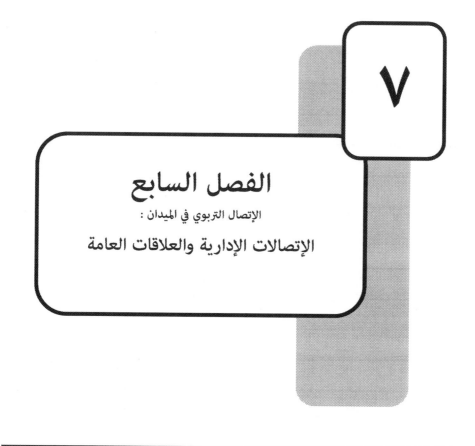

٧

الفصل السابع

الإتصال التربوي في الميدان :

الإتصالات الإدارية والعلاقات العامة

مقدمة

الاتصالات الإدارية والعلاقات العامة

الاتصال ووظائف الإدارة التربوية

- التخطيط
- التنظيم
- الرقابة
- اتخاذ القرار

أنواع الاتصالات الإدارية التربوية

- **الاتصالات الداخلية**

  ○ الاتصالات الهابطة

  ○ الاتصالات الصاعدة

  ○ الاتصالات الأفقية

  ○ الاتصالات المائلة

- **الاتصالات الخارجية (العلاقات العامة)**

أقسام العلاقات العامة في المؤسسات التربوية

قنوات الاتصالات في المؤسسة التربوية

- المخاطبات الورقية
- النشريات
- الوسائل الصوتية
- إشارات الدلالة
- لوحات الإعلانات
- صناديق المقترحات والشكاوى
- اللقاءات المباشرة
- الاتصالات عن بعد

الفصل السابع

الاتصال التربوي في الميدان :

الاتصالات الإدارية والعلاقات العامة

مقدمة :

تحتاج المؤسسة التربوية ، شأنها في ذلك شأن أية مؤسسة أخرى ، إلى آلية تحكم عملها، وتنظم شؤونها ، وتطور أداءها ، وتقوم على قيادتها نحو أهدافها المرسومة ، طبقا للفلسفة التربوية التي تستند إليها . وتلك هي مهمة الإدارة في أبسط وصف لها . ولكي تنجح المؤسسة في أداء مهماتها ، وتواصل نجاحها بما يتفق والتطور الحاصل في ميدان عملها، ولكي تستطيع الإيفاء بواجباتها التي يفرضها عليها المجتمع ، فإنها تحتاج إلى بناء علاقات وطيدة مع المحيط الذي تعمل فيه على مستوى المؤسسات والأفراد ، تضمن لها تعرف الجمهور إلى أهداف المؤسسة بصورة واضحة ، واقتناعه بالتعاون معها من أجل تنفيذ برامجها ، وفي تحقيق أهدافهما المشتركة . وتلك هي العلاقات العامة في أبسط مظاهرها .

وتعد الإدارة ، ومنها الإدارة التربوية ، ميدانا حافلا بالنشاط الاتصالي، بل إن الإدارة لا يمكنها الاستغناء عن الاتصال بأي شكل من الأشكال ، و في مختلف مستويات عمل الإدارة وتفاصيلها . حتى ليمكننا أن نسمي استخدام الاتصال في الإدارة اتصالا إداريا . أما العلاقات العامة في ميدان التربية ، فهي حقل آخر من حقول الاتصال التربوي التي سبق لنا تناولها ، وهي المعلومات والإعلام والتعليم ، والتي اطلع القارئ الكريم على ما يتصل بها في الفصول الثلاثة السابقة من هذا الكتاب . وقد يكون من المفيد التذكير بأن هذه الحقول الاتصالية ذات حدود متداخلة فيما بينها ، وأن تناول كل منها في فصل مستقل هو لأغراض التحليل أولا ، وثانيا لتسهيل عملية الفرز فيما بينها قدر المستطاع .

وعلى ذلك فإننا سنتناول في هذا الفصل بشيء من التفصيل الاتصالات الإدارية والعلاقات العامة ، ووظائف الإدارة التربوية وعلاقة كل منها بالاتصال، وكيفية استثمار العلاقات العامة بوصفها نشاطا اتصاليا في توثيق الصلة مع الجمهور، علاوة على أنماط الوسائل الاتصالية المستخدمة في العمل الإداري، وكيفية توظيفها لإنجاح أنشطته وفعالياته.

الاتصالات الإدارية والعلاقات العامة :

يستند العمل الإداري الناجح إلى أرضية من التفاهم الذي يتحقق بين أعضاء الفريق الذي يدير المؤسسة أو يعمل فيها من ناحية ، وبين أعضاء هذا الفريق والجمهور الذي يتعاملون معه من مؤسسات وأفراد من ناحية أخرى . هذا التفاهم هو الهدف الأساس للنشاط الاتصالي الإداري . وعن طريق مثل هذا الاتصال يتم تبادل المعلومات والأخبار والأفكار والمهارات والاتجاهات ، وتتبلور الرؤى وتعدل المفاهيم والمواقف وتنضج القرارات . وهو ما ينعكس ايجابيا على سلوكيات الأطراف المختلفة . وبهذا يتحقق التفاهم الذي تصبو إليه الإدارة من تنشيط الاتصال الإداري .

غير أن التفاهم بحد ذاته هنا ليس هدفا نهائيا . ذلك أن التفاهم بين العاملين في المؤسسة الواحدة ، وبينهم وبين الجمهور ، من شأنه أن ينتج تصورات أو خدمات أو معلومات أو قرارات يصعب تحقيقها دون وجود مثل هذا التفاهم . كما يسهم ، في حالة أن تكون المؤسسة إنتاجية ، في توفير البيئة الصالحة للإنتاج السلعي أيضا ، بالمواصفات التي يسعى إليها الفريق القائم على المؤسسة الإنتاجية ، وبالصورة التي يرضى عنها جمهور المؤسسة في الوقت نفسه . بل إن الاتصال الفاعل يفضي إلى الكشف عن الأخطاء أو مواطن الضعف والخلل أو الخطورة في عمل المؤسسة سواء بصورة آنية أو لاحقة ، مما يقلل من فرص الضياع والهدر في جهود المؤسسة ووقتها وإنفاقها ، ويقلل من احتمالات فشلها في الوصول إلى أهدافها .

ولأن عمل الإدارة هو عمل جماعي تعاوني تشاركي متعدد الأطراف ، وليس عملا فرديا أحادي التصور والاتجاه ، فانه لا غنى للعمل الإداري عن الاتصال مع الأطراف المختلفة داخل المؤسسة المعنية ، ومع الأطراف الأخرى خارجها ، ولا بديل عن التفاهم والتفاعل مع هذه الأطراف .

لقد أصبحت النظرة إلى النشاط الاتصالي في العمل الإداري المعاصر على أنه عصب العمل الإداري أو قلبه النابض . وذلك تأسيسا على ما أثبتته التجارب الحديثة من أهمية الاتصال الإداري ، وبخاصة في هذا الحقل من النشاط الاجتماعي ، ونعني به حقل التربية والتعليم . فالاتصال في المؤسسة الحديثة نشاط دائم ومستمر ومتعدد الاتجاهات والمستويات . كما انه لا يقتصر على تواصل الأفراد فيما بينهم ، ولا على القيادات الإدارية فيما بينها عموديا أو أفقيا . وبالمقابل فانه لا يقتصر على تواصل المؤسسة مع من هم خارج المؤسسة . انه يضم كل هذه الأنواع من الاتصالات وجميع الأطراف التي ذكرناها بما يشكل بيئة اتصالية دافقة بالحيوية ، إلى الحد الذي يصبح الأفراد في المؤسسة المعنية ومن جمهورها يتمتعون بقدر عال من المبادرة الذاتية لرفد النشاط الإداري بالمبتكر من الأفكار والنتاجات .

بالمقابل، فان عدم نجاح المؤسسة التربوية، في تأمين الاتصال الناجح داخل إطارها أو إطار البيئة المحيطة بها ، يمكن أن تنتج عنه إفرازات بالغة الخطورة على المؤسسة نفسها، وعلى مستقبلها، وعلى الجمهور الذي تتعامل معه بصورة مباشرة ، وبخاصة شريحة الطلبة وأولياء أمورهم . وبما أن شريحة الطلبة تمثل في غالبية البلاد العربية حوالي ربع عدد السكان ، فإننا يمكن أن نتصور مدى الخطورة التي يمكن أن تنتج عن أي فشل تواجهه المؤسسة التربوية في بلادنا العربية ، خاصة إذا أضفنا إلى هذه النسبة أسر الطلبة، والشرائح الاجتماعية التي ستتضرر بسببها على مستوى المجتمع بصورة عامة .

ولكي نقترب أكثر من إدراك أهمية دور الاتصال الإداري في عمل الإدارة ، ونفهم بصورة تفصيلية علاقة الاتصال بكل جوانب العمل الإداري في الحقل التربوي والتعليمي، يستحسن أن نتناول علاقة الاتصال بكل وظيفة من وظائف الإدارة بصورة مستقلة، لأغراض

التحليل والاستنتاج فقط . إذ إن من الصعوبة بمكان الفصل بين العمليات الإدارية ووظائفها على نحو قاطع ودائم ، بسبب التداخل بين الوظائف والعمليات الإدارية التربوية ، التي تتفاعل فيما بينها لتنتج في النهاية قرارا أو فعلا واحدا أو موقفا أو إجراء تربويا أو تعليميا مشتركا .

الاتصال ووظائف الإدارة التربوية :

يقصد بوظائف الإدارة تلك الوظائف الأربع الأساسية التي تمارسها أية إدارة كانت، ومنها الإدارة التربوية والتعليمية . وتشمل هذه الوظائف : التخطيط ، والتنظيم، والرقابة ، واتخاذ القرار .

• التخطيط :

تعد وظيفة التخطيط أهم وظائف الإدارة وأكثرها اعتمادا على الحقائق المتاحة والمعلومات . وهي كذلك تستند إلى البحث ودراسة الواقع ودلالاته القريبة والبعيدة ، والى التنبؤ بما يمكن أن تكون عليه نتائج ما يجري التخطيط له مستقبلا . وهذه المهام تستوجب اعتماد نظم المعلومات الإدارية ، ومصادر المعلومات العلمية المختلفة ، وهو ما سبق لنا التحدث عنه في الفصل الخامس الخاص بالمعلومات .

وبقدر تعلق الأمر بموضوع هذا الفصل فان الإدارة التربوية تحتاج ، إلى جانب المعلومات والحقائق والتنبؤات المستقبلية ، إلى إجراء العديد من الاتصالات وتنظيم اللقاءات المباشرة وغير المباشرة بين المعنيين، وتوجيه التعليمات لتشكيل اللجان وتخويلها الصلاحيات المطلوبة لأداء عملها ، وتوفير الاتصالات بين أصحاب الاختصاص على مستوى المؤسسة نفسها ، وعلى صعيد الجهات والأفراد المتعاونين معها ، لإنضاج الخطط المزمع وضعها .

وتعد هذه الاتصالات ضرورية جدا لتبادل المعلومات ونقل التوجيهات عبر التسلسل الإداري ، نزولا من الإدارة العليا إلى فرق العمل التي تعمل على مستوى القاعدة المتخصصة في مختلف الحقول التي تشملها عملية التخطيط . وصعودا عبر السلم الإداري ، لإبلاغ الإدارات الأعلى بما يستجد في الموقف أولا بأول عن سير العمل في العملية التخطيطية ، وما تحتاجه القاعدة الميدانية من العاملين ، والتي تتشكل من مجموعة الباحثين والإحصائيين والمصممين وأفراد فريق التخطيط الآخرين بمستوياتهم وحقولهم المختلفة .

إن هذه العمليات مجتمعة تتطلب نشاطا واسعا من الاتصالات الميدانية داخل المؤسسة التربوية وخارجها ، لضمان انتقال المعلومات والأفكار والرؤى بين كل المعنيين بعملية التخطيط قيد البحث . هذا فضلا عن التغذية الراجعة التي يتطلب من الجميع الحصول عليها عبر مراحل العمل المتعاقبة في الخطة .

إن من الواضح أن الإدارات التي لا تهتم بالعمل التشاركي ، والتي تهيمن عليها التوجيهات الفردية التي تحقق مصالح الأفراد ولا تعتمد على الأسس والأساليب العلمية في التخطيط ، هي إدارات بعيدة عن أسس التخطيط السليم ، وبعيدة عن روح العصر . وتكون الاتصالات في هذا النوع من الإدارات ضعيفة وغير فاعلة إلا باتجاه محدد . ذلك أنها في غالب الأحوال إدارة خاضعة لقرارات مركزية ، وتوجيهات نازلة باتجاه واحد من القمة إلى القاعدة ، و لا تكترث بردود الأفعال وما تؤشره من تغذية راجعة ، ولا تأخذ بنظر الاعتبار رأي العاملين ، ولا أصحاب الاختصاص في الميادين الحقيقية للعمل .

إن ضعف الاتصالات بين أصحاب الشأن في عملية التخطيط ، إنما يؤشر ضعف العمل الإداري في هذا الحقل من حقول الإدارة التربوية ، تماما كما يؤشر ضعف التخطيط نفسه ، وما ستواجهه الخطط الموضوعة من تعثر أثناء التطبيق الميداني . والسبب في ذلك أن التخطيط ليس عملية فوقية ، وليس قرارات تصدرها القيادة الإدارية لأغراض التنفيذ وحسب. إنما هو نشاط يتطلب دراسة علمية وواقعية لجميع العوامل والمتغيرات المؤثرة في العمل التخطيطي وما يمكن أن ينتج عنه . وما لم يكن كذلك فان نهايته المتوقعة هي الفشل .

إن العديد من خطط محو الأمية على سبيل المثال قد واجهت في الوطن العربي مشكلات جدية بالفعل ، وربما فشلا ذريعا ، لأنها لم تعط ما يكفي من اهتمام للاتصالات الإدارية العمودية المفتوحة بالاتجاهين النازل والصاعد ، وأفقيا بين العاملين في المؤسسة ، وبين المؤسسة والمحيط الاجتماعي المحيط بها . كما تعاني من الأمر ذاته خطط عديدة لإقامة جامعات عربية مفتوحة ، أو مراكز تدريب متعددة الاختصاصات على مستوى الوطن العربي ، أو باللغة العربية على مستوى العالم . وعندما نبحث عن السبب ، نجده في نهاية الأمر يكمن في ضعف الاتصالات المعتمدة في مثل هذه المشاريع ، والذي لم يؤخذ بنظر الاعتبار ابتداء عند وضع الخطط لإقامتها ، على الرغم من أن الاتصالات تعد حجر الزاوية في مثل هذه المشاريع ، وأهم عامل من عوامل نجاحها .

● **التنظيم :**

هنالك أمران ينبغي أخذهما بنظر الاعتبار عند الحديث عن وظيفة التنظيم في المؤسسة التربوية ، بقدر تعلق الأمر بموضوع الاتصالات التربوية والعلاقات العامة :

الأمر الأول : هو التنظيم الإداري للمؤسسة التربوية ، أي الهيكل الإداري الذي يرسم صورة واضحة لحدود المسؤولية والسلطة ، وطبيعة الصلاحيات المخولة لكل مستوى إداري، بحسب طبيعة عمله وتخصصه ، ودرجة اعتماد مانح الصلاحيات على من يشغله .

وهنا نحن أمام خارطة المؤسسة التي تتضح من خلالها طبيعة الاتصالات العمودية والأفقية التي تمارس فيها . ومن خلال مثل هذه الخارطة ، أي الهيكل الإداري ، يمكننا أن نؤشر طبيعة التواصل بين المواقع المختلفة ، ومن يشغل هذه المواقع . وعلى طبيعة العلاقات التي يرسمها الهيكل التنظيمي للمؤسسة التربوية تعتمد درجة التواصل بين المستويات الوظيفية المختلفة ، بين الأعلى والأدنى في هذا الهيكل ، وبين أقسام وشعب المؤسسة في كل مستوى إداري ، وعلى مستوى القاعدة كذلك .

إن الهيكل الإداري يخضع دائما إلى التطوير تبعا للاستحداثات الجديدة، أو التغيرات التي تفرضها طبيعة العمل في المؤسسة التربوية ، كما هو الحال في أية مؤسسة أخرى ، من إلغاء بعض الدوائر، أو شطرها أو تغيير موقعها في الهيكل التنظيمي تبعا لتغير عملها أو ارتباطها . والسبب الأساس في عملية التطوير المستمرة للهياكل التنظيمية هو ما يظهر من صعوبات تكتنف الاتصالات بين المواقع الإدارية المختلفة .

إن من أهم ما يؤخذ بنظر الاعتبار عند رسم الهياكل التنظيمية أو إجراء التعديلات عليها ، هو كيفية تأمين أكثر أنماط الترابط فاعلية بين أجزاء ومكونات المؤسسة الإدارية الواحدة ، وتوفير الانسيابية والمرونة والسرعة والدقة والأمان والتسلسل المنطقي في مرور المعلومات والقرارات وتداولها عموديا وأفقيا بين أجزاء المؤسسة التربوية ، والانفتاح على المؤسسات الأخرى ذات الصلة بعملها .

الأمر الثاني : هو الهيكل الاتصالي الذي يرسم كيفية التخاطب بين مواقع الهيكل الإداري المختلفة المستويات والتخصصات ، والذي يمثل اتجاهات تداول المعلومات وكيفية توجيه المخاطبات بين أجزاء الهيكل الإداري وقنواته المختلفة . وواضح أن الترابط بين هيكل المؤسسة الإداري وهيكل تداول المعلومات والرسائل هو ترابط عضوي وثيق ، بمعنى أن أي خلل في رسم الهيكل التنظيمي يؤثر سلباً في هيكل تداول المعلومات والمخاطبات ، والعكس صحيح كذلك . فما ذكرناه عن الانسيابية والمرونة والسرعة والدقة والأمان والتسلسل المنطقي في مرور القرارات والمعلومات والتعليمات والتوجيهات والإجراءات ، وتداولها على المستويين الأفقي والعمودي داخل المؤسسة ، إنما يعكس فاعلية النشاط الاتصالي أيضا. كما إن وضع الهيكل التنظيمي بالصورة التي تجعله منفتحا على الوحدات الإدارية الأخرى ضمن نفس المؤسسة الأم ، أو على المؤسسات الأخرى ذات الصلة خارج المؤسسة التربوية ، إنما ينعكس إيجابيا أيضا على قوة التفاعل بين المؤسسة التربوية وتلك المؤسسات.

إن أفضل صورة من صور التفاعل بين الهيكل الإداري والهيكل الاتصالي ، هي أن يعمل الهيكلان ضمن منحى نظمي متكامل ، يضمن لهما التفاعل والمرونة والتطور والديمومة والانسيابية . ويحقق للعاملين في المؤسسة ولجمهورها والمتعاونين معها حالة التشارك ، بصورة تجعل المؤسسة التربوية دائمة التفاعل مع ما يحيط بها من عوامل متغيرة في البيئة الاجتماعية ، هذه العوامل التي لها تأثيراتها على طبيعة عمل المؤسسة ومدى كفاءتها في أداء مهماتها، ومدى قدرتها على تحقيق أهدافها البعيدة والقريبة. إن الترابط الوثيق بين الهيكلين، يؤشر بشكل واضح مدى أهمية الاتصال في عمل المؤسسة التربوية، أو أية مؤسسة أخرى .

- **الرقابة :**

إن أية مؤسسة ، ومن ذلك المؤسسة التربوية ، إنما تعمل بموجب خطة إستراتيجية بعيدة المدى ، و مجموعة من الخطط الفرعية المتوسطة والقصيرة المدى . ولكل من هذه الخطط أهداف رئيسة وفرعية محددة . ولا بد للمؤسسة أن تقف أولا بأول أثناء تنفيذ خططها هذه على ما يتحقق من مفرداتها ، وأن تدرس في نهاية المدة المحددة لتنفيذ كل خطة منها كذلك ، ما تحقق من أهدافها النهائية. وتخضع النتائج التي تخرج بها المؤسسة إلى الدراسة والتدقيق في ضوء معايير ومؤشرات معتمدة . وهي مؤشرات تعتمد أساسا لإجراء ما يقتضي من تعديل أو تطوير في الخطط الموضوعة ، أو اتخاذ إجراءات لاحقة، لمعالجة الإخفاقات التي شخصت من جراء تطبيق هذه الخطة أو تلك .

فعلى صعيد المؤسسة التربوية بعامة ، والجامعات والمدارس بخاصة، لابد من مراجعة دورية لما تحقق من تجربة تطبيق مناهج جديدة مثلا ، أو تجربة حوسبة التعليم ، أو نتائج التدريب المعتمد للمعلمين ، أو ما حصل من تطور في التحصيل الدراسي لأية مشاريع تعليمية أو فئات طلابية محددة ، إلى غير ذلك من مراجعات لخطط المؤسسة وتطبيقاتها . وتستعين المؤسسة التعليمية عادة بباحثين متخصصين في هذا المجال ، وكذلك بالمشرفين التربويين ، وتبذل جهودا اتصالية حثيثة للوقوف على يجري في الميدان . ومن خلال مثل هذه

الاتصالات يمكن إجراء الرقابة على الامتحانات مثلا ، أو مدى استخدام الوسائل التعليمية في المواقف التعليمية ، أو مراقبة توفر شروط الجودة في الجوانب الإدارية والفنية والعلمية لها ، وما إلى ذلك . ويتم مثل هذا الفحص الرقابي من خلال وسائل عديدة تستخدم بصورة دورية كتوزيع الاستبيانات ، وإجراء المقابلات المفتوحة والمقننة مع المعنيين بصورة مباشرة أو غير مباشرة ، وجمع ما يكفي من معلومات للإفادة منها لاحقا في التقويم الدوري والنهائي لما يراد تقويمه .

وبصورة عامة ، فإن من غير المعقول أن تجري أية رقابة على واقع التطبيق الميداني لخطط المؤسسة ، وما تستطيع المؤسسة أن تحققه من أهداف خططها ، من غير أن تقوم المؤسسة بنشاط اتصالي واسع ، للبحث عن المعلومات الدقيقة والموثوقة ، من مصادرها المباشرة وغير المباشرة ، للوقوف على الصورة الحقيقية لمجريات التطبيق. وهذا ما يستدعي الاتصال بالأشخاص المعنيين، ومعاينة الواقع الميداني ، ومراجعة المعلومات العلمية، ومقارنتها بما أفرزته تجارب أخرى مشابهة في البلد نفسه في السنوات السابقة ، أو في بلدان أخرى . وكثيرا ما يتطلب الأمر إجراء مشاورات مباشرة مع أصحاب الشأن لتدقيق المعلومات بغية اتخاذ الإجراءات المناسبة لاحقا .

- **اتخاذ القرار :**

يقصد باتخاذ القرار ، بوصفه وظيفة من وظائف الإدارة ، اختيار البديل الأنسب من بين بدائل عدة مطروحة ، لمعالجة أمر ما ، أو اتخاذ موقف تجاه قضية ما ، بحيث يتسم القرار المتخذ بالصواب مقارنة بالبدائل الأخرى التي يمكن اعتمادها .

وربما يكون اتخاذ القرار في أية مؤسسة تربوية أو غير تربوية ، مؤشرا كافيا على طبيعة تلك المؤسسة ، ومدى اكتراثها بمشاركة المختصين وأصحاب الرأي في صنع القرار ، ومدى اعتماد المعلومات الدقيقة والبدائل المتعددة ومراجعتها بعناية قبل اتخاذه. بل إن اتخاذ القرار لوحده يمكن أن يمنحنا القدرة على الحكم فيما إذا كانت الإدارة العليا في مؤسسة ما تعتمد مبدأ التشاور والحوار الديمقراطي ، أو مبدأ المركزية الفردية .

وبقدر تعلق الأمر بموضوع الاتصال الإداري ، فان اتخاذ القرار الصائب من بين جملة قرارات مطروحة ، يتطلب إجراء الإدارة التربوية مشاورات مع أطراف عدة داخل المؤسسة ، وربما خارجها أيضا ، مما يقع في إطار العلاقات العامة . كما يتطلب مقارنة ما تتيحه البدائل المختلفة من فرص للمعالجة أو التطوير ، وما يتوفر بخصوص كل منها من معلومات . وبغير ذلك فان صاحب القرار يكون معرضا لاتخاذ قرار غير مدروس بعناية ، بسبب ضعف المشاورات والمعلومات بشأنه ، وهو ما قد يتسبب في اتخاذ قرار خاطئ تكون له نتائج سلبية ، بدرجة ما من الخطورة على المؤسسة وجمهورها والمتعاملين معها .

وفي الحقل التربوي ، نبذل كثيرا من الوقت و الجهد على مختلف المستويات، ونمارس في ذلك اتصالات مكثفة ، لكي لا يكون القرار المتخذ خاطئا ، سواء كان ذلك على مستوى القرارات المركزية العليا في المؤسسة التربوية ، أو على مستوى القرارات التي يتخذها مدير المدرسة أو المعلمون في مواجهة المشكلات اليومية التي تعترض عملهم . ويتأتى الاهتمام بهذا الموضوع ، كما سبق أن أشرنا ، من أن القرار الخاطئ في ميدان التربية والتعليم بسبب عدم إجراء الاتصالات الكافية لإنضاجه ، هو أمر له عواقب وخيمة ، وامتدادات زمنية بعيدة ، مقارنة بالحقول الأخرى . فاتخاذ قرار بشأن تطبيق منهج دراسي جديد يتسم بالضعف أو باحتواء معلومات أو مفاهيم خاطئة على سبيل المثال ، هو قرار تصعب معالجة آثاره اللاحقة ، إلا بعد جهود كبيرة ، وزمن قد لا يكون قصيرا . وفي كثير من الحالات لا يكون ذلك الإصلاح أمرا ممكنا أصلا .

يتبين من استعراض وظائف الإدارة الأربع ، وكيفية أداء هذه الوظائف في عمل المؤسسات بصورة عامة ، والمؤسسة التربوية بصورة خاصة ، أن لا غنى لأية مؤسسة عن النشاط الاتصالي . وأنها لا تستطيع القيام بأي من وظائفها هذه على الوجه المطلوب ، إلا بإجراء الاتصالات على كل المستويات ، على الصعيد الداخلي من جهة ، وعلى الصعيد الخارجي ، وهو ما نسميه العلاقات العامة ، من جهة أخرى .

إن الحديث عن الاتصالات الإدارية على صعيد العمل داخل المؤسسة التربوية، يمكن أن يتسع كثيرا ليتناول الآثار الايجابية التي يتركها الاتصال على نفوس العاملين في

المؤسسة ، وعلى طبيعة أدائهم لمهامهم اليومية ، وشعورهم بأهمية الدور الذي يقومون به في خدمة المؤسسة ، وتحقيقا لأهدافها . إن توفر الاتصالات المستمرة والمنفتحة بالاتجاهات الأفقية والعمودية على حد سواء ، يشعر العاملين بالولاء لمؤسستهم ، ويسهل التفاهم فيما بينهم ، ويؤمن البيئة السليمة والواضحة للقيام بأعمالهم ، دون شعور بالإهمال أو التهميش وما إلى ذلك . فمشاعر من هذا النوع يمكن أن تتسبب في قتل المبادرات الذاتية للعاملين ، وتكوين حلقات إدارية مغلقة ، تفتقر إلى التعاون والتنسيق المطلوبين لانجاز الأعمال المنوطة بهم . وهي في هذه الحال خسارة للمؤسسة تتمثل في عدم القدرة على استثمار طاقات العاملين وتوجيهها في صالح المؤسسة وجمهورها . كما إنها من جهة أخرى خسارة للمسؤول ، لحرمانه من التغذية الراجعة التي يقدمها الميدان ، ومن مبادرات العاملين ، التي يمكن أن تسهل عمل المؤسسة ، وتفتح أمامها آفاقا واسعة للتطور والتأثير في الوسط التربوي بأكمله ، بوصفه الوسط الذي تقدم له خدماتها ، وتتحمل المسؤولية تجاهه .

أما على مستوى العلاقات العامة ، أي العلاقة مع المؤسسات الأخرى المتعاونة مع المؤسسة التربوية ، والجمهور الذي تعمل من أجله ، فان توثيق الصلات مع هذه الأطراف ، من خلال توضيح أهداف المؤسسة التربوية وتوجهاتها ، وما يمكن أن تقدمه من خدمة كبيرة للمؤسسات الأخرى وللجمهور فإنه يتطلب هو الآخر تنشيط الاتصالات معهم ، وإدامتها ، وتوجيهها بما يحقق رغباتهم ، ويستجيب لحاجاتهم ، ويشعرهم باهتمام المؤسسة التربوية بهم . إن ذلك دون شك يجعل من هذه الأطراف عوامل مساعدة على أداء المؤسسة التربوية لمهامها . وليس أدل على ذلك من ما تقدمه مجالس الآباء والأمهات في بلداننا ، من دعم معنوي ومادي للمؤسسة التعليمية للقيام بمهامها على أكمل وجه . ومثل ذلك ما تقدمه مؤسسات المجتمع الأخرى على هذا الطريق .

والاتصالات الإدارية هنا ، وكذلك العلاقات العامة ، لا تتقاطع بطبيعة الحال مع ما سبق أن ذكرناه في الفصول السابقة بصدد الحقول الأخرى للاتصال التربوي ، ونعني بها المعلومات والتعليم والإعلام ، ولا تكون بديلا عنها . بل إنها تتكامل معها ، لترسم حدود

الميدان الشامل والواسع للاتصال التربوي بجميع امتداداته وتفاصيله وتطبيقاته الميدانية في حقل التربية والتعليم .

أنواع الاتصالات الإدارية التربوية :

لكي تتكامل صورة الاتصالات التي نتحدث عنها ، وطبيعة اتجاهاتها ، وكيفية حدوثها ، سنتحدث عن أنواع الاتصالات التي تمارسها المؤسسة التربوية على مستوى الداخل والخارج :

● **الاتصالات الداخلية :**

ونقصد بها تلك الاتصالات التي تجري داخل المؤسسة التربوية على اختلاف مستوياتها . وهي اتصالات محكومة عادة بقوانين المؤسسة وصلاحيات المستويات الإدارية ، العليا والوسطى والدنيا ، وعناوين العاملين الإداريين الوظيفية . وهذا النوع من الاتصالات يقسمه الباحثون عادة إلى أربعة أنواع بحسب اتجاهات النشاط الاتصالي :

○ **الاتصالات الهابطة :**

وهي الاتصالات التي تتجه من الأعلى إلى الأدنى في الهيكل الإداري . و تتسم بصفة إلزام العاملين بتنفيذها ، إذ إنها تتجه من مصادر القرار الإداري لأغراض التنفيذ من قبل المستويات الأدنى في هذا الهيكل . وهذا النوع من الاتصالات يشمل الأوامر الإدارية والتوجيهات والقرارات والتعليمات المبلغة إلى المستويات الإدارية الأدنى وصولا إلى قاعدة الهرم الإداري التربوي ، سواء على مستوى إدارة المنطقة التعليمية ، أو على مستوى الجامعة أو المدرسة . وتأتي ضمن هذا السياق قرارات تحديد مواعيد الدراسة والامتحانات على سبيل المثال ، وتحديد الرواتب ، وإقرار خطط العمل واستحداث المدارس والجامعات وتعديل التخصصات ، وإجراءات نقل المعلمين والعاملين ، إلى غير ذلك من الإجراءات الإدارية المطلوب اتخاذها بشأن القضايا المختلفة التي تواجه المؤسسة التربوية والتعليمية .

و في سياق آخر ، يمكن أن تطلب القيادات الإدارية رأيا أو معلومات أو تفسيرا لظاهرة ما ، من المختصين في قاعدة الهرم الإداري أو في أي مستوى من مستويات الهيكل الإداري ، بغية اتخاذ قرار في قضية ما . ومن أمثلة هذا النوع من الاتصالات الطلب من إدارات المدارس رأيها بخصوص تقديم الامتحانات ، أو الطلب من الجامعات بيان إمكاناتها بصدد التوسع في تخصص ما أو استحداث درجة علمية في جامعة ما ، وبيان ما إذا كان ذلك ممكنا ، وما الإمكانات الإضافية التي ينبغي توفيرها للشروع بمشاريع من هذا النوع ، إلى غير ذلك من الحالات التي تتطلب اتصالات مكثفة مع المستويات الإدارية الأدنى ومعرفة رأيها . وهنا لا تنتفي صفة الالتزام بالاستجابة لطلبات القيادات الإدارية .

على أن الاتصالات الهابطة ينبغي أن تكون مبنية على قدر كبير من التخطيط العلمي المدروس لأهداف هذه الاتصالات ومحتواها وتوقيتاتها أخذا بنظر الاعتبار الفئات التي تتوجه إليها هذه الاتصالات ، إن كانت المعلمين أو المديرين أو العاملين أو الطلبة . كما يأخذ هذا النوع من الخطط الظروف المحيطة بعملية الاتصال وأنجع الوسائل التي ينبغي استخدامها وكيف يتم ذلك الاستخدام . وقد تأخذ هذه الخطط صيغة الحملات المتعددة الصفحات والاتجاهات ، ويشرف على تطبيقها مختصون يتابعون تنفيذ خطواتها ويقومون بتعديل مساراتها حسب الضرورة . وبقدر تعلق الأمر بموضوع التخطيط للاتصالات الإدارية في المؤسسات التربوية في بلداننا ، فليس من قبيل التجني القول بان أمامها شوطا بعيدا لكي تصل إلى ما ينبغي تحقيقه في هذا الإطار .

وهنا لا بد من التأكيد على ضرورة أن تكون الاتصالات الإدارية الهابطة واضحة ومفهومة لمن توجه إليهم ، وقابلة للتطبيق في كل من المستويات التي تتلقى التوجيهات والقرارات . ذلك أن أي خلل في هذا الجانب يمكن إن تنتج عنه إخفاقات في التنفيذ ، من شأنها أن تربك العمل وتؤخر الانجاز، وتوقع المؤسسة التربوية في أخطاء ربما تصعب معالجتها لاحقا . كما إن الاتصالات الهابطة ، إذا ما شابتها لغة الأمر والتحذير، والتذكير بالعقوبات التي يمكن أن تواجهها الجهات التي لا تستجيب إلى أوامرها أو طلباتها ، من شأنه أن يضعف هدف الاتصال الأساس ، وهو تحقيق التفاهم والتفاعل بين مختلف

مستويات العمل في المؤسسة التربوية . كما انه يضعف حماسة العاملين واستجابتهم في المستويات الأدنى من الهيكل الإداري ، ويحرم المؤسسة من المبادرات المبدعة للعاملين ، والتي تعد في حالة توفرها ، أحد مقاييس نجاح القيادة الإدارية التربوية في أداء مهامها .

وعلى هذا الأساس ، فان من المفيد الإشارة هنا إلى ضرورة اهتمام المسؤولين في المؤسسة التربوية ، شأنها في ذلك شأن المؤسسات الإدارية الأخرى ، وبجميع المستويات الإدارية ، بصياغة الخطاب الإداري (الرسالة الاتصالية) بما يحقق الفهم الصحيح لها ، والتفاعل مع مضامينها بشكل خلاق في التطبيق على مستوى الميدان ، واستخدام صيغة الحث على التطبيق ، وبيان الفوائد المرجوة منها إذا ما تم تطبيقها بصورة جيدة . ذلك أن الفهم الصحيح لهذه الرسائل ، والوعي الدقيق بما ترمي إليه القيادة التربوية ، وبما يمكن أن تعود به على العمل والعاملين و المؤسسة التربوية من فوائد ، سيحقق بالتأكيد نجاحات أعلى من التطبيق الجاهل أو الخاطئ أو الأعمى .

ومن الجدير بالإشارة في هذا الصدد أن القيادات الإدارية لا بد لها من اعتماد اتصالات أخرى مباشرة وغير مباشرة ، ووفق صيغ متنوعة وعلى مختلف المستويات الإدارية وصولا إلى أدق الشعيرات الإدارية على مستوى القاعدة ، وذلك لمتابعة تنفيذ ما سبق أن وجهت به ، ولضمان حسن التنفيذ ، ومعالجة ما يمكن أن يحصل من سوء في الفهم للتوجيهات التي تصدرها أولا بأول .

- **الاتصالات الصاعدة :**

وهي الاتصالات التي تتجه من الأسفل إلى الأعلى في الهيكل الإداري التربوي ، والتي تحمل رسائل إلى القيادات الأعلى استجابة لتوجيهات سابقة ، أو لعرض ما تم تنفيذه من توجيهات سبق لتلك القيادات أن أصدرتها . وقد يكون في هذا النوع من الاتصالات مقترحات أو ملاحظات عن سير العمل ، أو مؤشرات مهمة عن ظواهر سلبية في ميدان العمل ، أو ظواهر ايجابية تقتضي الاهتمام والتشجيع ، أو شكاوى على قدر عال من

الأهمية. وهو ما ينبغي على القيادات التي تتوجه إليها مثل هذه الرسائل أو الاتصالات الاهتمام بها ومتابعتها ميدانيا للوقوف على مدى دقتها ، والتصرف إزاءها بما تفرضه ضرورات العمل وسلامة العلاقات بين العاملين .

وتشير الدراسات إلى أن هناك عوائق عديدة تضعف هذا النوع من الاتصالات في المؤسسة التربوية ، كعدم اكتراث العاملين في القواعد الإدارية ، ومنهم العاملون على مستوى المدرسة أو الجامعة أو الدائرة التربوية الفرعية ، بالقيام بمثل هذه الاتصالات مع المسؤولين في المراتب الإدارية الأعلى ، خوفا من ردود الفعل التي ربما تكون سلبية ، أو لعدم توفر الثقة الكافية باهتمام المسؤولين بما تتضمنه هذه الاتصالات ، وعدم الاستجابة لما يرد فيها . وهو أمر يعيدنا إلى ما سبق أن تحدثنا عنه من ضرورة أن يعطي المسؤول الإداري التربوي فسحة كافية من حرية التعبير على مستوى قاعدة الهرم الإداري ، أي الدائرة التربوية الفرعية والمدرسة والجامعة ، تتيح له معرفة ما يجري ، وتمنحه الفرصة للإفادة مما تقدمه القاعدة الإدارية من تصور ميداني متسم بالعمق والتخصص ، قد تغفله القيادات الأعلى لأسباب عديدة .

إن الاتصالات الصاعدة في المؤسسة التربوية تمثل وسيلة القاعدة في التعبير عن حقها في الاتصال . وهي تسهم إلى حد كبير في تحقيق التفاهم بين قطبي العملية الإدارية التربوية الأعلى والأدنى ، والذي يعد الأساس في نجاح المؤسسة التربوية في عملها . كما إن دعم هذا النوع من الاتصالات من قبل القيادات التربوية ، يعزز من أجواء الثقة بين العاملين والمسؤولين الإداريين ، ويفتح قنوات للتصارح في معالجة القضايا التي تواجهها المؤسسة التربوية في جميع مستوياتها ، ويحد من احتمالات غلبة المصالح الشخصية والنفوذ الشخصي داخل المؤسسة . وهو ما يخدم في النهاية عمل المؤسسة التربوية ، ويحقق مصالح العاملين فيها ، ويمهد الطريق لتحقيق النجاح في تنفيذ أهدافها .

○ **الاتصالات الأفقية :**

ربما يكون النشاط التربوي أكثر النشاطات الإنسانية حاجة لانتهاج أسلوب العمل بصيغة الفريق الواحد . وهو ما يحتم وجود اتصالات أفقية تتصف بالحيوية والاستمرار والمرونة ، وذلك لضمان أعلى قدر من التفاهم والتفاعل . وهنا تبرز أهمية الاتصالات الأفقية التي تجري بين أعضاء هذا الفريق من مستوى واحد في الهيكل الإداري .

إن مسؤولي الفعاليات الإدارية ، و مسؤولي الجامعات و مديري المدارس ، كلا بمستواه الإداري ، بحاجة إلى تبادل المعلومات ، وتدارس خطط العمل فيما بينهم ، والتعاون في تحديد الإجراءات التي ينبغي اتخاذها ، من أجل حل المشكلات المشتركة التي تواجه سير العمل . ومثلهم المعلمون ، فهم أيضا بحاجة إلى توثيق الاتصال فيما بينهم لتبادل الخبرات ، وإجراء التجارب المشتركة بغية تحقيق ما يسعون إلى إحرازه مجتمعين وهو رفع المستوى العلمي لطلبتهم و تحقيق الأهداف التربوية المطلوبة . وواضعو المناهج الدراسية ومصممو التدريس والعاملون في إنتاج الوسائل التعلمية يهمهم كذلك تحقيق قدر عال من التفاهم والتفاعل لبناء مناهج دراسية تتسم بالدقة والحداثة والفاعلية في تحقيق الأهداف التربوية التي يسعون إليها .

إن كلا من هذه الفئات من العاملين في الحقل التربوي ، والتي يجمعها مستوى واحد في السلم الإداري للمؤسسة التربوية ، بحاجة إلى إجراء اتصالات أفقية مستمرة ، وتأمين التفاعل اللازم فيما بينها ، بوصفه ضرورة من ضرورات العمل التربوي . وهي اتصالات ليست مثقلة أو محكومة بسمة الإلزام التي تطبع الاتصالات الهابطة ، ولا تعاني من المعوقات التي تعاني منها الاتصالات الصاعدة التي سبق لنا ذكرها . ولذلك فإن العلاقات الأفقية بين أفراد الفئة الواحدة تعد أكثر أنواع الاتصالات ديمقراطية وتحقيقا للتفاهم ، إذا سادتها الثقة المتبادلة ، والرغبة في التعاون المثمر من أجل الصالح العام .

○ الاتصالات المائلة :

تواجه المؤسسة التربوية ، كما هي الحال في أية مؤسسة أخرى ، ظواهر استثنائية أو ظروفا خارج توقعات الخطط الموضوعة ، مما يتطلب إجراء اتصالات استثنائية أيضا ، خارج إطار الاتصالات الهابطة أو الصاعدة أو الأفقية . هي إذن اتصالات رسمية ذات نمط خاص تفرضها الضرورة وربما الحاجة الآنية الطارئة . كما إنها ترتبط بزمن محدد ينسجم مع المهمة المطلوب تنفيذها ، وتنتهج طريقا لا يتقاطع مع التوجهات العامة للمؤسسة التربوية.

ومن أمثلة هذا النوع من الاتصالات تلك التي يتبادلها أعضاء فريق عمل خاص ، تشكله المؤسسة التربوية لدراسة ظاهرة ما ، كانخفاض مستوى التحصيل والنتائج الامتحانية خارج المتوقع ، أو لتخطيط أو تنفيذ مشروع محدد لتدريب المعلمين على مساعدة البيئة المحلية لمواجهة ظرف طبيعي أو صحي طارئ مثلا ، إلى غير ذلك مما يقع خارج السياق المتبع عادة في الظروف الاعتيادية لعمل المؤسسة . وتنتهي مهمة هذا الفريق وينحل التشكيل أو تعلق أعماله بانتهاء المهمة المكلف بها . و يضم مثل هذا الفريق عادة أفرادا من مواقع إدارية مختلفة المستوى في السلم الإداري .

ويتطلب هذا النوع من الاتصالات تخطي الحواجز الرسمية التقليدية من حيث سرعة التحرك والاتصال ، والصلاحيات والإمكانات الممنوحة لأعضاء الفريق المكلف ، وانفتاح أطراف الفريق على بعضهم دون عوائق لتبادل المعلومات ، والاتصال المباشر دون خوف من تجاوز سلسلة المراجع المعمول بها في الظروف الاعتيادية .

● الاتصالات الخارجية (العلاقات العامة) :

تحيط بالمؤسسة التربوية بيئة متنوعة اجتماعيا واقتصاديا وثقافيا . و تضم هذه البيئة عددا كبيرا من المؤسسات ذات الصلة المباشرة أو غير المباشرة بالمؤسسة التربوية ، إضافة إلى جمهور واسع من أولياء أمور الطلبة والحلقات الاجتماعية التي تحيط بهم ، والمهتمين بشؤون التربية والتعليم من مختلف الحقول والذين ينتمون إلى جميع شرائح المجتمع . بل إن

من يدقق النظر في بيئة المؤسسة التربوية بصورة عامة ، وبيئة المدرسة والجامعة بصورة خاصة ، ينتهي إلى أن جميع مفاصل البيئة المحيطة بالمؤسسة التربوية لها صلة ما بهذه المؤسسة ، وأن البيئة الاجتماعية بجميع مؤسساتها وأفرادها ، تسهم بقدر أو بآخر في إنجاح المؤسسة التربوية أو إضعاف دورها في التغيير الاجتماعي .

إن تأثير البيئة الاجتماعية في المؤسسة التربوية يعتمد إلى حد بعيد ، على قدرة المؤسسة التربوية بجميع مفاصلها ودوائرها الفرعية ومفاصلها التعليمية ، كالمدارس والجامعات ، على إقامة اتصالات بناءة ومثمرة مع هذه الأطراف . وهو ما نعنيه بتعبير "العلاقات العامة " . ذلك أن تكثيف هذه الاتصالات مع البيئة الاجتماعية ، والاهتمام بما تحمله من خطابات ومواقف ومعلومات متبادلة ، هي المعول عليها في تحقيق المؤسسة التربوية لأي نجاح في عملها ومخرجاتها .

لقد أوجدت التطورات التكنولوجية المعاصرة مفهوما أوسع لطبيعة العلاقات العامة لتشمل به العالم كله ، عبر شبكات الاتصال والبث الفضائي وشبكة المعلومات و الاتصالات الدولية (الانترنت) ، مع الفارق الأكيد في اختلاف البيئة المحلية عن البيئة الإقليمية والدولية، من حيث قوة التأثير ونوعيته واتجاهاته . هذا عدا ما يتوفر لهذا النوع من النشاط من وسائل الاتصال المباشر من قبيل اللقاءات والمؤتمرات وغيرها ، علاوة على ما يستخدم في هذا المجال من مواد ووثائق ومعلومات يتم تداولها عن طريق المطبوعات أو نظم المعلومات المحوسبة وما إلى ذلك من وسائل .

وإذ تخلو الاتصالات الخارجية (العلاقات العامة) ، في السياق الذي نتحدث فيه ، من صفة الإلزام الرسمي بالقرارات والتوجيهات المركزية للمؤسسة التربوية ، فان جوا آخر من التفاهم والتآزر لتحقيق المصالح المشتركة هو الذي يسود هذا النمط من الاتصالات . وهو نشاط اتصالي له خصائصه وكفاياته الخاصة ، التي يتعين على المؤسسة التربوية الاهتمام بها ورعايتها . وهو ما يتطلب من المؤسسة التربوية حسن اختيار العاملين في ميدانها بدقة ووفق شروط محددة ومن ذوي التخصصات ذات الصلة بطبيعة هذا النوع من الاتصالات ، وبصورة خاصة من المتخصصين في العلاقات العامة ، و تدريبهم من خلال

دورات تعد خصيصا لهذا الغرض ، يشرف عليها أصحاب الخبرة في ميدان العلاقات التربوية العامة .

أقسام العلاقات العامة في المؤسسات التربوية :

تعمد مراكز المؤسسات التربوية عادة إلى تشكيل أقسام أو شعب إدارية خاصة تعنى بجوانب محددة في ميدان العلاقات العامة . وقد تسمى هذه التشكيلات الإدارية بهذا الاسم أيضا (العلاقات العامة) . وتتحدد مهام هذه الأقسام بحسب حاجات المؤسسة التربوية، والإمكانات البشرية والمادية المتاحة لها ، وبمقدار ما تقوم به من نشاطات مشتركة مع الأطراف الخارجية ذات الصلة بعملها ، وما يقتضيه ذلك من تنسيق و اتصالات .

وعلى الرغم من أن أقسام العلاقات العامة ، كما رصدناها على مستوى الإدارات العليا في عموم المؤسسات التربوية العربية ، كوزارات التربية والتعليم أو وزارات التعليم العالي ، والإدارات التربوية الوسطى ، والجامعات ، تشترك في الصفات العامة لطبيعة عملها ، إلا أنها تتفاوت من حيث تفاصيل المهام المطلوبة ، وطبيعة التعامل معها بشكل كبير من بلد لآخر لتضم مجموعة من ما يأتي من المهام :

- إدامة الصلة مع الجهات الأخرى خارج المؤسسة التربوية عبر الاتصالات الدورية بمختلف الوسائل المتاحة ، وتزويدها بما يستجد في المؤسسة من أخبار ونشاطات ذات صلة بعمل هذه الجهات .
- تنظيم اللقاءات والمؤتمرات مع الجهات الخارجية لصالح المؤسسة التربوية ، أو المشاركة في نشاطات من هذا النوع لصالح تلك الجهات ، ومتابعة متطلبات ذلك من مراسلات وتبادل للوثائق وغيرها .
- استقبال الوفود الزائرة للمؤسسة التربوية وتنظيم برامج زياراتها بالتنسيق مع الجهات المعنية في الوزارة أو الجامعة مثلا ، وتهيئة متطلبات إقامتها وتنقلها وما إلى ذلك من تفاصيل . وبالمقابل ، الإشراف على زيارة ممثلي المؤسسة التربوية إلى

مواقع الجهات الأخرى الخارجية وإجراء ما يقتضيه ذلك من اتصالات لتوفير المستلزمات المطلوبة .

- الاتصال بالمنظمات والهيئات المحلية والإقليمية والدولية لتأمين التواصل فيما بينها بشأن متابعة الأنشطة المشتركة ، وتحديد مواعيد اجتماعات اللجان المشكلة من هذه الأطراف ، وإبلاغ المعنيين بها ، وتوفير ما يحتاجونه من المطبوعات والوثائق .

- إدامة الصلة مع الأجهزة الاعلامية وتزويدها بما يتوفر من منشورات عن أنشطة المؤسسة التربوية ومشاريعها ، واطلاع المسؤولين في المؤسسة التربوية على ما ينشر في هذه الوسائل من صحف وإذاعة وتلفزيون ومواقع الانترنت من مقترحات وأفكار وشكاوى وما إلى ذلك .

- تنظيم مراجعات الجمهور للمؤسسة التربوية ووضع إشارات الدلالة والتعليمات التي يحتاجها جمهور المؤسسة من طلاب ومراجعين وباحثين وغيرهم ، وتسهيل حصولهم على الإجابات السريعة والوافية من أقسام المؤسسة المختلفة .

- الإشراف على تنظيم المعارض العلمية والمتاحف التربوية بالتعاون مع أقسام ودوائر المؤسسة التربوية الأخرى وبخاصة دائرة الاعلام التربوي ، أو بديلا عن هذه الدوائر كما هو حاصل في بعض البلدان ، ومتابعة تزويدها بالمستجدات ومتابعة شؤونها .

- الإسهام مع الدوائر التربوية الأخرى في المؤسسة التربوية في تنظيم السفرات العلمية وما يدعى بالقوافل التربوية المشتركة بين المؤسسة التربوية و منتسبيها وغيرهم من منتسبي المؤسسات الأخرى ، بوصفها نمطا من أنماط الاتصالات .

- الإسهام في تنظيم المشاريع التربوية الميدانية ذات الأغراض المتعددة ، كما جرى من قبل بعض الجامعات في بعض البلدان العربية كمصر والعراق لإقامة معسكر تربوي متعدد الجوانب في بيئة اجتماعية مختارة للقيام ببحوث ميدانية وتجارب

محددة الأهداف فيها ، وما إلى ذلك مـن مشاريع لتعميـق الاتصالات وتفعيلها مـع البيئـات المحلية .

إن جميع هذه الأنشطة تحتاج إلى اتصالات مكثفـة ومستمرة ، وذات أهـداف مرسـومة ينبغي انجازها في توقيتات معلومة ، وحسب الخطط التي تضعها المؤسسة ابتـداء . وبـدون مثل هـذا النشـاط الاتصالي لا يمكن لنا أن نتصور كيف يمكن أن تنفذ المؤسسة التربوية خططها التـي تتـأثر بهـا قطاعات واسعة من المجتمع أفرادا ومؤسسات .

إن عمل العلاقات العامة المتعدد الجوانب والاهتمامات ، وما يتطلبه هذا العمـل مـن اتصالات على مختلف الصعد وفي كل الاتجاهـات ، يبـدو بحـق عصب النشـاط التربـوي المطلـوب لأغراض توثيـق الصلات مع الأطراف المختلفة خارج المؤسسة التربوية . وهـو مـا يتطلـب كمـا ذكرنا الكثير من الاهتمام والرعاية ، والكثير من التدريب والخبرة .

قنوات الاتصالات في المؤسسة التربوية :

ليست هناك وسائل محددة أو مخصصة للاتصالات الداخلية أو الخارجية في المؤسسة التربوية ، إنما يمكن توظيف كل الوسائل المتاحة التي تستخدمها أية مؤسسة في القطاعات الأخرى غير التربوية ، المباشرة منها وغير المباشرة ، وكذلك الوسائل المزدوجة، التي تجمع بين الاتصال المباشر وغير المباشر في الوقت نفسه ، كالحوار عبر الانترنت آنيا بالصوت والصورة مثلا . غير أن العمل بأسلوب منظم ومحدد الأغراض ، وطبقا لخطة موضوعة مسبقا بالتنسيق مع الجهات ذات العلاقة داخل المؤسسة التربوية وخارجها، ومتابعة تنفيذ هذه الاتصالات أولا بأول وتقويم ما ينتج عنها ، هـو الـذي يضـمن فاعليـة هـذه الاتصالات ، والحكم على مستوى تحقيقها للأهداف الموضوعة من قبل المؤسسة . وبالتالي تحديد ما ينبغي القيام به من إجراءات لتعديل مفردات الخطة الموضوعة أو مساراتها .

سنحاول في الصفحات التالية استعراض أهم الوسائل التي تؤمن الاتصالات التـي يتطلبها عمـل المؤسسة التربوية ، سواء على المستوى الداخلي أو الخارجي ، مع ذكر أهم

الملاحظات التي تتعلق بفاعلية استخدام كل منها ، مؤكدين عدم أفضلية أي من هذه الوسائل على غيرها . ذلك أن الوسيلة الأفضل هي التي تحقق النتائج الأفضل في التطبيق :

● المخاطبات الورقية:

على الرغم من التقدم الكبير الذي تحقق في حقل التخاطب عبر شبكات الانترانت التي تستخدم للأغراض الداخلية ، وبخاصة في البلدان المتقدمة ، فإن المخاطبات الورقية ما تزال هي السائدة في معظم الاتصالات اليومية للمؤسسات التربوية ، والدوائر الرسمية بصورة عامة . وقد تكون لذلك أسباب عدة تتعلق بمدى الثقة التي ما تزال تتمتع بها الورقة الرسمية ، بما تحمله من أختام وتواقيع (إمضاءات) المسؤولين ، ولكونها وثيقة يمكن الاحتفاظ بها ، وتحمل خصوصيتها المتفردة مقارنة بغيرها من الوثائق الالكترونية التي تتداولها التكنولوجيا المعاصرة .

ويشمل هذا النوع جميع المخاطبات الرسمية التي يتداولها العاملون في المؤسسة التربوية ، الهابطة منها والصاعدة والأفقية والمائلة ، والتي تحتوي قوانين العمل والقرارات والتعليمات والتوجيهات ، وكذلك التقارير والمذكرات المتبادلة وغيرها .

وأهم ما ينبغي أن يتوفر في هذه المخاطبات من معلومات هي جهة الإصدار، والجهة التي يتوجه إليها الخطاب ، محددتين عادة بالأسماء . هذا فضلا عن تاريخ إصدارها ، والسلسلة الإدارية التي مرت بها . ومن نافل القول أن وضوح هذه المذكرات من حيث اللغة والشكل والمضمون ، ووضوح القصد منها ، والمطلوب اتخاذه من إجراءات في ضوئها، يسهم إلى حد كبير في تحقيق أغراض هذه المخاطبات . ان هذه المذكرات تعطي صورة عن حجم الجهد اليومي المبذول في المؤسسة ، واتجاهات عملها . بل إنها تصلح لأن تكون ميدانا للبحث والدراسة لكشف حركة العمل وحجمه وتوجهاته .

وكثيرا ما يعمد المسؤول الأعلى والقيادات الإدارية التي تعاونه في المؤسسة التربوية ، أسوة بالمؤسسات الأخرى ، إلى استخدام طريقة " البريد الدوار" . وهو ملف يومي يضم

أهم ما يصدر من مخاطبات في المؤسسة ليوم كامل ، الغرض منه هو اطلاع هؤلاء المسؤولين على ما يجري في المؤسسة من مخاطبات ، بقصد مراقبة حركة العمل وآلياته الإدارية ، والوقوف على اتجاهاتها أولا بأول ، ومعالجة ما يقتضي المعالجة في الوقت المناسب ، وذلك كجزء من عملية المتابعة الدورية للعمل اليومي .

● **النشريات :**

يتطلب عمل المؤسسة التربوية في كثير من الأحيان نشر ـ مطبوعات متنوعة من حيث الشكل والمضمون ، غالبا ما تستخدم لأغراض العلاقات الخارجية بغية الإعلان عن مشروع تربوي ، والترويج له بين أفراد المجتمع المحلي مثلا ، وتشجيع الجمهور على التعرف إليه ودعمه أو المشاركة فيه . وقد يكون الغرض من بعض النشريات إعلان مناقصة أو وظائف شاغرة وما إلى ذلك . وقد تكون هذه النشريات مستقلة تشرف عليها دائرة الاعلام التربوي وتوزعها أقسام العلاقات العامة ، أو تكون ضمن ما تنشره الصحف والمجلات وما إليها على الجمهور بعامة .

ويعد هذا النوع من الاتصالات بالجمهور مكلفا أكثر من المخاطبات التقليدية ، ولذلك فانه غالبا ما يقتصر على المؤسسات المركزية في الحقل التربوي . كما انه يتطلب خبرات متخصصة في هذا الميدان . لكنه من ناحية ثانية مهم لإدامة العلاقة مع جمهور المؤسسة التربوية ، وضمان اطلاعه على نشاط المؤسسة والفوائد التي يمكن أن تتحقق له من تنفيذ مشروعاتها .

وقد اتسعت في السنوات الأخيرة ظاهرة النشر على الانترنت ، سواء على مواقع خاصة بالمؤسسة التربوية ، أو على مواقع عامة تسهم فيها بنشر أخبارها وتوجهاتها بما يحقق للجمهور مصلحة ما ويجيب عن تساؤلاتهم . وهو دون شك نمط آخر من أنماط الاتصال التي تخدم المؤسسة التربوية ، من خلال تعريف جمهورها بما ترغب تعريفه به ، بصورة ربما يصعب تحقيقها بوسائل أخرى .

● **الوسائل الصوتية :**

تحرص المؤسسات المختلفة ، ومنها المؤسسات التربوية ، على توفير اتصالات تتصف بالآنية والمرونة الكافية للاستجابة لحركة العمل النشطة ، ولضمان التواصل السريع مع العاملين داخل المؤسسة من جهة ، ومراجعيها من الجمهور من جهة ثانية ، أو الجمهور خارج حدود المؤسسة مكانيا .

ويستخدم بعض هذه الوسائل كالإذاعة الداخلية ، لبث التوجيهات السريعة والأخبار المتصلة بالعمل ، للمتواجدين داخل مبنى المؤسسة من العاملين فيها والزائرين والمراجعين . وهي وسيلة بسيطة الاستخدام ولا تتطلب مهارات عالية المستوى . كما إنها غير مكلفة وذات فائدة كبيرة في الأماكن المغلقة . و يمكن كذلك استخدامها في الأماكن المفتوحة عند إجراء لقاءات موسعة مع الجمهور على سبيل المثال خارج مبنى المؤسسة .

كما تستخدم الهواتف لإجراء الاتصالات السريعة لمتابعة معاملات الجمهور والاتصال بالجهات والأطراف الخارجية . وبقدر ما تتاح للعاملين والجمهور معرفة هواتف الدوائر المختلفة والأشخاص العاملين فيها ، تكون عملية الاتصال أكثر يسرا وتخفف كثيرا من أعباء المراجعات المباشرة ، وما يترتب على ذلك من اختصار جهود العاملين ونفقات توفير الخدمات الضرورية للمراجعين . ولذلك تسعى دوائر العلاقات العامة في المؤسسة التربوية إلى توفير أدلة بهذه الهواتف ، فضلا عن نشرها بين فترة وأخرى عبر أجهزة الاعلام المختلفة . هذا إضافة إلى الأجهزة الصوتية المختلفة الخاصة بالتخاطب الفوري (انتركم Intercom) داخل المؤسسة .

● **إشارات الدلالة :**

تتمتع إشارات الدلالة وصيغ استخدامها بأهمية بالغة للعاملين والجمهور على حد سواء . وهذا النوع من الاتصال ، الذي يعد من مسؤوليات دوائر العلاقات العامة في المؤسسات ، قد يهمل في كثير من الأحيان بسبب عدم إدراك أهميته . فالوصول إلى مبنى

المؤسسة ، والتنقل عبرها من قسم إلى آخر ، يمكن أن يكون مشكلة تتعب من يواجهها من العاملين وجمهور المؤسسة .

إن الإشارات والعبارات والأسهم المستخدمة لأغراض الدلالة هي لغة صامتة ذات أهمية كبيرة ، إذا أحسنا استخدامها فسنسهم في توفير أجواء مريحة للعاملين في المؤسسة والمتعاملين معها . وليس من شك في أن مهمة توفير مثل هذه الأجواء هي مهمة العلاقات العامة في أية مؤسسة . ولا تشذ المؤسسة التربوية عن غيرها في هذا المجال . لذلك فان هاجس توفير الراحة لمراجعي المؤسسة والعاملين فيها يدفع دوائر العلاقات العامة إلى البحث عن أفضل الطرق وأكثرها وضوحا وجمالية ، في استخدام هذا النوع من وسائل الاتصال ، كاستخدام الإشارات المضيئة والتصاميم المبتكرة والألوان والرموز المثيرة للاهتمام .

• لوحات الإعلانات :

ربما تكون لوحات الإعلانات التي تنتشر ـ داخل مبنى المؤسسة التربوية ، وبصورة خاصة داخل الجامعات والمدارس ، من أكثر وسائل الجذب والتواصل مع الجمهور. ذلك أنها مخصصة في الغالب للاستجابة لاهتمامات الجمهور الآنية ، والإجابة عن استفساراتهم المتوقعة . ولذلك فان دوائر العلاقات العامة ، التي عادة ما تتولى مسؤولية النشر فيها ومتابعة تنظيمها وتحديث الإعلانات التي تعرضها ، تهتم كثيرا بوضع هذه اللوحات في الأماكن التي يتواجد فيها أكبر عدد من الموظفين أو المراجعين أو الطلبة .

وعلى ذلك فإن لوحة الإعلانات ليست وسيلة ترف في المؤسسة التربوية أو التعليمية ، ذلك أنها تؤدي دورا اتصاليا له أهميته في إدامة الصلة بين المؤسسة و متابعي ما ينشر فيها. وكما أن هناك شروطا لاستخدام السبورة داخل الصف الدراسي من حيث التنظيم والوضوح ، وتوزيع المعلومات عليها ، وتحديد حجم المعلومات المعروضة فيها ، لكي توصل ما تحمله من رسائل إلى الطلبة بدقة وكفاءة ، فان لوحة الإعلانات هي الأخرى ينبغي أن

تحظى بكثير من العناية في كيفية تنظيم المعلومات عليها ، والحرص على تحديث هذه المعلومات ، وتوزيعها بالصورة التي تجعلها وسيلة مفيدة للجمهور حقا .

● **صناديق المقترحات والشكاوى :**

تعد صناديق المقترحات والشكاوى إحدى الوسائل الاتصالية المهمة التي توفر فرصة للعاملين والطلبة وجمهور المؤسسة التربوية عموما لممارسة حق الاتصال ، والتعبير عما يعتمل في خواطرهم من ملاحظات وأفكار ورغبات ، وما يشخصونه من نقاط ضعف في طريقة عمل المؤسسة وإجراءاتها وسلوكيات العاملين فيها . ويتعامل معها الجمهور بقدر طيب من الثقة عادة لكونها لا تلزمهم بكشف هويتهم عند توجيه ملاحظاتهم النقدية مثلا . ومسؤولية هذه الصناديق تعد من مهام دوائر أو أقسام العلاقات العامة في المؤسسة التربوية ، كما هي الحال في معظم الدوائر والمؤسسات الأخرى .

إن مجرد وجود مثل هذه الصناديق في مداخل المؤسسات التربوية وفي أماكن تجمع الجمهور والطلبة ، ليس كافيا لإقناعهم بجدوى ما يضعونه فيها من مقترحات أو شكاوى . ذلك أن أواصر الثقة بين الطرفين ، المؤسسة وجمهورها ، تبنى عبر زمن قد يكون طويلا أحيانا ، تتراكم فيه مواقف عديدة للمؤسسة إزاء قضايا جمهورها وتطلعاته وهمومه . وهو ما يقتضي من القائمين على مثل هذه الصناديق الاهتمام الجاد بما يضعه الجمهور فيها ، ودراسته ، ومتابعة ما يقتضي المتابعة منه ، وربما الخروج منه بمؤشرات تقويمية عامة ، تساعد في تعديل مسارات العمل قدر المستطاع ، بما يحقق الثقة مع الجمهور، ويفعل دور هذه الصناديق ، بوصفها طريقة للحصول على التغذية الراجعة الآنية ، التي ربما يحجم الجمهور عن منحها للمسؤولين في المؤسسة عن طريق آخر غيرها .

إن عمل أقسام العلاقات العامة في النهاية يصب في التحسين الدائم لطبيعة العلاقة مع العاملين وجمهور المؤسسة التربوية بما يعود بالفائدة على الطرفين ، وعلى مستوى ما

يقدم للجمهور من خدمات . وصناديق المقترحات والشكاوى يمكن أن تستثمر إلى حد كبير في هـذا الاتجاه .

● **اللقاءات المباشرة :**

تتعدد أشكال اللقاءات المباشرة التي تجريها المؤسسة التربوية بحكم طبيعة المهمات التي تضطلع بها هذه المؤسسة ، واتساع رقعة علاقاتها واتصالاتها على المستويين العمودي والأفقي ، والتي تشمل معظم المؤسسات الاجتماعية ، وجميع قطاعات المجتمع ، ومن مختلف الفئات العمرية ، علاوة على تشعب وظائفها وتنوعها .

وتكتسب الاتصالات المباشرة مع الجمهور أهمية خاصة تفوق جميع أنواع الاتصالات الأخرى ، من حيث قدرتها على كشف الواقع الحقيقي لمواقف الأشخاص والمجموعات العاملة في المؤسسة التربوية أو المتعاملة معها . ذلك أنها تمد المسؤول التربوي بمعلومات مستقاة مـن الميـدان مباشـرة ، ومـن الأشخاص الحقيقيين المسؤولين عنها ، دون احتمالات التزويق والرتوش وسوء الفهـم التي كثيرا مـا تطرأ عليها عـبر انتقالها بالاتصالات غير المباشرة من خلال سلسلة المراجع والحلقات الإدارية المتعاقبة . مـن جانـب آخـر ، فان الاتصالات المباشرة مـن شـأنها تعميـق العلاقـة الحميمـة بـين قمة الهـرم الإداري للمؤسسة التربويـة وقاعدته ، وترفع من سقف الثقـة المتبادلـة بـين الطرفين ، وتعـزز الشعـور بـاهتمام المسؤولين الإداريـين بانشغالات العاملين والجمهور وهمومهم ، والمصاعب التي يواجهونها مع المؤسسـة ، ممـا ينعكس ايجابيا على مستوى عمل المؤسسة التربوية ونوعيته .

وتشمل اللقاءات والاتصالات المباشرة التي يتطلبها عمل المؤسسة التربويـة ، الاتصالات الفرديـة والجماعية مع الجمهور بكل أطيافه ، والتي تشمل المقابلات الشخصية والجماعية والندوات والاجتماعـات والمؤتمرات وحضور الاحتفالات والاستعراضات الرياضية والمعارض العلمية ، وما إلى ذلك مما تتطلبه طبيعة العمل .

فعلى صعيد الاتصالات الفردية تحتاج القيادات الإدارية بمستوياتها الثلاثة ، العليا والوسطى والدنيا ، إلى إدامة الصلة مع أفراد الجمهور من الطلبة وذويهم وممثلي المؤسسات التي تشترك مع المؤسسة التربوية في العديد من الفعاليات والمشروعات . وبقدر ما تتاح لهؤلاء الفرصة في لقاء المسؤولين الإداريين ، وبقدر ما تكون أبواب المسؤولين مفتوحة لاستقبالهم والإصغاء إليهم ، فان التغذية الراجعة ستتوفر بقدر عال يسمح بمعالجة الكثير من القضايا العالقة ، وإزالة سوء الفهم الذي يكتنف العلاقة بين الأطراف المختلفة أحيانا ، وما يمكن أن ينتج عن ذلك من توتر أو ضعف في هذه العلاقة . ومن المؤكد أن ظواهر من هذا النوع لا تعمل في صالح المؤسسة أو جمهورها وإنما العكس هو الصحيح . وعلى المسؤول الإداري أن يحسن إدارة مثل هذه اللقاءات ويضمن لها التنظيم الجيد والحرية في التعبير من قبل الذين يقيم معهم الاتصالات المباشرة ، وأن يصغي باهتمام لما يطرح أمامه من مشكلات أو أفكار، ليستطيع استخلاص المؤشرات الخاصة بكل حالة على حدة ، والمؤشرات العامة التي ترسم صورة الظواهر المطلوبة لأغراض المتابعة .

أما على مستوى الاجتماعات التي تعقدها القيادات الإدارية في مستوياتها المختلفة مع العاملين ، أو تلك التي تعقد مع الأطراف المتعاونة مع المؤسسة التربوية ، وكذلك الندوات والتجمعات التي تعقدها القيادات الإدارية أو رؤساء الفعاليات الجامعية ومديرو المدارس مع الطلبة وممثلي المجتمع المحلي ، وكذلك المؤتمرات والحلقات الدراسية وورش العمل التي تعقد مع الباحثين لأغراض مختلفة ، فإنها جميعا بحاجة إلى نمط من الإعداد يختلف عن اللقاءات الفردية والمقابلات . ولذلك تخصص المؤسسات التربوية جزءا مهما من جهدها لتنظيم هذه الأنواع من الأنشطة بالتنسيق بين دوائر عدة ، منها دائرة العلاقات العامة ، أو ما ينوب عنها في الهيكل الإداري للمؤسسة . كما إنها تتطلب توفير إمكانات تخطيطية وتنظيمية ومادية عديدة قد لا تستطيع توفيرها إلا المؤسسات التربوية المركزية . ويتوقف ذلك بطبيعة الحال على مستوى وحجم المؤتمر أو النشاط الجماعي المقام ، وطبيعة الفعاليات التي يتضمنها .

وتتميز هذه الأنماط من الاتصالات ، وبخاصة العلمية منها ، بحاجتها إلى أن يقوم فريق عمل متكامل متعدد الاختصاصات بالتهيئة لها ، وبضرورة متابعة ما تخرج به من توصيات ، وأن تكون متواصلة النمو من مؤتمر لآخر أو من ندوة لأخرى . بمعنى أن تكون مبنية على أساس استكمال ما خرجت به الأنشطة الأخرى المشابهة التي سبقتها ، للوقوف على مدى ما تحقق منها وما ينبغي عمله لتجاوز ما عانته من إخفاقات وتحديد ما هو مطلوب لمواصلة ما بدأته الأنشطة السابقة .

- **الاتصالات عن بعد :**

لقد أصبح استخدام هذا النوع من الاتصالات في الوقت الحاضر مقياسا مهما من مقاييس الحكم على مدى التقدم الذي وصلته مؤسسة ما على صعيد تطوير وسائلها الاتصالية الداخلية والخارجية . فاعتماد وسائل اتصالية جماهيرية ، وبخاصة الإذاعة والتلفزيون ، لأغراض دعم التواصل مع الجمهور ، هو مما يسجل في صالح المؤسسة التربوية عموما . إذ انه يعني بصورة أو بأخرى اتساع علاقات المؤسسة التربوية بجمهورها والمتعاملين معها ، على المستويين المحلي والخارجي . كما إن استخدام الاتصالات التفاعلية، كالحاسوب ، وشبكة المعلومات و الاتصالات الدولية (انترنت) ، وشبكات الاتصال المحدودة (انترانت) ، يؤشر مدى اهتمام المؤسسة التربوية باعتماد أحدث ما توصلت إليه التكنولوجيا الحديثة ، لتأمين الاتصالات السريعة والأمينة والشاملة ، بين العاملين داخل المؤسسة ومع جمهورها ، وعلى الصعيدين الفردي والجماهيري في الوقت ذاته .

لقد أصبح بمقدور المؤسسة التربوية ، ونحن نقترب من نهاية العقد الأول من القرن الحادي والعشرين ، أن تؤمن شبكة واسعة من الاتصالات الفاعلة والمتفاعلة ، ليس على مستوى العلاقة مع المجتمع المحلي فحسب ، وإنما على مستوى الاتصالات التي يمكن تحقيقها مع العالم كله . ويعود الفضل في ذلك إلى ما حققته المنجزات العلمية التكنولوجية من تقدم كبير في العقود الأخيرة في ميدان استخدام الأقمار الاصطناعية التي تنقل الصوت

والصورة ، وشبكة الانترنت التي لم يعد معها العالم مترامي الأطراف ومجهول النهايات ، كما كان عبر التاريخ .

من جانب آخر فان وسائل الاتصال عن بعد قد اختصرت الزمن وهيأت للمؤسسة التربوية الأرضية لإقامة مشاريع علمية وتعليمية تتجاوز حدود الجغرافية ، و بصورة أصبحت المؤسسة التربوية معها قادرة على إنشاء مدارس وجامعات ومراكز بحث علمي ومكتبات ، وعقد مؤتمرات علمية ومناظرات ، لم تكن لتستطيع إنشاءها ، لولا هذا النمط من التكنولوجيا المتقدمة .

لقد أعطت هذه الوسائل الاتصالية زخما متطورا للعمل الإداري التربوي ، وطاقة يصعب حساب مقدارها لإدارة شؤون المؤسسة التربوية ، وتيسير عملية التواصل بين دوائر وأقسام هذه المؤسسة ، وبينها وبين العالم . ولا شك أن توفر الاتصالات الحديثة ، بما تمتلكه من تنوع ومرونة وفاعلية وشمول ، هي التي جعلت كل ذلك ممكنا .

إن من الضروري هنا أن نشير إلى أهمية أنظمة المعلومات الإدارية ، التي تشكل حجر الزاوية في العمل الإداري التربوي المتطور ، وما يمكن أن توفره هذه الأنظمة من خدمات اتصالية داخل بنية المؤسسة التربوية وخارجها . إذ إن أنظمة المعلومات ساعدت بشكل كبير في الاستعاضة عن كثير من الاتصالات التقليدية التي سادت العمل الإداري لقرون طويلة ، وما تزال تهيمن على مساحة واسعة من الاتصالات الإدارية التربوية حتى الوقت الحاضر .

على أن هذا النوع من الاتصالات ، وبصورة خاصة الاتصالات عبر شبكات الانترنت والانترانت ، يتطلب من المؤسسة التربوية اهتماما فائقا بإعداد وتدريب الملاكات المؤهلة ، بهدف تنظيم هذا النمط من الاتصالات والإفادة منها على النحو الأمثل لصالح العمل الإداري في المؤسسة . وقد يكون من المفيد للقارئ الكريم أن يرجع إلى الفصل الخاص بتطبيقات الاتصال التربوي في ميدان المعلومات الذي تناول هذا الموضوع بصورة أكثر تفصيلا .

من كل ما تقدم في هذا الفصل ، يتبين أن الاتصالات والعلاقات العامة جزء مهم من تطبيقات الاتصال التربوي ، يضاف إلى الاعلام والتعليم والمعلومات ، وأن النظرة إلى هذا الحقل بمعزل عـن الحقـول الاتصالية الأخرى في ميدان التربية والتعليم ، إنما تنطوي على كثير مـن التجنـي ، والتجـزيء لبنيـة الاتصـال التربوي بمعناه الواسع الذي تبنيناه في هذا الكتاب . ذلك أن النظـرة العميقـة لمكونـات الاتصال ، بالمعنى الذي تناولناه في الفصول التمهيدية والفصول التطبيقية ، كـما نجتهـد ، هـي أجـدى في فهـم آليـة اشـتغال النظام الكلي للاتصال داخل بنية المؤسسة التربوية . بل إننا نعتقد أن اقتصار فهم الاتصال التربوي على أنه الحقل الإعلامي حسب ، هو واحد من الأسباب التي هبطت بتطبيقـات هـذا الحقـل الحيـوي وأضـعفته ، وأفقدته في بلداننا العربية ، ما كان ينبغي له من تأثير وفاعلية في المؤسسة التربوية والتعليمية .

المراجـــع

المراجع والمصادر العربية

- أبو زيد ، فاروق (١٩٩١) . انهيار النظام الإعلامي الدولي : من السيطرة الثنائية إلى هيمنة القطب الواحد .القاهرة : مطابع أخبار اليوم .

- أحمد ، محمد مصطفى (١٩٩٤).الاتصال في الخدمة الاجتماعية. الإسكندرية

- ألان ، روبرت (١٩٩١) . التلفزيون والنقد المبني على القارئ . ترجمة محمد ، حياة جاسم . المنظمة العربية للتربية والثقافة والعلوم . تونس .

- بابان ، بيير (١٩٩٥) . لغة وثقافة وسائل الاتصال بين الأبجدي والسمعي البصري . ترجمة القري ، إدريس . المغرب - فاس : الفارابي للنشر .

- بو علي، نصير(٢٠٠٠) البث التلفزيوني المباشر والحضارة القادمة . مجلة الإذاعات العربية.اتحاد الإذاعات العربية.تونس.العدد(٤)ص ٩- ١٥

- التميمي ،عبد الفتاح , أبو عبيد ، عماد (٢٠٠٢) . الانترنيت وشبكات الحاسوب : تطبيقات عملية .عمان : دار اليازوري .

- الجابر ، زكي (١٩٩١) . الإعلام والتربية . المغرب : منشورات رمسيس .

- جانييه ، روبرت م . (٢٠٠٠) . أصول تكنولوجيا التعليم . ترجمة المشيقيح ، محمد بن سليمان والشاعر ، عبد الرحمن بن إبراهيم والصالح ، بدر بن عبد الله و الفهد، فهد بن ناصر . الرياض : جامعة الملك سعود : النشر العلمي والمطابع .

- جيتس ، بيل و مايرفولد ، ناثان و رين رسون ، بيتر (١٩٩٨) . **المعلوماتية بعد الانترنيت (طريق المستقبل)** ترجمة رضوان ، عبد السلام . الكويت : سلسلة عالم المعرفة (٢٣١)

- الحسيني ، عبد الحسن (١٩٨٧) . **معجم مصطلحات المعلوماتية** . لبنان – بيروت . دار القلم .

- الحموز ، محمد (٢٠٠٤) **تصميم التدريس** . عمان : دار وائل للنشر

- الحيلة ، محمد محمود (٢٠٠٤) . **تكنولوجيا التعليم بين النظرية والتطبيق** . عمان : دار المسيرة للنشر والتوزيع والطباعة .

- الحيلة ، محمد محمود (٢٠٠٥) ، **تصميم التعليم نظرية وممارسة** . الأردن – عمان: دار المسيرة للنشر والتوزيع والطباعة .

- الخولي ، محمد علي (١٩٨١) . **قاموس التربية** . بيروت : دار العلم للملايين.

- الرامي، عبد الوهاب (٢٠٠٢) الغرب والعالم العربي : جدلية الأنا والآخر.**مجلة الإذاعات العربية.** اتحاد الإذاعات العربية ، تونس العدد(٢) ص٧٥- ٨١ .

- رشاد ، عبد الغفار (١٩٩٢) . **دراسات في الاتصال** . ط ٢ . القاهرة ، جامعة القاهرة .

- الرفاعي ، إسماعيل خليل (٢٠٠٦) . **الحاسوب في التعليم والتعلم** . الرياض ، سلسلة كتاب الرياض رقم ١٤٢ : مؤسسة اليمامة الصحفية.

- زيتون ، حسن حسين (١٩٩٩) . **تصميم التدريس : رؤية منظومية** . بيروت : عالم الكتب .

- السالمي ، علاء و الكيلاني ، عثمان و البياتي ، هلال (٢٠٠٦) . **أساسيات نظم المعلومات الإدارية** .عمان : دار المناهج للنشر والتوزيع

- سعادة ، جودت والسرطاوي ، عادل فايز (٢٠٠٣) . **استخدام الحاسوب والانترنيت في ميادين التربية والتعليم** . عمان : دار الشروق للنشر والتوزيع

- سلامة ، عبد الحافظ (٢٠٠٤) **وسائل الاتصال وتكنولوجيا التعليم** . عمان : دار الفكر للطباعة والنشر والتوزيع .

- سلامة ، عبد الحافظ وأبو ريا ، محمد (٢٠٠٢) **الحاسوب في التعليم** . عمان. الأهلية .

- صادق ، عباس مصطفى (٢٠٠٧) . الاعلام الجديد : دراسة في تحولاته التكنولوجية وخصائصه العامة . **مجلة الأكاديمية العربية المفتوحة في الدنمارك** . عدد ٢ ، ص١٧٣- ١٩٦

- الصباغ ، عماد (٢٠٠٠) **تطبيقات الحاسوب في نظم المعلومات** . عمان : دار الثقافة والنشر والتوزيع .

- عبد الحميد ، طلعت (٢٠٠٦) . **التربية في عالم متغير** . القاهرة ، دار فرحة للنشر والتوزيع .

- عبد المنعم ، منصور أحمد وعبد الرزاق ، صلاح عبد السميع (٢٠٠٤). **الكومبيوتر والوسائط المتعددة في المدارس** . القاهرة : مكتبة زهراء الشرق

- عبد النبي ، عبد الفتاح (١٩٩٠) . **تكنولوجيا الاتصال والثقافة بين النظرية والتطبيق** . القاهرة : المكتب العربي للنشر .

- عبود ، حارث (٢٠٠٧) . **الحاسوب في التعليم** . الأردن ، عمان ، دار وائل للنشر.

- علي ، نبيل (٢٠٠١) . **الثقافة العربية وعصر المعلومات** . الكويت : مطابع الوطن .

- عليوة ، سيد (ب ت) **مهارات الاتصال وطرق إعداد التقارير** . المنصورة ، مكتبة جزيرة الورد .

- العمايرة ، محمد حسن (١٩٩٩) . **أصول التربية التاريخية والاجتماعية والنفسية والفلسفية** . الأردن ، عمان : دار المسيرة للنشر والتوزيع والطباعة.

- الفار ، إبراهيم عبد الوكيل (٢٠٠٠) **تربويات الحاسوب** . دار الكتاب الجامعي .

- الفار ، إبراهيم عبد الوكيل (٢٠٠٢) . **استخدام الحاسوب في التعليم** . عمان : دار الفكر للطباعة والنشر والتوزيع .

- فطيم ، لطفي (١٩٩٢) .**المدخل إلى علم النفس الاجتماعي** . القاهرة : مكتبة النهضة المصرية

- فلحي ، محمد جاسم (٢٠٠٦) ، العلاقات العامة في المكتبات ومراكز المعلومات . **مجلة الأكاديمية العربية المفتوحة في الدنمارك** . عدد ١ ، ص ٦٧ – ٨٧ .

- فوده ، ألفت محمد (٢٠٠٢) . **الحاسب الآلي واستخداماته في التعليم** . الرياض – جامعة الملك فهد .

- فوزي ، صلاح الدين (٢٠٠١) . **الإدارة العامة بين عالم متغير ومتطلبات التحديث** . القاهرة ، دار النهضة العربية .

- قطامي ، يوسف وأبو جابر ، ماجد وقطامي ، نايفة (٢٠٠١) . **أساسيات في تصميم التدريس** . عمان : دار الفكر .

- قنديلجي ، عامر إبراهيم والجنابي ، علاء الدين عبد القـادر (٢٠٠٥) . **نظم المعلومـات الإداريـة وتكنولوجيا المعلومات** . الأردن ، عمان : دار المسيرة للنشر والتوزيع والطباعة .

- كانداو ، ديبي ودوهرتي ، جنيفر ويوسـف ، جودي وكوني ، بيـج (٢٠٠٢) . **التعليم للمستقبل** .الأردن : وزارة التربية والتعليم .

- الكيلاني ، تيسير(٢٠٠٤) . **معجم الكيلاني لمصطلحات الكومبيوتر والانترنيت** . بيروت : مكتبـة لبنان ناشرون .

- الكيلاني ، عثمان والبياتي ، هلال والسالمي ، علاء (٢٠٠٣). المدخل إلى نظم المعلومات الإدارية . ط ٢ . عمان : دار المناهج للنشر والتوزيع .

- محمد ، مصطفى عبد السميع ومحمود ، حسين بشير ويونس ، إبراهيم عبد الفتاح وسويدان ، أمل عبد الفتاح والجزار ، منى محمد (٢٠٠٤) تكنولوجيا التعليم . مفاهيم وتطبيقات . عمان : دار الفكر .

- محمود ، منال طلعت . (٢٠٠٢).مدخل إلى علم الاتصال . الإسكندرية : المكتب الجامعي الحديث .

- مرزوق ، يوسف (١٩٨٨) . فن الكتابة للإذاعة والتلفزيون . القاهرة : مطبعة الانتصار .

- مكاوي ، حسن عماد (١٩٩٣) . تكنولوجيا الاتصال الحديثة .القاهرة : الدار المصرية اللبنانية .

- مكاوي ، حسن عماد و السيد ، ليلى حسين (٢٠٠٣) . الاتصال ونظرياته المعاصرة . القاهرة : الدار المصرية اللبنانية .

- مكتب التربية العربي لدول الخليج (١٩٩٤) . التعليم والحاسوب في دول الخليج العربية : الواقع وآفاق التطوير . الرياض : مكتب التربية العربي لدول الخليج .

- مهنا ، فريال الإعلام الفضائي العربي وواقع العولمة(٢٠٠٠).المجلة المصرية لبحوث الإعلام .جامعة القاهرة ، كلية الإعلام .العدد(٧)   ص ٥٣-٨٠ .

- موسى ، عصام سليمان (١٩٩٤) . المدخل في الاتصال الجماهيري . الخليل : مؤسسة الوطن للإعلام

- نجار ، عبد الفتاح والهرش ، عايد ، والغزاوي ، محمد (٢٠٠٢) الحاسوب وتطبيقاته التربوية . الأردن - أربد : شركة النجار للكومبيوتر والإلكترونيات.

- نصر الله ، عمر عبد الرحيم (٢٠٠١) **مبادئ الاتصال التربوي والإنساني** . عمان: دار وائل للنشر

- نقري ، معن (١٩٩٩) . **الثورة التكنولوجية المعاصرة ومستقبل الدراسات والأبحاث العربية** . بحث مقدم إلى ندوة : "البحث العملي في المجالات الاجتماعية في الـوطن العربي" وزارة التعليم العالي . دمشق ٥-٦ كانون الأول ١٩٩٩

- الهاشمي ، مجد (٢٠٠١) . **الاتصال التربوي وتكنولوجيا التعليم** . الأردن ، عـمان ، دار المنـاهج للنشر والتوزيع .

- هدبرو ، غـوران (١٩٩١) . **الاتصال والتغيـير الاجتماعـي في الـدول الناميـة** . ترجمـة الجوهر ، محمد ناجي . بغداد – دار الشؤون الثقافية العامة .

المراجع والمصادر الأجنبية

- Apple, M. (١٩٩١). The New Technology : Is it a part of the solution or part of the problem in education? **Computers in the Schools**. Vol. ٨ No. ١, pp. ٥٩-٨١.

- Braden, Robert and Hacker, Michael (١٩٩٠) **Communication Technology**, N.Y., Delmar Publisher, Inc.

- Druin, A. & Solomon, C. (١٩٩٦).**Designing Multimedia Environments for Children**, John Wiley & sons.

- Gagne, R.M., Briggs, L. J. and Wager, W.W. (١٩٨٨). **Principles of Instructional Design**. N.Y.: Hart & Winston.

- Gayeski, D. M. (١٩٩٣). **Designing Communication and Learning Environments**. N. J. : Englewood Cliffs.

- Geisert, G. and Futrell, M. (١٩٩٥) **Teachers, Computers and**

- **Curriculum** .Boston : Ally & Bacon

- Hamada, B. (١٩٩٩) The Initial Effects of Internet on the Muslim Society. **The Journal of International Communication** , Vol. ٦ No. ٢, PP ٥٠-٧٠

- Hannafin, M.j.& Peck,K.L.(١٩٩٨) **The Design, Development and Evaluation of Instructional Software**, New York :Macmillan

- Harrington, H. (١٩٩١) Normal Style Technology in Teacher Education: Technology and Education of Teachers. **Computer in the Schools**. V.٨ No.٣ pp. ٤٩-٥٧.

- Hedley , R (١٩٩٨) . Technological Diffusion or Cultural Imperialism? Measuring the Information Revolution , **International Journal of Comparative Sociology** ,Vol.٣٩, No. ٢, pp. ١٨٠-١٩٨.

- Heinich, R., M. Molenda and Russell, J. (١٩٨٩). **Instructional Media and the New Technologies of Instruction.** N.Y. John Wiley & Sons.

- Holsinger, E. (١٩٩٤). **How Multimedia Works**. Ziff- Davis Press

- Johnson, K.A.,Foa,L.J.(١٩٩٨) . **Instructional Design** , New York: McMillan

- Maddox, C.D., Johnson D.L. and Willis J.W. (١٩٩٧). **Educational Computing - Learning with Tomorrow's Technologies.** Allyn & Bacon .

- Norton, N. (١٩٩٥). **Introduction to Computers** Mc Millan / Mc Graw Hill .

- Page, G. Terry, Thomas, J.B. & Marshall A.R. (١٩٧٩). **International Dictionary of Education.** London. Billing and sons Ltd.

- Sharp, Vicki (١٩٩٦). **Computer Education for Teachers.** New York: Mc Graw Hill.

- Stallings, William (٢٠٠٤). **Computer Networking with Internet Protocols and Technology.** New Jersey: Prentice Hall.

- Thussu, D. K. , (٢٠٠٠). **International Communication: Continuity and Change.** New York: Oxford University Press .

- UNESCO, (١٩٩١) **Media, Education.** Paris, UNESCO.